"十三五"国家重点图书出版规划项目
中国城市建设技术文库

Innovative Research of Town-Village Development Model in Metropolitan Area

大都市地区镇村发展模式创新研究

以武汉市为例

乔晶 耿虹 著

華中科技大學出版社
http://www.hustp.com
中国·武汉

图书在版编目(CIP)数据

大都市地区镇村发展模式创新研究:以武汉市为例/乔晶,耿虹著.—武汉:华中科技大学出版社,2020.12

(中国城市建设技术文库)

ISBN 978-7-5680-6810-9

Ⅰ.①大… Ⅱ.①乔… ②耿… Ⅲ.①城乡建设-研究-中国 Ⅳ.①F299.21

中国版本图书馆 CIP 数据核字(2020)第 264314 号

大都市地区镇村发展模式创新研究——以武汉市为例　　乔晶　耿虹　著

Dadushi Diqu Zhencun Fazhan Moshi Chuangxin Yanjiu——Yi Wuhanshi Weili

---

策划编辑:简晓思

责任编辑:简晓思

封面设计:王　娜

责任校对:李　琴

责任监印:朱　玢

出版发行:华中科技大学出版社(中国·武汉)　　电话:(027)81321913

武汉市东湖新技术开发区华工科技园　　邮编:430223

录　　排:华中科技大学惠友文印中心

印　　刷:湖北金港彩印有限公司

开　　本:710mm×1000mm　1/16

印　　张:17.25

字　　数:315 千字

印　　次:2020 年 12 月第 1 版第 1 次印刷

定　　价:98.00 元

华中出版

本书若有印装质量问题,请向出版社营销中心调换

全国免费服务热线:400-6679-118　竭诚为您服务

中国城市建设技术文库
丛书编委会

前　言

Preface

大都市、小城镇和乡村，看似是三个不同的地域层级和空间范围，但实际上，三者在社会内涵、经济发展与空间格局等方面有着千丝万缕的关联。随着快速城镇化的不断推进，这种关联的变化也在不同阶段深刻地影响着镇村发展的路径与方式。

当今的中国，一边是不断推进和高度集聚的都市圈与城市群，另一边是完成脱贫攻坚迈向振兴的乡村地区，如何在城乡融合发展战略的引领下推进乡村振兴，如何在不断集聚的大都市地区和要素持续外流的乡村地区之间进行发展的平衡，如何对似乎淡出视线的小城镇进行乡村振兴语境下的功能价值重新认知，大都市地区的乡村发展研究或许能够为我们率先提供发展的样板与借鉴。尤其是对历来地缘相近、业缘相融的小城镇和乡村，其相互促进和协同发展的路径也应当在都市圈与城市群的城镇化空间形态下进行适应性的认识与重构，这或许能够为落实都市圈高质量发展与乡村振兴战略提供新的视角。

首先，与广大的县域地区相比，大都市地区的乡村发展类型更加多元，所面临的发展问题也更加多样。从空间格局上看，在大都市地区圈层式的发展格局影响下，近郊、远郊、新城、中心镇周边的乡村由于受都市圈核心区的影响程度不同，其基础设施覆盖的程度、产业转型升级的幅度、兼业人口流动的广度、镇村关系的亲密度都面临差异化的基础与瓶颈，因此其发展趋势与路径自然也具有类型化研究的必要性。当然这种样板的类型化能否推广为模式还需要更多的论证，但不能否认其中的理论价值。

其次，与一般地区相比，大都市地区的乡村具有更多的发展机遇与自上而下的政策惠及，因而能够探索出的发展道路与模式自然更加具有示范性与典型性。都市圈地区快速推进的城镇化、农业现代化、工业化与信息化都在深刻影响着周边乡村产业发展的路径选择。同时，快速向下延伸的基础设施、信息网络、物流网络也在随时改变着城乡、镇村之间的时空距离。这种不断减小甚至弥合的时空距离是否代表着发展方面的差距也被削弱了？更多的发展主体参与是否意味着发展模式与空间格局的调整与更新？城、镇、村在这种快速缩小的时空圈与迅速扩张的功能圈中各自扮演什么样的角色？对于这些问题，一般地区的镇村发展研究是不能够给我们提供答案的。因此，大都市地区镇村发展模式的创新研究更加具有实践价值。

近年来，人口流动的日趋频繁让城市和乡村都面临家庭规模的缩小与家庭结构的解构。这种社会基础结构的变化，不仅带来了宏观层面城、镇、村之间兼业人口互动的周期、规模、范围等变化，也带来了养老、教育、消费等功能配置的变化。因此，如何在宏观与微观层面进行调控与响应，是具有市场与行政干预双重调控力量作用的大都市地区镇村发展需要探索的方向。镇村发展并非一个国家、一个地域所遇到的个性问题，而是在世界范围内普遍存在的城乡发展问题。虽然不同国家、不同区域都有特定的制度环境与经济发展背景，但是从镇村发展与建设的层面来看，依然有很多模式、路径与方法值得彼此借鉴。比如欧洲乡村的精品化打造、应对老龄化与空心化的日本町村建设、缩小城乡差距的成都、重庆镇村制度改良等，都是在实际操作层面提出的镇村发展模式。

武汉作为中部地区特大城市，同时兼具特大城市人口高流入与中部地区人口高输出的特点，因此人口流动性极强，乡村人口的生产、生活需求具有极强的复杂性和多元性。目前，武汉乡村发展呈现出的"大分散、小集中"的空间布局模式、"小镇大村"的镇村模式、"产村半分离"的生产模式，以及"个体理性、宏观有序"的乡村社会模式都是在特定发展背景、区域与战略下的表现。为了应对未来城乡融合发展、农业产业现代化发展、公共服务一体化发展等必然趋势，需要探索新的路径与模式。因此，本书期望从武汉市这个大样本出发，以样本式调研为基础，对镇村发展的空间、产业、社会与风貌方面做尝试性的模式探索，为在乡村振兴战略引领下和都市圈空间格局下的镇村发展研究寻找一些创新与拓展的可能。

大都市地区镇村发展模式的创新研究虽是一个当前发展语境下的新问题，但需要多维度、多方面、持续性的积累。本书在华中科技大学出版社的大力支持下，由多年从事镇村规划与设计的师生通力合作，经过多次讨论、修改后完成。笔者及团队成员曾多次对武汉周边镇村进行持续性的调研与访谈，在一次又一次的讨论与碰撞中搭建了对大都市地区镇村发展认知的框架。感谢研究团队的杨龙博士和庞克龙博士，以及硕士研究生朱海伦、方卓君、李明祥、曾亚婷、高永波，是你们持续深入的田野调查、广泛涉猎的文献阅读与扎实丰富的研究成果给予本书极大的理论与技术支持。尤其感谢杨龙博士对书稿的认真校对与精心打磨，是你对镇村研究的热忱与一丝不苟的态度强化了本书的科学性与可读性，期望这本书也能成为你博士生涯中重要的研究基础。同时，也衷心感谢华中科技大学出版社对我国镇村发展研究课题的关注和支持，特别是负责本书的简晓思编辑为本书的出版付出的艰辛劳动。

镇村发展是一个涉及面很复杂的课题，“创新”研究与实践则更具挑战性。随着新时代乡村振兴战略的提出，我国镇村发展理论、实践基础、模式路径需要更多的创新，这有赖于广大持续关注我国镇村发展问题同仁们的砥砺前行。如果本书能够为大家在探索镇村发展的道路上提供些许火花与帮助，那将是我们莫大的荣幸！

对于本书中的疏漏与错误之处，还请读者和使用者予以批评和指正，以帮助我们进一步修正与完善！

耿虹　乔晶

目 录

Contents

第 1 章　乡村振兴与小城镇发展

如果我们的国家只有大城市、中城市，没有小城镇，农村里的政治中心、经济中心、文化中心就没有腿。可见中央领导早就看到了小城镇问题的意义，要把小城镇建设成为农村的政治、经济和文化的中心。小城镇建设是发展农村经济、解决人口出路的一个大问题。

——费孝通 1983 年 9 月 21 日在南京“江苏省小城镇研究讨论会”上的发言

1.1　城乡关系演进下的镇村发展

城市和乡村，是我们对国家行政管理与社会经济建设最为关注的两个地域层级。城市作为人口、资本、物质等要素高度集聚的空间，代表了国家社会经济发展的速度与效率，也关系到居住质量、就业保障、服务供给等人民生活的基本问题。而乡村融合了生活、生产、生态空间，涉及粮食、土地与农民，也承载了极为复杂的发展、建设和管理问题。融合城乡，缩小城乡差距，始终是我国城镇化发展战略制定的总体目标。而小城镇作为衔接城乡的重要节点，在推进城乡融合的发展过程中，极易在功能和结构方面被忽略，因而也缺少在国家战略层面的反馈。城—镇—村的空间结构和职能体系在城乡关系的不断变化中，出现了明显的结构性问题。其中，以小城镇的功能性塌陷问题以及乡村发展的综合性问题最为突出。可见，虽然我们总会将“城乡体系”合并而谈，但是其中内在的城乡关系、镇村关系却是需要从不同角度去认知的概念。我们往往只注重对城乡关系的研究，而忽略了镇村关系是城乡体系中落实基层发展的结构性要素。我国城乡关系经历了从城乡二元到城乡一体逐渐转型的过程。众多学者也对城乡关系的阶段性划分与特征进行了翔实的总结和探讨。在前人研究的基础上，可将从新中国成立以来城乡关系的发展历程大致分为以下四个阶段。

1.1.1 1978年以前:城乡二元体制格局的确立

1949—1952年:城乡二元体制初步确立,提出城市领导乡村、工业领导农业的方针。中央政府灵活地运用市场和计划两种手段,迅速平抑城乡物价,统一全国财政收支、贸易和物资管理、现金管理,满足农民出售农产品的需求,维持物价的继续稳定,平衡工农业生产,有力地缩小了工农产品剪刀差。与此同时,中央政府允许富农经济存在,允许农村土地、劳动力、资本等生产要素自由流动,城乡私营工商业可以自由发展。

1953—1957年:我国国民经济全面复苏,并开始了第一个五年计划。我国城乡的交流走向了新时代。城乡资源合理流通,农业生产的政策关怀与经济拉动,对当时的社会复苏起到了重大作用。政府通过对农副产品统购统销,实行农业生产资料的社会主义改造,以及限制农民进城就业,形成了政府直接控制农村生产要素配置的体制,阻碍了城乡物资交流,城乡二元结构初步形成。

1958—1978年:这一时期是新中国工业化初期,国家的核心任务是实施赶超战略,并以计划经济体制与农产品统购统销制度、人民公社制度、户籍管理制度作为制度保障,城乡二元体制进一步加固。在这一阶段,乡村的职能是作为工业化的主要基地,依靠剩余劳动力发展工业,依靠剪刀差为城市工业提供资本,农村储蓄以贷款差额的形式流向城市。城乡关系经历政治层面的多重起伏,良性、健康的交流受到压制。这一阶段的镇村关系仍然处于传统的农业阶段,人口流动受到限制,农村低速平稳发展。小城镇作为城乡的过渡节点,是反映国家政策的基层执行者。

实际上,从新中国成立后到改革开放前,我国的经济、社会发展的重点始终在于调整城乡关系与工农关系,主要是通过对城市工业的发展和对农村土地的改革,释放城镇化发展的活力。在这个阶段,小城镇对城市和乡村的衔接作用还未明显体现,但是其作为乡村地区的行政组织中心、生产中心与基层公共服务中心的结构性职能已经非常稳固了,镇村之间的层级性结构关系也已经基本确立。从根本上讲,村和镇之间本来就存在一定的嬗变关系,即某些发展较好的村庄经过一定的积累和交易功能的产生,从村庄演变为集镇,又从集镇转化为建制镇。可见,镇村之间本身存在天然的地缘相近、业缘相融的一体化关系。

1.1.2 1978—1984年:城乡土地分割制度形成

随着时间的不断推进,改革开放的到来为我国的经济、社会发展带来了巨大的变革，也成为我国城镇化发展进程中的重要节点。乡村与城市发生了翻天覆地的变化，镇村关系也在宏观的时代背景之下，逐渐发生了趋于多元化的变化。自1978 年以来，基于国家宏观政策调整与城乡产业结构的优化，我国从传统农业阶段走向现代农业阶段，镇村关系在不同的阶段体现出不同的时代特征。1978—1984 年，我国整体进入以乡村助力城市发展的阶段。农业快速复苏，镇村发展平稳独立。改革开放初期，我国城乡发展仍体现出传统农业时代特征。改革为农村地区带来巨大生机，同时在政社分开的背景下，小城镇成为农业交换与农村公共服务提供点。但小城镇的发展受到设镇标准制约，公共服务的提供与地方财政息息相关。镇村处于相对平稳的上升期。

1978 年，以"包产到户"改革为起点，农业改革从单个地区走向全国。通过相关指标的研究，这一阶段农村的快速发展为整个社会带来了财富的提升。1978—1984 年，农民人均纯收入由 133.6 元上升到 355.3 元。农民创收积极性的提高和农村生产力的解放，使得农民的生活状态得以提升，并且为整个城乡体系带来了无限生机。得益于农村产业的全面发展，小城镇在这一期间也随之发展，为农村与城市的沟通和农村对城市的支援建立了良好的关联。建制镇进入了一个带有补偿性的发展时期，一批镇的建制在政社分开、建立乡镇政权的过程中得以恢复。

1979—1980 年，国家政策导向从有计划地发展小城镇转变为积极发展小城市，小城镇的重要性得以强化。城市与乡村将小城镇作为联络的关键点，推动了小城镇自身的壮大。但这一期间，镇的发展仍然落后于经济、社会进步的需要。1982 年，宪法规定乡镇作为农村基层的行政区域。同时，宪法还确立了土地二元所有制结构。1949—1982 年城乡二元体制变化如图 1-1 所示。由于设镇标准的制约，1978—1983 年小城镇的绝对数量增加不明显，部分乡与集镇在规模不达标的情况下依然承担了小城镇的区域职能，直至 1984 年设镇标准提出。由于公社制度的改变，农村的政治关系、经济关系与生产关系也随之重构。农村公共服务没有了相应的机构支撑，因此，农村地区的公共服务水准也大不如前。1983 年发布的《中共中央　国务院关于实行政社分开建立乡政府的通知》(中发〔1983〕35 号)确立了以小城镇作为公共服务平台，建立了镇村之间的公共服务联系。由于乡镇级财政支出范围十分有限，只能允许乡镇政府自行筹集资金来建设公共事业，因此基层财政的状况就直接关系到小城镇公共服务供给的状况。这一阶段前期，小城镇公共服务水准受本地经济发展状况影响较大。

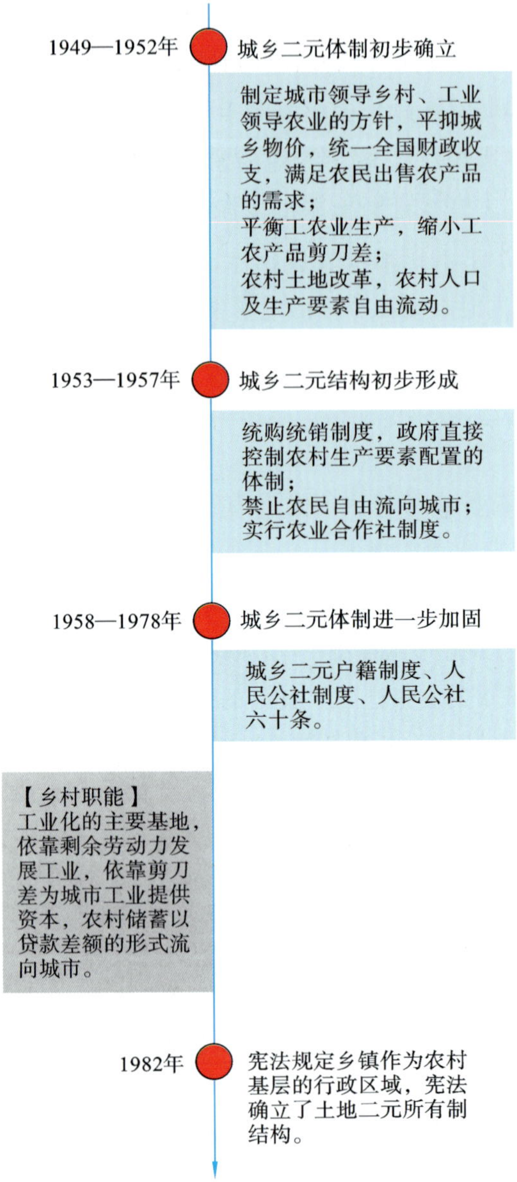

图 1-1　1949—1982 年城乡二元体制变化

（图片来源：作者自绘）

1.1.3　1985—2002 年：二元结构的部分领域松动

总体来看，这一时期进入了乡镇崛起带动乡村发展的时期。1985 年，统购统销制度取消。同时，乡镇企业异军突起，为转移农业剩余劳动力和农业现代化作出重要贡献。这一阶段，国家发展重心转移到城市，小城镇通过乡镇企业吸收了大量农村剩余人口，成为农村人口城镇化的重要路径之一。其中 1985—1994 年，小城镇快速发展；1994—2002 年，由于国家政策调整，小城镇开始面临发展后劲不足的问题。1984 年，《中共中央关于经济体制改革的决定》发布，标志着国家改革的重点由农村转移到了城市，农村的发展以支援城市为主，加速了自下而上的资源流动。生产资源由农村转向城市，城市基于全国范围的支援快速发展起来，大大拉开了与乡村的发展水平。同时，户籍制度的改革加速了农民向城镇的流动，小城镇作为农民流入城市的第一站，在这一时期也成为城镇化的重要节点。同时，在行政体制上，全国各地大量公社转化为建制镇。此时，乡镇财政负担变重，农村负担加重，公共服务供给严重不足。国家通过工农产品剪刀差、农业税、财政转移支付等方式从农村汲取资金，城乡差距逐渐扩大，社保支出明显偏向城镇。1992—1994 年，国家鼓励农民在小城镇务工经商，促使农民进入城镇，同时丰富农村产业结构，提升第三产业份额，优化城镇化质量。到 1992 年底，小城镇总量为 14539 个，较改革开放初期大幅增加。1994 年分税制改革初期，以城市为主体的经济体制改革开始实行。1995—2002 年，国家针对小城镇所出台的相关政策，为小城镇数量的增长与体量的壮大提供了良好的政策环境，也为农民进入城镇工作与生活提供了政策鼓励。小城镇数量快速增加，到 2001 年底，我国共有建制镇20374个。

在这一阶段，小城镇的发展动力基于宏观层面国家经济的变动。乡村地区的改革、市场经济体制的引入、农村生产力的进一步提高等多方面的共同作用，促使更多的农民走向城镇，而不是与传统生产紧紧束缚在一起。一方面，乡镇企业为农民提供工作岗位；另一方面，农村经济的改革带动农村第三产业发展。乡镇成为农村剩余劳动力劳动转型的起点，第二、第三产业的发展，促使更多的农村劳动力进入这些产业，走向工业化与城镇化的浪潮中。

根据相关统计数据，这一阶段小城镇对城镇化率的贡献度超过城市。如图 1-2 所示，1985 年全国城镇化水平为 23.71%，其中城市占 11%，小城镇占 12.71%；2000 年全国城镇化水平为 36.22%，其中城市占 16.61%，小城镇占 19.61%。小城镇人口约占全国城镇人口的 44%。全国超过 800 个小城镇的镇区人口规模在 3 万人以上，100 多万家具有一定实力的乡镇企业在小城镇聚集，超过 6000 万农村剩余劳动力被小城镇吸纳。1985—2000 年，我国城镇化水平年均上升 0.83 个百分点，小城镇的贡献约占其中的 55%，小城镇对推进城镇化进程、提高城镇化水平发挥着重大作用。

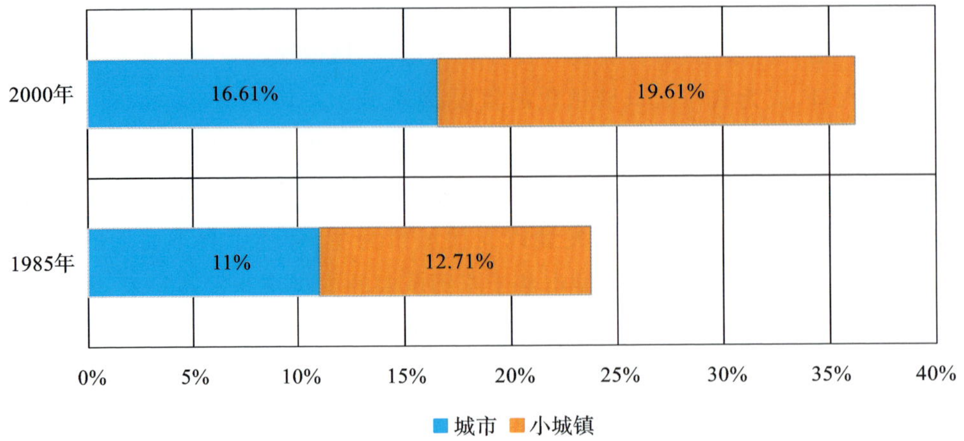

图 1-2　1985 年和 2000 年城市与小城镇对城镇化的贡献度

（图片来源：作者自绘）

然而，由于财政及税收的相关制度实施，镇村面临资金困境，发展受到限制。1994 年分税制正式实行后，县、乡政府的发展资金严重不足，对管辖范围内的公共物品投资受到了强烈的影响，小城镇与乡村的生活质量严重下滑。以 2000 年为例，地方财政当年的净结余大约是 134 亿元，而同期县、乡财政却呈现出赤字增加的情况。1988 年国务院在全国城镇普遍实行收取土地使用税费，乡镇企业用地不再免费。自此，土地收益成为城市政府重要的财政收入来源，农村无法分享土地增值带来的收益，村镇的发展态势进一步受到限制。

受此影响，县、乡财政日趋紧张，基层财政收不抵支，村镇失去大部分经济自主能力，农民负担加重。1997—2000 年，我国出现了改革开放以来第一次农民收入四连降，生产结余变少，小城镇负债严重，2002 年全国乡镇财政平均净债务达 400 万元。超过 60%的乡村财政出现赤字，中部地区更为严重。河南省与湖南省负债的乡镇都达到 90%左右，湖北省村级负债也在 90%以上，而乡级负债更在 95%以上。

财政问题还导致小城镇无力负担公共服务设施的管理和维护。经济较好地区的小城镇，服务机构得以保留，服务内容日渐市场化，实行强制性“断奶”，但发展相对较弱的中西部地区，小城镇服务机构逐渐衰落，公共服务设施消失殆尽。1985 年全国实行农村合作医疗的行政村仅有 5%，到 20 世纪 90 年代初期，只剩下集体经济相对较强的浙东和苏南地区还在实行农村合作医疗。全国大部分农民只能自费医疗，医疗就诊问题开始涌现。随着乡镇空心化问题的日益严重，中部地区小城镇基本公共服务功能进一步衰败。

在这一阶段，小城镇为农村城镇化作出巨大贡献，然而由于基础设施建设不足、公共服务质量不高，小城镇与乡村在经济发展和城市建设上显示出后劲不足，小城镇与乡村的关联呈现阶段性的紧密。而这一阶段的乡村，主要是在城乡二元体制部分领域开始破除、部分领域进一步强化的情况下，承担着重要的农业生产功能，同时充当着城市经济发展的仓库。

1.1.4　2003 年至今：二元体制系统性破除开始

2003 年起，我国开始系统性破除城乡二元体制，乡村发展和建设成为城镇化重点问题，城乡进入协调发展期。经过长期城乡不平衡发展的积累，大城市的快速扩张与镇村的塌陷形成强烈反差，城乡协调发展成为首要任务。乡村在这一阶段成为国家政策下统筹城乡发展的关键点，进入了发展的高潮时期。2002 年，党的十六大对农村经济再度反思，重新为农村经济把脉，国家城镇化进程再度为农村地区的发展创建了良性的政策环境。1978—2003 年，全国经济在经历了 20 多年的不断上升之后，国家对城乡关系的再度反思让农村的发展可以依托城市，再度强调农业的重要性，改变长期以来城乡发展不均衡、工农发展不平衡的状态，为农村经济的再度腾飞起到了重要支撑作用。自 2004 年起，中央一号文件持续关注“三农”问题。2008 年十七届三中全会提出促进公共资源在城乡之间均衡配置、生产要素在城乡之间自由流动，推动城乡经济社会发展融合。在此宏观战略的引导下，村庄规划编制工作如火如荼。如武汉市，截至 2019 年底已完成 2200 多个村庄规划编制工作，基本覆盖外围乡村。2013 年全国推行美丽乡村建设，实现城乡一体化，来解决“三农”问题。这一阶段，国家对乡村的关注点从物质空间建设转为制度保障，再转变到文化保护。乡村成为城乡统筹的重要地域单元，城市开始反哺乡村。

但是小城镇却在“小城镇、大战略”的发展口号中沉寂了下来。小城镇在快速发展之后，众多发展症结不断显露，主要表现为：城镇的发展在空间上较为粗放，没有经过合理的指导；以照搬的心态对城镇的发展方向进行臆断，导致自身资源无法对接；在发展的过程中，不注重生活品质的提升与相关服务设施的建设。基于以上背景，国家对小城镇健康发展提出全面指引，促进小城镇在发展过程中的科学性提升与品质强化。

在 2002 年，我国建制镇的总量为 20601 个，首次多于乡的数量(18673 个)，这是城乡体系中的关键转折点。在当代的发展环境下，小城镇建设开始从数量的扩张转向质量的提升，因地制宜的发展方式、科学合理的空间布局和高效的管理模式，让小城镇的发展展现出第二次觉醒的光芒。在此之后，由于城镇设立的政策影响，小城镇的数量开始小幅降低，但总体而言一直保持在2万个左右的状态。在此阶段，小城镇公共服务进入撤并重组的质量效率待优化阶段，为农民进城打好基础。党的十六大报告明确提出城乡二元经济结构还没有改变，首次提出统筹城乡经济社会发展，建设现代农业，发展农村经济，增加农民收入。

2004年国家颁布了"农业直补"的惠农政策，并开始逐步取消农业税，规范和引导农村集体土地流转。但税费改革给小城镇公共服务设施建设带来的影响是错综复杂的。在这之后，乡镇公共服务，如教育、医疗、卫生等的供给情况严峻，这些问题在早期已经存在，而现在则更加凸显。虽然中央政府加大了转移支付力度，使制度内筹资成为乡镇政府供给公共服务的主要资金渠道，2008年中央财政预算安排用于"三农"的支出合计5625亿元，但由于各级政府的执行偏差与执行成本都较高，农业税取消后小城镇财政还是甚为紧张。

随着社会主义新农村建设的重大历史任务以及城乡建设用地增减挂钩试点政策实施，各级政府开始有计划地投入大量资金到村镇建设中去，全国各地新农村和新社区建设、村庄整治等开始大规模展开。2005年《中共中央　国务院关于推进社会主义新农村建设的若干建议》(中发〔2006〕1号)提出建设社会主义新农村，支持农村土地流转。比如，湖北省武汉市积极打造新农村建设示范片区，并着力打造7个新农村示范片区以及115个农村新社区。2005年试点实施城乡建设用地增减挂钩，2006年农业税全面取消。武汉市选取了5个乡镇进行增减挂钩试点工作。作为配套改革措施，政府开始有计划地引导乡镇公共服务设施的大规模撤并，提高设施供给质量及配置使用效率。2001年的《国务院关于基础教育改革与发展的决定》(国发〔2001〕21号)中，国务院提出对农村教育资源进行适当合并，小学与初中合理配置，在空间层面进行统筹安排。2010—2013年，新型城镇化和美丽乡村建设提出后，城市资本下乡并掀起高潮，村庄及公共服务设施的撤并力度更大。为了规范小城镇公共服务设施的撤并制度，2012年国务院下发《国务院办公厅关于规范农村义务教育学校布局调整的意见》(国办发〔2012〕48号)，以进一步规范农村中小学的撤并。受迫于地方财政收入及公共服务设施运营压力，地方政府对村镇公共服务设施供给的能力和积极性同时受到影响，致使地方政府乐于推进村镇公共服务设施的布局调整，以减轻自身公共服务供给负担。至此，从小城镇地方政府的主观意愿及城镇化发展、人口梯度转移的客观条件来看，小城镇公共服务设施进入撤并重组的效率待优化阶段。

1.2　城乡融合背景下的乡村振兴

城乡融合是城乡一体化发展的最终目标，也是缩小城乡差距、实现共同富裕的价值所在。当然，城市在发展的过程中也存在诸多问题，主要体现在效率与质量方面，如经济发展、技术创新、公共服务、空间品质等。但是不可否认，乡村问题是否得到有效解决才是城乡融合发展的过程中真正决定融合目标是否能最终实现的关键环节。因此，党和国家部署乡村振兴战略，不仅是从目标导向出发，更是结合了我国经济发展的阶段水平以及城镇化进程的特征所提出的中国特色新型城镇化发展路径。

1.2.1　产能过剩与资本下乡

1952—2019 年，我国的经济发展大致经历了以下三个阶段。

第一阶段是在改革开放前以内需消费为主的经济增长阶段。这一阶段主要依靠工农产品交换，尤其是以重工业为主的经济发展格局，乡村贡献经济发展的“剪刀差”，完成了国家发展的工业化基础与原始资本的规模化积累。村镇主要以农业生产为主，多种产业并存，劳动力以上山下乡的双向流动为主。

第二阶段是改革开放后，我国在“以经济建设为中心”的纲领下，大力发展制造业，出口贸易额也显著增长，占到了 GDP 一半以上。2003 年，我国成为外商投资排名第一的国家。东部沿海地区率先在改革开放的市场经济浪潮中获得了发展的机会，以外商投资与出口贸易的增长带动了地方经济的发展。苏南模式、顺德模式、温州模式等小城镇发展的典范，都是在这个阶段中涌现出来的佼佼者。村办、社办、城镇工业园区的不断兴起，使得地方资本积累在这个阶段内大幅增加。总体上来看，加工制造业引领，村镇建设土地扩张，村镇人口单向向东部沿海地区流动是该阶段内村镇发展的主要社会经济特征。

第三阶段，我国经济社会的发展形势发生了一定的变化，也促成了乡村振兴战略的形成。20 世纪末，虽然经过亚洲金融危机后我国出现了产能过剩，但是基础设施建设以及城市建设的大幅推进，很大程度上缓解了金融危机对我国内部经济发展的影响，我国开始转向以基建投资为主的经济增长阶段。而 2008 年全球再次遭遇金融危机，导致 2009 年全球需求进一步下降，国家总体开始进入第二个产能过剩阶段。2009 年，时任中央财经领导小组办公室副主任、中央农村工作领导小组办公室主任陈锡文在国新办举行的新闻发布会上表示，全国约有 2000 万农民工由于此次金融危机失去工作或者还没有找到工作而返乡，占外出就业农民工总数的 15.3%。加上每年新加入外出打工队伍的农民，2009 年共有 2500 万农民面临很大就业压力，给城镇化与乡村发展带来了巨大的挑战。2012 年，我国 GDP 增速开始回落。2014 年 5 月，习近平总书记在考察河南的行程中首次提出“新常态”，并在 2016 年提出“要把适应新常态、把握新常态、引领新常态作为贯穿发展全局和全过程的大逻辑”。中国经济开始在速度、结构与动力方面出现方向性的调整。“供给侧”改革就是在新常态经济发展背景下，推动对劳动力、土地、资本、创新等要素的质量提升，以此释放实体经济的活力。

总体来看，这一阶段我国制造业生产持续增长和外需不足导致工业产能过剩、利润下降。20 世纪 90 年代后期，乡镇企业大规模消失，过剩的城市企业资本进入农业。当时，我国农业建设投入不足的问题突出。为此，学术界从理论上提出，要积极引导大型工商企业进入农业。1998 年，《中共中央　国务院关于 1998 年农业和农村工作的意见》（中发〔1998〕2 号）鼓励国内外大型工商企业进入农业领域投资开发。此时，工商资本投资农业的聚焦点，依然是发展农业产业化经营，推进生产与市场有效对接，畅通农产品销路，促进农民增收致富。三九企业集团赵新先、希望集团刘永好等企业家也发出了类似倡议，并进行了相应的自我探索，获得了较好的效果。时任国务院副总理姜春云指出，大型工商企业进入农业开发领域，实施贸工农一体化，是建立以工补农、以工建农、以工带农机制的重要举措。

近年来，随着现代农业的兴起，一批来自城市的非农工商资本大规模下乡。比如联想、恒大、中信、绿城、海亮、网易等，其主营业务与农业并没有直接关联，但进入农业后，有的企业直接从事农业种养生产，流转了大片的土地。一方面，资本下乡确实大幅度提升了农业综合生产能力。2017 年《第三次全国农业普查主要数据公报（第二号）》显示，我国温室和大棚占地面积世界第一，工厂化种养也呈快速发展态势。2018 年末，全国温室占地面积 36.1 万公顷，比 2006 年末增长了 34.3%；大棚占地面积 105.5 万公顷，比 2006 年末增长了 35.3%。[1] 与此同时，农业机械化水平也在大幅提升（见图 1-3）。另一方面，资本下乡也给乡村带来了一定的问题。与传统小农不同，资本化农业必须依靠土地和农业资源的规模化经营才能覆盖掉农业机械化、设施化的巨大成本。因此，资本下乡带来了一系列在传统农业生

[1] 数据来源于《中国温室大棚行业现状调研分析及市场前景预测报告（2019 版）》。

产中尚未出现的问题，如土地兼并、小农外流、环境污染、农业产能过剩等，尤其是农业资本化带来的人口外流、伪现代化现象以及面源污染，都给乡村的可持续发展带来了极大的挑战。

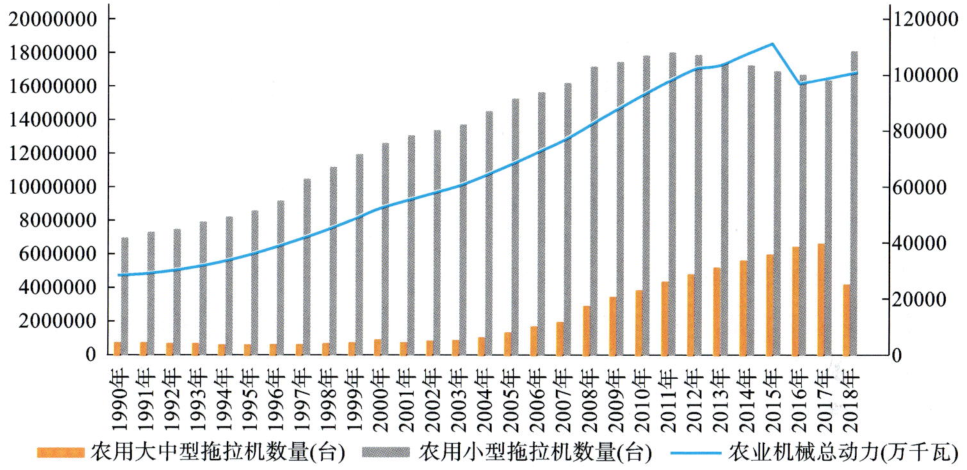

图 1-3 1990—2018 年农村机械化水平

（图片来源：作者自绘）

1.2.2 时代要求与乡村发展

改革开放以来，我国城乡关系伴随经济社会发展产生了巨大的变化。城镇化在加速城乡资源流动、重构城乡关系、为我国带来丰硕发展成就的同时，也带来一系列不可忽视的问题。事实上，城乡二元体制在我国历史发展的过程中就已形成，工业化推动城镇化是我国城镇化 1.0 的基本逻辑。但是新中国成立以来过分集中力量推进工业化的做法，反而加剧了城乡二元之间的对立。尤其是粮食的统购统销政策、限制农民进城落户的户籍管理制度和以合作社为出发点的人民公社制度，都进一步推动了城乡二元体制的拓展和强化。从改革开放开始，我国城乡二元结构松动，大规模的人口从乡村走向城市，我国进入了快速城镇化时期。2019 年，我国农民工数量已经达到了 2.91 亿人。在这期间，乡镇企业是关键的推动力量，是我国城镇化的关键推手。乡镇企业作为工业化中重要的力量为城乡的快速发展与建设带来巨大推力，尤其是极大地促进了乡村地区的发展。早在 20 世纪 80 年代，在苏南地区调研的专家受到乡镇企业迅速发展带动城乡在人才、文化、资金方面深度交流的启发，提出了“城乡一体化”的想法。1984 年，乡镇企业总产值占全国工业总产值的16.30%;非农产业就业人数占全国人口总量的30.10%。可见,乡镇企业不仅为全国经济增长带来了动力,更为农民市民化发展作出卓越的贡献。但同时,乡村不断为城镇化贡献各种资源的局面仍未彻底颠覆,尤其是劳动力向城市的单向流动,使得乡村人口外流的情况愈发明显,因此,改善逐渐衰败的农村地区成为当下的发展热点。

城乡关系作为我国经济社会关系中重要的关系之一,其整体和谐将对社会的健康发展产生直接影响。20世纪90年代末至21世纪初,受到全国经济变化的影响,城乡差距显著扩大。由于工业产品结构性过剩,城乡工业企业效益骤减,对于农村剩余劳动力的吸纳不足;同时农业发展也受到经济结构的影响,农村家庭人均收益的增长率在节节降低。农民开始出现从中西部地区向沿海城市和经济发达地区的大规模转移趋势,而不再限于县内与省内。随着城市化与市场化的深入推进,尤其是劳动力市场放开和土地国有化征收制度的施行,我国农村地区开始长期处于生产要素净流出的弱势境况。城市发展以乡村的衰落作为代价,城乡关系失衡加重。2004年,国家提出"工业反哺农业,城市支持农村"方针,采取了建设社会主义新农村等一系列措施。从社会主义新农村到美丽乡村,再到乡村振兴,随着社会经济的发展与城乡关系的变化,乡村发展的战略引领在不断调整,从注重物质空间改造和人居环境改善,到推进"城乡公共服务均等化",再到倡导"绿水青山就是金山银山",乡村发展的变化也是我国经济社会发展的缩影,能够反映不同时期我国经济社会发展的主要矛盾。

1956年,党的八大指出,我们国内的主要矛盾,已经是人民对于建立先进的工业国的要求同落后的农业国的现实之间的矛盾,已经是人民对于经济文化迅速发展的需要同当前经济文化不能满足人民需要的状况之间的矛盾。因此,"以经济建设为中心",紧抓工业制造业成为新中国成立后国家经济社会发展建设的重点。1981年,党的十一届六中全会指出,在社会主义改造基本完成以后,我国所要解决的主要矛盾,是人民日益增长的物质文化需要同落后的社会生产之间的矛盾。这也决定了我国在社会主义初级阶段的主要任务是集中精力发展社会生产力。经过了30多年的快速发展与城镇化,在2017年党的十九大中,习近平总书记指出,中国特色社会主义进入新时代,我国社会主要矛盾转化为人民日益增长的美好生活需要和不平衡不充分的发展之间的矛盾。不论是经济还是空间,结构性差异的弥合都成为发展的主要方向。供给侧改革吹响了经济结构转型的号角,而空间层面则由于城乡差距的进一步拉大,国家开始关注如何缩小区域差异、城乡差距与消除绝对贫困,在经济高速增长与城镇化快速推进的同时,开始注重民生与区域发展的平衡。西部大开发、新农村建设、精准扶贫等国家战略有效缓解了区域差异、城乡差异、绝对贫困。2019 年末，全国公路总里程 501.25 万千米❶，其中农村公路里程 420.05 万千米❷。全国通公路的乡（镇）占全国乡（镇）总数的 99.99%，实现具备条件的乡镇和建制村 100%通硬化路；到 2020 年 8 月底，已基本实现具备条件的乡镇和建制村 100%通客车。全国财政支农资金在 2005 年后大幅提升，乡村在我国社会经济发展中的战略地位越来越高（见图 1-4）。❸ 国家开始转变总体发展方式，在继漫长的农业文明和蓬勃的工业文明之后，进入绿色开放、多元包容、创新共享的生态文明时期。

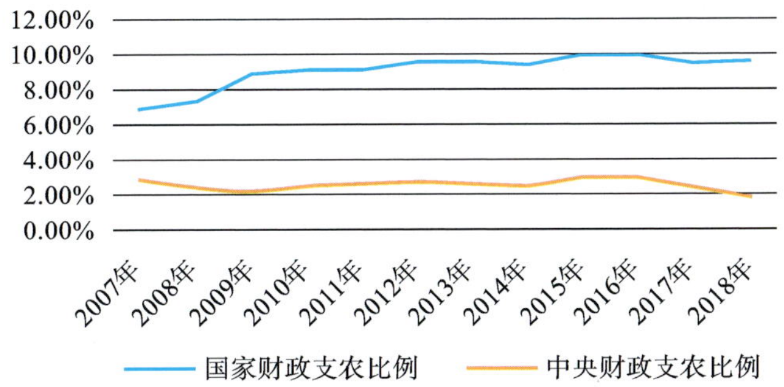

图 1-4　2007—2018 年国家与中央财政支农支出

（图片来源：作者自绘）

因此，总体来看，随着我国经济社会发展的进步，乡村也在发展的过程中产生了新的问题和困惑。同时在新的时代背景下，乡村发展的总体思路与面临的发展要求也都发生了一定的变化。因此，需要对当前乡村发展的经济、产业、社会、治理与建设等问题进行更加具有现实性和适应性的研判，以明确乡村未来可持续发展的方向、路径与模式。

1.2.3　乡村振兴战略的解读

自 2004 年至 2020 年，中央一号文件连续 17 年关注“三农”问题，从 2013 年的“努力建设美丽乡村”到 2018 年的乡村振兴，国家对乡村发展问题的持续关注强调了“三农”问题在中国社会主义现代化时期“重中之重”的地位。2017 年 10 月 18

❶ 数据来源于国家统计局。

❷ 数据来源于《2019 年交通运输行业发展统计公报》。

❸ 数据来源于国家统计局，2007 年后财政支出项目的统计方式发生了变化，因此数据从 2007 年开始。

日,习近平总书记在十九大报告中提出,实施乡村振兴战略。乡村振兴战略既是习近平新时代中国特色社会主义思想的重要组成部分,也是新时代中国特色社会主义现代化强国战略的有机构成,它关系到决胜全面建成小康社会和中国特色社会主义现代化建设,关系到中华民族伟大复兴中国梦的实现。2018 年 2 月 4 日,《中共中央 国务院关于实施乡村振兴战略的意见》发布;同年 5 月 31 日,中共中央政治局召开会议,审议《乡村振兴战略规划(2018—2022 年)》(以下简称《规划》)。乡村振兴战略已经从国家宏观战略的顶层设计逐渐向发展和规划的实施过渡。

1. 乡村振兴战略的实施原则

全局性、长远性、纲领性是战略的显著特征。乡村振兴战略作为中国特色社会主义强国战略之一,绝非实现农业农村发展或者解决"三农"问题的权宜之计和短期任务,而是一项有着远大目标的长期战略。

《规划》指出,实施乡村振兴战略,要坚持党管农村工作,坚持农业农村优先发展,坚持农民主体地位,坚持乡村全面振兴,坚持城乡融合发展,坚持人与自然和谐共生,坚持改革创新、激发活力,坚持因地制宜、循序渐进。巩固和完善农村基本经营制度,保持土地承包关系稳定并长久不变,第二轮土地承包到期后再延长 30 年。确保国家粮食安全,把中国人的饭碗牢牢端在自己手中。加强农村基层基础工作,培养造就一支懂农业、爱农村、爱农民的"三农"工作队伍。

2. 乡村振兴战略的"三步走"时间表

2017 年 12 月 29 日,中央农村工作会议提出走中国特色社会主义乡村振兴道路,要按照产业兴旺、生态宜居、乡风文明、治理有效、生活富裕的总要求,让农业成为有奔头的产业,让农民成为有吸引力的职业,让农村成为安居乐业的美丽家园。按照党的十九大提出的决胜全面建成小康社会、分两个阶段实现第二个百年奋斗目标的战略安排,党中央明确了实施乡村振兴战略的目标任务:

到 2020 年,乡村振兴取得重要进展,制度框架和政策体系基本形成;

到 2035 年,乡村振兴取得决定性进展,农业农村现代化基本实现;

到 2050 年,乡村全面振兴,农业强、农村美、农民富全面实现。

3. 乡村振兴战略的实现路径

中国特色社会主义乡村振兴道路怎么走?党中央提出了七条"之路":

必须重塑城乡关系,走城乡融合发展之路;

必须巩固和完善农村基本经营制度,走共同富裕之路;

必须深化农业供给侧结构性改革,走质量兴农之路;

必须坚持人与自然和谐共生，走乡村绿色发展之路；

必须传承发展提升农耕文明，走乡村文化兴盛之路；

必须创新乡村治理体系，走乡村善治之路；

必须打好精准脱贫攻坚战，走中国特色减贫之路。

4. 乡村振兴的总体要求

产业兴旺是实现乡村振兴的基石。改革开放以来，农业已不再是农村的唯一产业，当今中国农村产业体系涵盖农、林、牧、副、渔、工、商、建、运、服务个产业部门。尽管如此，农业作为国民经济基础产业的地位依然没有改变，农业大而不强的问题依然十分突出。实现产业兴旺的首要任务是加强现代农业建设，加快农业现代化，其重点是通过产品、技术、制度、组织和管理创新，提高良种化、机械化、科技化、信息化、标准化、制度化和组织化水平，推动农业、林业、牧业、渔业和农产品加工业转型升级。一方面，大力发展以新型职业农民、适度经营规模、作业外包服务和绿色农业为主要内容的现代农业；另一方面，推进农村一、二、三产业融合发展，促进农业产业链延伸，为农民创造更多的就业和增收机会。

生态宜居是提高乡村发展质量的保证。实现生态宜居目标就是要按照乡村振兴的目标要求，遵循生态学原理和生态修复系统进化演变规律，对农村生态环境进行保护、改造和修复，使广大农村真正成为山清水秀、环境整洁、安全便利、安居乐业的人居场所和生活空间。其内容涵盖村容整洁，村内水、电、路等基础设施完善，以保护自然、顺应自然、敬畏自然的生态文明理念纠正单纯以人工生态系统代替自然生态系统的错误做法，等等。它提倡保留乡土气息、保存乡村风貌、保护乡村生态系统、治理乡村环境污染，实现人与自然和谐共生，让乡村人居环境绿起来、美起来。

乡风文明是乡村建设的灵魂。乡风文明建设既包括促进农村文化教育、医疗卫生等事业发展，改善农村基本公共服务，又包括大力弘扬社会主义核心价值观，传承遵规守约、尊老爱幼、邻里互助、诚实守信等乡村良好习俗，努力实现乡村传统文化与现代文明的融合，还包括充分借鉴国内外乡村文明的优秀成果，实现乡风文明与时俱进。

社会治理是国家的基本职能，是一切社会组织有序、和谐、持续发展的必然要求。社会治理水平取决于治理理念、治理体系、治理手段、治理方式的科学化程度。因此，治理有效是乡村善治的核心。治理越有效，乡村振兴战略的实施效果就越好。为此，应建立健全党委领导、政府负责、社会协同、公众参与、法治保障的现代乡村社会治理体制，健全自治、法治、德治相结合的乡村治理体系，加强农村基层基础工作，加强农村基层党组织建设，深化村民自治实践，建设平安乡村。进一步密切党群、干群关系，有效协调农户利益与集体利益、短期利益与长期利益，确保乡村社会充满活力、和谐有序。

生活富裕是乡村振兴的目标。乡村振兴战略的实施效果要用农民生活富裕程度来评价。为此，要努力保持农民收入较快增长，持续降低农村居民的恩格尔系数，不断缩小城乡居民收入差距，让全国人民一道进入全面小康社会，向着共同富裕目标稳步前进。

1.2.4 城乡融合与乡村振兴

城乡融合的总体目标是缩小城乡差距，全面振兴乡村，实现全体人民的共同富裕。2019年4月15日，《中共中央　国务院关于建立健全城乡融合发展体制机制和政策体系的意见》确立了城乡融合“三步走”的目标任务，包含了建立健全有利于城乡要素合理配置的体制机制、建立健全有利于城乡基本公共服务普惠共享的体制机制、建立健全有利于城乡基础设施一体化发展的体制机制、建立健全有利于乡村经济多元化发展的体制机制、建立健全有利于农民收入持续增长的体制机制等五个方面的内容，涉及人口、空间、金融、公共服务、乡村治理、农业现代化等各个层面对乡村振兴的支持，明确了乡村振兴与城乡融合发展之间的有机联系。

1. 实施乡村振兴战略是我国城乡融合发展的必经之路

新时代促进城乡融合发展的路径中，“推进以人为核心的新型城镇化战略”在推动城乡融合发展中发挥了重要作用，但仍然不能从根本上解决城乡协调发展问题。乡村兴则国家兴，乡村衰则国家衰。面对城乡发展不平衡、乡村发展不充分，以及实现全面建成小康社会和现代化强国的短板及弱项存在于广大农村地区的现实，乡村振兴战略是在深刻把握城乡变化发展特征以及乡村在全局中的重要作用而作出的重大决策。

乡村振兴战略的实施，是为了实现乡村的繁荣发展，并逐步消除城乡发展差距，实现城市与乡村经济社会协调一体发展。乡村振兴战略转变了之前实施的城市偏向的政策，推动农业农村优先发展，在发展思路上重新定位和认识城乡关系，注重激发乡村内部活力，按照产业兴旺、生态宜居、乡风文明、治理有效、生活富裕的总要求，建立健全城乡融合发展体制机制和政策体系，加快推进农业农村现代化。该战略的实施侧重农业农村的优先发展权。在乡村振兴战略推进实施中转变发展思路，将工业城市优先的资源配置逻辑转变为农业农村优先，不仅满足农业农村资源配置次序需求进行前序性安排，而且要在面对有限的资源供给量时，给予农村更大比重或更多分量的资源配给，切实做到“在干部配备上优先考虑，在要素配置上优先满足，在资金投入上优先保障，在公共服务上优先安排，加快补齐农业农村短板”。

2. 走城乡融合发展之路，促进乡村振兴和农业农村现代化

2017 年中央农村工作会议上就如何走中国特色社会主义乡村振兴之路问题，提出七条“之路”的举措，并把走城乡融合发展的道路放在首位。城乡协调发展反过来也会促进乡村繁荣发展。党的十八大以来，我国致力于解决城乡发展不平衡问题，提出统筹城乡发展、推动新型城镇化等重要举措并取得积极成效。然而城乡之间要素的单向流动、资源分配不合理等问题并没有得到解决，其归根结底在于推进城乡协调发展的机制尚未形成。为推动农村的繁荣发展，实现城乡一体化，党的十九大首次提出乡村振兴战略，加快建立城乡融合的体制机制，改变以往的“乡村→城市”单向流动，促进人才、资金、技术等各类要素在乡村与城市之间的双向流动，并且更多地向乡村地区流动，为乡村振兴战略的实施保驾护航。

加快建立城乡融合发展的体制机制，不断推动城乡要素、公共资源、基础设施等一体化的步伐。首先，加快推进户籍改革制度，完善乡村人口向城镇的转移尤其是农民工向城市的转移制度，并提升融入度。加大支持和鼓励人才、工商业资本、技术等要素下乡，积极开拓乡村这片广阔的市场，加快乡村的繁荣发展。其次，不断完善城乡教育、医疗、卫生等公共资源的均衡配给，加大对农村地区医疗、教育等岗位的补贴和扶植，以增加其吸引力，将各种高素质人才资源向农村地区倾斜。还要完善城乡公共文化服务体系以及推进城乡社会保障一体化。再次，努力发展新产业、新业态，促进农村地区经济的发展，提高农民的收入，增强他们的幸福感。最后，通过完善城乡尤其是农村地区的基础设施建设，努力加快城乡在各个方面实现一体化的步伐。

3. 城乡融合和乡村振兴都需要对城乡要素进行体制机制的革新

城乡二元对比系数，是农业与工业比较劳动生产率的比率。该值越大，表示城乡差距越小，城乡融合度越高。通过城乡二元对比系数表征城乡二元对立的经济关系是学术界较为认可的方法，其可以较为直接和清晰地体现我国城乡融合发展的阶段性变化。从图 1-5 中可以清晰地看到，曲线的高点代表城乡融合度比较高。

从这条曲线上其实可以看出我国在城乡关系演进的过程中有几个很关键的节点，将其对应到我国城乡融合的发展历程与阶段中，实际上反映了我国制度改革几个大的跨越。改革开放前，我国长期处于农业反哺工业和工农业剪刀差的工农关系，基本上处于城乡分离、二元经济对立的阶段。因此，城乡融合度较差，曲线一直处于低水平稳定的区间。

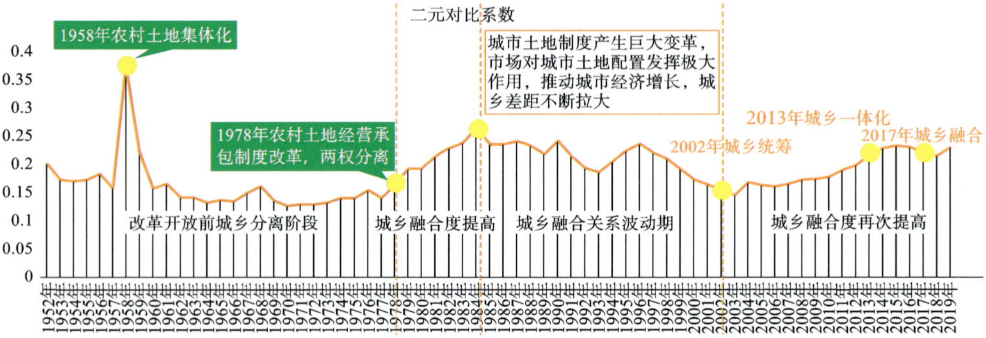

图 1-5　1952—2019 年我国城乡二元对比系数变化及关键时间节点

（图片来源：作者自绘）

但是改革开放之后，从 1978 年到 1984 年，城乡融合度在不断提高。那么这个阶段发生了什么使得城乡融合度不断提高呢？1978 年之后，我国基本确立了农村土地家庭联产承包责任制，将农村土地进行了两权分离，所有权归集体，承包权还给了农户。这样的权利分置极大地刺激了农户生产作业的积极性。当时国家整体处于供给不足、食品短缺的阶段，所以国家恢复经济进行改革开放的时候，制度改革目标就是刺激农业生产力，提高粮食产量，确保基本粮食安全的兜底功效。1978 年到 1984 年是我国农村土地制度进行两权分离制度改革的高潮以及政策效应显现期，因此，在土地制度的激励下可以看到城乡融合度在不断提升。

1984 年之后，两权分离的制度红利和功效基本上释放完毕。而且，进入 20 世纪 90 年代末期，很多乡镇企业已经处于发展乏力、强弩之末的阶段。因此，不论是从乡村自身的产出还是从工业化外部的推动力量来看，乡村的经济发展都进入了调整期，农民经济收入的提升也随之到了一个瓶颈期。相关数据显示，从 1997 年到 2003 年，农村人均收入连续 7 年增长不到 4%，达不到城市居民收入每年增长的 1/5，乡村出现了明显的“有饭吃，缺钱花”“吃饱了饭，看不起病，读不起书”的问题，城乡发展严重失衡，乡村社会矛盾日益突出，城乡居民收入在一度缩小后又进一步扩大，三农发展形势严峻。所以中央提出进行城乡统筹发展的宏观战略，开始探索相关的城乡一体化制度，掀开了建设社会主义新农村的历史篇章。但是，从城乡二元对比系数的变化趋势中可以看到，该阶段出现了明显的城乡差距，城乡融合度也出现了下降的趋势。因为 1984 年之后，农村土地制度改革红利基本上稳固，国家对于土地资源管理与制度改革的探索阵地转向了城市，开始对城市土地制度改革进行尝试。1987 年 9 月，深圳采用协议方式出让一幅 5321 m^2 的地块后，又于同年 11 月和 12 月分别以招标和拍卖的方式出让了两幅地块的使用权。1987 年 11 月，国务院批准在深圳、上海、天津、广州、厦门、福州等地进行土地有偿使用制度改革试点。1990 年，国务院颁布《中华人民共和国城镇国有土地使用权出让和转让暂行条例》，条例规定：国家按照所有权与使用权分离的原则，实行城镇国有土地使用权出让、转让制度；土地使用者在其使用权使用年限内可以将土地转让、出租、抵押或者用于其他经济活动；土地使用权出让最高年限为居住用地 70 年，工业用地 50 年，教育、科技、文化、卫生、体育用地 50 年，商业、旅游、娱乐用地 40 年，综合或者其他用地 50 年；土地使用权出让可采取协议、招标、拍卖方式。《中华人民共和国城镇国有土地使用权出让和转让暂行条例》，对国有土地出让和转让的各个环节作出具体规定，标志着我国城市土地有偿使用制度的正式确立，也推动城市土地资源的配置进入市场，极大地促进了城市经济不断地增长。所以从 1987 年到 2002 年，城市经济迅速增长，城乡差距的不断拉大，实际上与城市土地制度的不断改革有着不可分割的关系。

2002 年 11 月，针对长期以来形成的“三农”问题，党的十六大明确提出“统筹城乡经济社会发展”要求，这是党中央根据 21 世纪我国经济社会发展的时代特征和主要矛盾，致力于突破城乡二元结构，破解“三农”难题，全面建设小康社会而作出的重大战略决策。城乡互促的发展思路是缓解城乡对立以及二元体制所构成的城乡差距与分离的重要路径。伴随着城乡统筹制度的提出，2004 年，农村土地制度改革进一步推进。《国务院关于深化改革严格土地管理的决定》(国发〔2004〕28 号)明确规定“农民集体所有建设用地使用权可以依法流转”，此时经营承包权开始分离成为经营权和承包权。可以发现，2004 年之后，城乡融合度在土地流转制度的刺激下再次提高。2008 年召开的十七届三中全会集中讨论了下一个阶段农村改革的方向和发展的道路。改革以农村发端，但高潮在城市，先富带动后富模式并不适应城乡关系改善与融合的现实。理想模式是推进城市发展，同时带动乡村进步，现实却是城乡分化，农村渐渐成为城市进一步发展的障碍。2008 年的中央一号文件明确提出，将逐步提高农村基本公共服务水平，包括提高农村义务教育水平，增强农村基本医疗服务能力，稳定农村低生育水平，繁荣农村公共文化，建立健全农村社会保障体系等。2013年，中央一号文件明确提出，以城乡一体化解决“三农”问题，指出不仅仅要推动农村经济和农业生产发展，同时要真正在公共服务、基础设施等方面实现城乡一体化目标。可以发现，对于“三农”问题的关注从农业基础设施的建设开始向全面的农村社会基础设施建设的发展转变，以“新农合”为代表的农村医疗制度改革及一系列城乡公共服务均等化的制度改善开始推进。

跟随城乡一体化的政策制定，2016年再一次进行了土地制度的改革，正式确立了土地三权分置的制度革新。但是此时，国内整个大的经济环境进入从高速增长向中高速增长的新常态阶段。如前文所述，乡村振兴开始作为供给侧改革、建设现代化经济体系的重要基础上升至国家战略的高度。可以发现，从2018年至今，城乡融合度进一步提升。总体来看，在每一个国家推动城乡统筹或者城乡一体化以及城乡融合的关键节点，都会伴随着城乡土地制度的重要改革。所以城乡要素之间流动的制度改革，尤其是土地这种非常重要的生产资源和生产要素，对于推进城乡融合和乡村发展来说具有非常重要的意义与直接的影响，这也是国家推进城乡融合发展体制机制和政策体系改革，以重塑新型城乡关系，走城乡融合发展之路，促进乡村振兴和农业农村现代化的根本出发点。

1.3 不同学科视角下的乡村振兴

乡村是一个很复杂的地域空间，包含了生产、生活、生态空间，也包含了农业、农民、土地要素，涉及经济、社会、地理、规划与建筑等多个学科。各个学科也从未停止过对乡村发展问题的研究和探索，尤其是乡村振兴，更是形成了每个学科语境下对乡村问题的认知、判断、解读与对未来振兴路径的思考。本书虽然以城乡规划学科的视角为主，但是仍然会借鉴各学科对乡村发展问题探讨的部分学术观点，以期对空间视角下的乡村振兴奠定在经济、社会、地理学等学科层面的理论基础，更好地指导乡村振兴战略的实践研究。

1.3.1 经济学领域对乡村发展的研究

经济学应该是在宏观层面对乡村问题研究最为系统和全面的学科。经济学主要从土地、产业等制度出发，对“三农”问题进行理论性研究，尤其关注土地、户籍、劳动力，旨在缩小城乡差距，提高乡村发展水平。如发展经济学、农业经济学、制度经济学、劳动经济学等分支学科对于乡村问题的探讨始终处于发展与学术的前沿阵地，也是国家战略政策制定的重要智库。

经济学领域对于乡村问题的研究始于对经济发展水平和效率的追求。张培刚、周其仁、华生等教授均对乡村问题有不同维度的深入研究。

张培刚教授认为，农业国家或经济落后的国家要想做到经济起飞和经济发展，就必须全面(包括城市和农村)实行“工业化”，并提出来较为系统的“农业国工业化理论”。他将中国在工业化过程中的农业发展问题归结为中国的“三农”问题，即“农业问题、农民问题和农村问题”是工业化过程中各种问题的集中体现。由此可见农业在工业化过程中占据重要地位。他认为，农业发展本身就是工业化过程中不可分割的一部分，因而要把农业工业化作为工业化的重要环节，把农业和工业作为整体来发展。工业化不能以牺牲农业、农民为代价，而是要改善农业、农民的状况。这与刘易斯把实现工业化与发展农业对立起来，主张只能依靠牺牲农业来发展工业的观念是截然不同的。

周其仁教授将中国城乡关系的来源追溯到中苏两国的户口限制、香港的土地政策以及宪法的博弈。周其仁教授认为，改革开放后我国农民的自由迁徙，推动了城市化进程，但实际上人口是可以流动了，土地却不能流动，土地城市化没有跟上人口城市化。他认为，土地集体化造成了农民生产积极性降低、农村低产现象。而“联产承包”将农民土地以承包权的形式赋予农民。“农民有承包权无所有权，土地可耕种可转包但无法自由交易，宅基地上所建住宅不能进入市场”，仅拥有承包权就极大地解放了农村的生产力，刺激了农民的积极性，解决了当时困扰已久的温饱问题。确权是对资源资产产权的确认和保护。中国的改革道路其实就是不断追求合理确权的道路。集体所有的农村土地，“集体边界会发生变化，会有嫁娶、新生与迁出，因而最核心的其实是权属利益分配问题”，即“不患寡而患不均”的问题。他列举了成都、湄潭等地的改革经验，说明通过土地还权和确权，将土地的使用权交给农民，至少部分交给农民，让农民有权利将土地放入市场自由交易，可以部分减弱政府在土地上绝对控制的权利，从而赋予农民经营土地的权利，提高农民生活利益。

华生教授从经济发展理论的角度出发，认为城市化是成为高收入经济体的密码。城市化转型中最重要的一个问题就是土地问题。他提出，土地问题的关键不在于产权，而在于开发权。单纯的土地是不值钱的，城市土地价格那么贵是因为城市的资源集中带来的巨大外部性。所以土地产权可以私有，但是开发权必须由政府进行管理。因为土地的开发具有较强的外部性，土地的升值不应该由部分群体或阶级享有，而应该归公。他参考发达国家的法律提出自己的建议，即土地征用应该以征用前的市场价值进行补偿，而不是土地投入成本或征用后的转用价值。政府应该进行改革，摆脱土地财政，改由房地产税、房地产交易所得税和继承税等税收方式来获取财政收入。政府在土地上得到的收益应该回归给以农民工为主的城市化主体。

经济学家厉以宁认为，赋予农民产权和加快城乡社会保障一体化是我国扩大内需的两项重要措施。他指出，当前我国一个重要的问题是农村的改革问题，我国农村的改革现在主要是农村土地的确权和土地的流转。我国农村的变化，光承包制不行，必须在土地确权基础上有土地流转，规模经济才能实现。他还提出，农民的土地流转必须和社会保障连在一起。

温铁军教授强调农民问题在“三农”问题中应排在首要位置，农业问题只是派生的。在他看来，我国没有纯粹意义上的农业经济科学，没有单纯的农业问题，农业经济科学的一般理论无法解决中国复杂的“三农”问题。而对我国的“三农”问题起制约作用的矛盾主要是两个：一是基本国情矛盾，即人地关系高度紧张；二是体制矛盾，即城乡分割对立的二元社会经济结构。他强调人地关系高度紧张是我国农业不发达、农民贫困的根本原因。由于人地关系高度紧张，耕地承担的对农民人口的福利保障功能远远大于耕地的生产功能。

可见，经济学领域对于乡村的研究离不开对土地、产权、人地关系、农业产业的探讨。尤其是对于土地制度的探讨，往往直接指导区域政策的制定，因此经济学是乡村振兴研究中不可忽视的基础学科。

2013年12月7日经济学家、北京大学光华管理学院名誉院长厉以宁在北京接受人民网强国论坛的专访中谈到对小城镇与乡村的看法——引自观察者网

[主持人]：谢谢您对十八届三中全会经济方面的基本的解读。下面我们看另一位网友提的问题，当年费孝通先生考察江苏江都宜陵时提出了小城镇的建设问题，联系到您如今提出的就地城镇化，您的看法是什么？

[厉以宁]：费孝通先生是我们的前辈，他当初能够提出小城镇这样一个概念，在当时是具有远见的，我们一直认为费孝通在当年的贡献不可埋没。今天的城镇化是老城区加新城区加新社区三部分组成，新社区是一个突破，就在现有的新农村的基础上进行完善，园林化、循环经济化、绿色

经济、公共服务到位，再加上社会保障城乡区域一致。这样新社区就是新的概念了，它实际上是今后继续发展新的小城镇，中国跟外国的国情有不一样的地方，中国是地少人多，假定我们要做到城镇化率 80%，过几年 15 亿人口的时候你想想看，那就有 12 亿人住在城里，现在城里有 6 亿多人，再加上 5 亿多进来，城市会拥挤成什么样子，有那么多地和淡水吗？生活质量肯定下降，所以中国要老城区加新城区加新社区，新社区就是中国在城镇化方面理论上的贡献和实际上的贡献，这就说明未来很多新社区将发展成为新的小城镇，这就是就地城镇化，不要跑那么远，当然如果有亲戚、朋友在那地方，自己能找到好的工作也可以，这并不限制他，但是从提高人们的生活质量融入城镇社会难易程度来看，可能就地城镇化是更有用的。

[主持人]：新社区就是就地城镇化？

[厉以宁]：就是离开老城区，新城区也是就地城镇化。远距离的成本太高，而且在那里人际生疏，他很难适应这个社会，我们到过一些给农民工居住的地方，比如说在深圳有个地方叫八卦岭，我带着学生在那里调查，他们就讲了，现在我们才适应，当初来的时候才苦，谁也不理我们，都是陌生人，大家从各个省来，现在好了。可见城镇社会的融入有个过程，就近城镇化是缩短了这个过程。

1.3.2　社会学领域对乡村发展的研究

社会学领域对乡村发展的研究具有独到的视角，擅长以小问题看大乡村，见微知著，重在研究乡村社会和乡村治理自身的发展规律。

社会学领域对乡村研究的视角往往起源于某个小问题，如乡村留守儿童问题、乡村单身汉问题、村干部选举问题等，其以小问题发现乡村治理的内在规律，发现乡村社会的结构性和内涵性问题，代表学者为费孝通先生与贺雪峰教授。尤其是费孝通先生，其对镇村的持续研究促使国家关注镇村问题，推动“小城镇，大问题”最终在 20 世纪 90 年代成为“小城镇，大战略”，得到了国家战略的高度重视，为镇村发展的研究奠定了坚实的基础；同时其著作《江村经济》《乡土中国》等，也从社会、治理等内部结构探讨了乡土社会的特征，对中国特色的乡村社会深度研究具有开拓性意义。

费孝通先生认为，我国从来不是一个纯粹的农业国家，而是一直有发达的工业体系，但与西方国家工业都集中在都市里不同，我国传统的工业分散在无数的乡村，是乡土工业。费孝通先生所说的工业，是与“农业”相对比的“非农产业”。乡土产业产生和发展的逻辑主要有两个方面：其一是直接取自土地的收益无法满足农户不饥不寒的生活、生存需要，乡土产业为农户提供了经济的补充和生活的自给；其二是灵活就业的需要，因农作活动的季候性特征，在为时很短的农忙中需要为数众多的劳力，而这些劳力在农闲时（一年中约有三分之二的时间）却派不上用场，从而形成周期性失业，可谓“养工一年，用在农忙”。这些富余劳力在今天可能跟随农民工大潮，参与都市的生产建设，农忙时才回到乡村；而在海禁未开、乡土产业遭受冲击之前，他们未曾离开过土地，只是农闲时投身于乡土产业的生产。乡土产业在劳力利用上和农业的互相配合，维持了农工混合的经济。

贺雪峰教授始终坚持乡村是中国现代化进程的稳定器和蓄水池，承担了非常重要的社会保障功能。目前的土地制度、城乡二元体制、小农经济是保证农民基本生存和安全返乡的根本性制度。他认为我国乡村振兴还处在初级阶段，应该以打基础为主，不宜盲目求快、求美、求全。乡村振兴的重点扶助对象应该是小农户，尤其是留守农村的中老年农民和传统农业。当前的乡村振兴战略中，有三个问题应当引起高度重视。第一个问题是如何构造一个既保证进城农民的土地权利，又保证留村种地农户种地便利的土地制度。这方面应当充分发挥农村土地集体所有制的优势，甚至可以向国有农场制度学习。第二个问题是如何将自上而下的惠农资金投入与农民组织能力的提高结合起来。乡村振兴，农民是主体。这个主体必须是组织起来的农民而不能是单个的农民。如何将农民组织起来是当前时期“三农”工作的中心任务。第三个问题是能否将低龄老年人组织起来照料高龄老年人，发展农村互助养老。若能组织起来，就可能形成低成本、高质量的应对老龄化的中国乡村方案。乡村振兴应当特别重视组织农民和文化建设，发挥农民的主体作用，调动农民的积极性。乡村振兴是以国家快速城镇化、产业迅速升级为前提的。但我们需要的城镇化，应既能促进农民进城，又要预留农民进城失败后的返乡退路。

社会学保留了对乡村研究的批判性思维与微观化视角，真正从乡村社会、家庭、农民出发，探讨乡村振兴路径的科学性，与经济学的宏观性、制度性形成了很好的互补。

1.3.3　地理学领域对乡村发展的研究

地理学是最早对乡村聚落进行研究的学科，也是在乡村的空间聚落变化、乡村农业产业等研究中运用最多新技术的学科，包括 GIS 等。当然，地理学作为发端较早的学科，国内外都从不同的理论视角进行了众多的乡村聚落空间研究。而从我国特定发展语境下的乡村振兴视角出发，刘彦随教授以乡村地理学为学科背景，从土地利用及资源配置、农业现代化、城乡关系、“乡村病”等角度对乡村问题的空间分异和制度改革问题进行了较为深入的研究。

刘彦随教授在对我国乡村地域系统的解读中认为，乡村地域系统是一个乡村空间体系，它的可持续发展受地理环境、村镇化水平、气候条件、土地资源禀赋、人口外流程度、老龄化水平等因素的影响和制约。乡村振兴实质是乡村地区在遵循地域系统演化规律的基础上，通过统筹谋划乡村资源配置、生态保护、产业发展、社会治理、文化传承、民生保障等系统目标，科学处理乡村人地关系、城乡关系、居业关系，适时推进乡村空间重构，从而实现乡村的转型振兴与可持续发展。乡村振兴要在遵循乡村地域系统演化规律的基础上，根据不同乡村地域系统的发展现状、动力来源和发展方向，系统探究不同类型和区域的乡村系统转型与振兴的地域模式和科学路径。乡村振兴是一个系统性的过程，它是一定区域内的乡村转型发展、空间重构以及功能提升，其核心在于遵循城乡发展转型规律、实现乡村系统的全面振兴。乡村振兴本质上是指一定区域内的乡村转型发展，而该区域就是乡村振兴战略落地的区域与空间，也就是乡村振兴域。它表征为乡村振兴“圈—带—区”系统，类比于都市圈的空间关系与治理体系。当前服务乡村振兴国家战略，建议进一步深入探究乡村振兴的九个前沿问题，即城乡地域系统分异规律与融合机制、乡村地域系统转型机理及科学途径、乡村“三农”互动原理与规划治理、乡村“自然—社会—技术”系统互馈机理、乡村人地系统耦合过程与情景模拟、乡村空间重构适宜程度与承载强度、乡村转型发展内生动力及协同机制、乡村振兴新型主体化与农民组织化、乡村地域系统灾变与风险调控机制。

同时，在乡村振兴中，有两点是非常值得注意的。一是构筑合理的镇村建设格局，改善城乡关系，打破城乡二元结构，解决“三农”问题。通过构筑县城、重点镇、镇、中心村的等级关系以及治理体系，推进形成中国特色的城市、村镇、农业、生态“四位一体”的国土空间格局来助推城乡的转型发展。进一步缩小城乡差距，实现农村现代化。二是重构乡村“三生”空间。在合理的镇村建设格局内，通过开展农村土地综合整治并从产业集聚、居住集中以及资源利用集约等方面根本上变革乡村地域的“三生”空间，从而达到重构乡村生产、生活和生态空间并支撑城乡一体化发展的目的。

1.3.4 其他学科领域对乡村发展的研究

对乡村发展进行深入研究的学科还有城乡规划学、建筑学、民族学、艺术学、景观生态学等。其中城乡规划学对于乡村研究的起源是对于乡村物质空间环境的改造，落脚于如何进行合理的乡村规划。但由于规划学科的研究对象是空间，是多重因素作用的结果，因此也对乡村发展中的人口、社会结构、产业发展等问题有一定的研究。而建筑学则更多地从微观视角出发，对乡村营造、乡土建筑等技术性问题进行探讨，直接面向乡村建设行为本身。民族学、艺术学、景观生态学则从不同角度对乡村历史文化、民族特色、风貌景观、乡村景观、乡土民俗与生态保护进行深入研究，体现了乡村在不同地域、不同层面、不同维度、不同领域的特色与属性。

城乡规划学与建筑学领域对于乡村发展的研究不仅具有中国特色，同时也不缺乏国际视野，尤其是日本、韩国、英国等国家的乡村产业、空间与社会发展，具有较强的借鉴意义。在老龄化、少子化的人口结构变化特征下，日本乡村也同样面临着空心化、活力缺失的问题。因此，众多学者针对乡村发展过程中产生的空心化、人口减少、结构失活等问题，进行了广泛的研究。张京祥等学者提出，应该明确乡村人口减少和相对老龄化不能够被逆转，但是乡村的发展与振兴是必然的，因此我们需要在工业化、城镇化及乡村人口不断减少的大趋势下，保持乡村社会结构的均衡，维持乡村的可持续发展。而促使乡村振兴与可持续发展的关键在于合理配置资源，对于乡村要进行适当的集中归并，对服务设施进行集中供给，对资源利用进行集约优化。当然，我国各地乡村差异巨大，不同地区的乡村生活生产方式不同，有的乡村人口可能还留在乡村，有的地区还保持着小规模农耕生产方式。对于这样的地区，需要因地制宜地推进生产与发展，而乡村规划则要适应发展的实际诉求和约束，以新的思路推进乡村振兴。同时，以往乡村发展始终是在追逐城市，强化生产，而忽视乃至忘却了对于乡村本身特质的关注与探讨。因此，在现有的工业化、城镇化语境下，乡村总是处于落后者的位置，但这是对乡村缺乏多元、全面认知的体现。而当下，要如何超越既往路径，找到一条站在中国乡村传统之上，在新的社会背景下的“中国道路”，是乡村发展的重大命题。因此，必须清楚中国乡村所具备的多元化价值至少有三个层面，即乡村的农业价值、乡村的腹地价值和乡村的家园价值。而我们则需要从中国乡村的这些价值入手，从城乡关系、乡村土地制度、乡村社会经济以及乡村管治构架等方面寻找乡村发展的深层次规律。

城乡规划学中也不乏在当代信息技术背景下对乡村发展与振兴促进的研究。

罗震东教授主要在电商网络兴起的背景下对乡村发展与振兴的路径和模式做了充分系统的调研及分析，为当代乡村振兴提供了可借鉴的模式。由于科技的飞速发展，强大的移动互联网使得城乡数字鸿沟逐渐缩小，城乡互动和社会参与的革新正在增强。在这样的新趋势下，乡村发展呈现出新现象和新问题。需要有针对性地提出促进高质量发展、改善乡村人居环境、推动乡村治理现代化转型的推动力量与协同机制。

乡村规划是城乡规划学领域对乡村发展研究重要的落脚点，也是实施乡村振兴战略重要的举措。张尚武教授认为，乡村规划主要有三个层面的基本问题。首先，从理论认识层面，如何理解乡村在城镇化中的地位和作用不仅会影响城镇化政策的价值取向，也将影响城乡规划体系转型的方向。其次，从技术方法层面，乡村规划和城镇规划是不同的，如何探寻应对“萎缩发展”的乡村成为乡村规划与城镇规划最大的不同。最后，从地方实践层面，如何探讨具有差异性、符合实际、因地制宜的乡村规划是乡村规划实际工作的最大难题。叶红副教授认为，村庄规划是一定有用的，但是要将传统的村规民约转化为乡村治理的规划原则才能够有效地顺应乡村发展的规律，真正起到指导作用。

其他学科也对乡村问题有不同的研究。如能源学科对乡村秸秆的燃烧利用、沼气的循环利用等进行研究，力图从技术方面保证乡村生活、生产效率。

本书主要立足于城乡规划学的角度，探讨多种因素影响下的镇村发展问题以及对大都市地区乡村空间格局的影响，最终提出适应于大都市地区空间格局的镇村一体化发展路径与模式。

第2章　大都市空间格局影响下的镇村发展

在美国，有2.43亿人口拥挤在仅占全国总面积3%的土地上，那就是我们的城市。生活在东京及其周围的人口高达3600万，这里是全球生产效率最高的城市区域。孟买的中心城区居住着1200万人口，上海的人口规模与其相差无几。在一个空间如此辽阔的星球上，我们选择了城市。

——选自[美]爱德华·格莱泽(Edward Glaeser)《城市的胜利》

2.1　大都市地区的总体格局

智研咨询发布的《2019—2025年中国城市化进程与市政工程规划建设报告》数据显示，2000年、2010年和2018年，大城市以上级别的城市人口数量增长速度加快，大城市、超大城市和特大城市吸纳了越来越多的城镇人口，2000—2018年小城市人口增量约为1亿人，中等城市和大城市人口接近翻倍，超大城市人口从2453万增长到9780万，城镇人口分布呈现“小城打底，大城发育”的特征。预计到2030年，中小城市人口总量将保持稳定，但人口比例会不断缩小，大城市、特大城市、超大城市人口将进一步增加，所占比例超过50%。[1]

2005年，建设部的数据显示，从1978年至2003年，我国100万以上人口的特大城市从13个增加到49个。2014年11月，国务院发布《国务院关于调整城市规模划分标准的通知》(国发〔2014〕51号)，其中规定：超大城市为城区常住人口1000万以上的城市，特大城市为城区常住人口500万至1000万的城市。至2019年末，上海、北京、重庆、广州、深圳、天津以中心城区常住人口超1000万的规模成为我国超大城市，而东莞、武汉、成都、杭州、南京、郑州、西安、济南、沈阳、青岛成为中心城

[1] 该段文献引自 http://www.chyxx.com/industry/202001/830994.html。

区人口超500万的特大城市。可以发现，大都市地区作为资源要素高度集聚、流动极具活跃性的空间区域，将是未来我国城镇化主要的空间阵地。因此，探寻大都市地区要素流动的规律与格局，是提升大都市地区资源配置效率的重要基础。

2.1.1 大都市地区的概念

在学术研究与政策制定的领域内，相似的概念总会频繁出现。如学术研究中的大都市区、都市区、大都市地区，政策发展中的都市圈、城市群等概念。在学术研究的领域，最早提出"大都市区"概念的是美国，其内涵与界定标准经历了不断的修正与调整。最终，"包括一个可识别的人口核心和具有核心的高度一体化的毗邻地域的地区"作为具有一定共识的大都市区概念被确定下来。而"都市区"的概念则在空间地域上更加聚焦，指由一定规模以上的中心城市及与其保持密切社会经济联系、非农经济活动主导的外围地区共同组成的高度一体化城市功能地域。可以发现，都市区是内含在大都市地区范围里的，这种内含关系，不仅体现在空间拓扑关系上，也表现在空间功能维度上。都市区一般由一个核心城市的主城区和周边城市型功能组团构成，反映了中心城市功能及实体空间扩散的范围。所以，从功能上来看，都市区内部的空间功能是以城市功能为主的，而大都市区则在都市区的基础上，扩展了一定的非城市功能，包含了都市区核心地段以外具有一定影响范围的毗邻地域。

对于"大都市地区"，实际上并没有较为严谨的学术定义。在学术研究中，"大都市地区"基本上与"大都市区"等同使用。而本书中之所以使用"大都市地区"，是因为在综合了学术界对相关概念的界定后，确定了本书并没有对大都市区整体空间区域进行重点研究与探讨，而仅仅将其当作一个具有一定区域发展经济特征的空间背景，对其内在的镇村发展进行阐释。本书主要是明确在大都市区空间格局特征的影响下，镇村发展会受到什么样的影响。因此，在本书中，"大都市地区"的概念为包含具有显著可识别的人口、经济、社会、城镇化高水平发展的核心区，以及与中心城区具有较高程度的经济、社会整合关系的周边地区。显而易见，镇村主要分布在周边地区，其空间发展、职能结构都会受到来自大都市区核心城市的影响。

虽然大都市区或都市区的内涵得到了广泛的学术认同，但是在实际划定或者识别的过程中，仍然会根据各地不同的发展特征采取不同的标准。如行政区划、实体空间、功能空间、关系空间等，都可以作为大都市区与都市区划定的依据。在我国的空间治理背景下，都市区基本都是在行政地域范围内划定的城市实体功能集聚的核心空间，而大都市区则往往以实际的关系空间为划定依据。如武汉大都市区，除武汉市全域之外，还包括了汉川、孝感、仙桃、咸宁、黄石、黄冈等周边县市的部分区域（见图 2-1）。在西方城市，通勤范围是大都市区最为重要的测度标准，我国城市区域的空间尺度较大，从实体空间出发，存在“中心城市—都市区—都市圈—城市群”的地域递进关系。

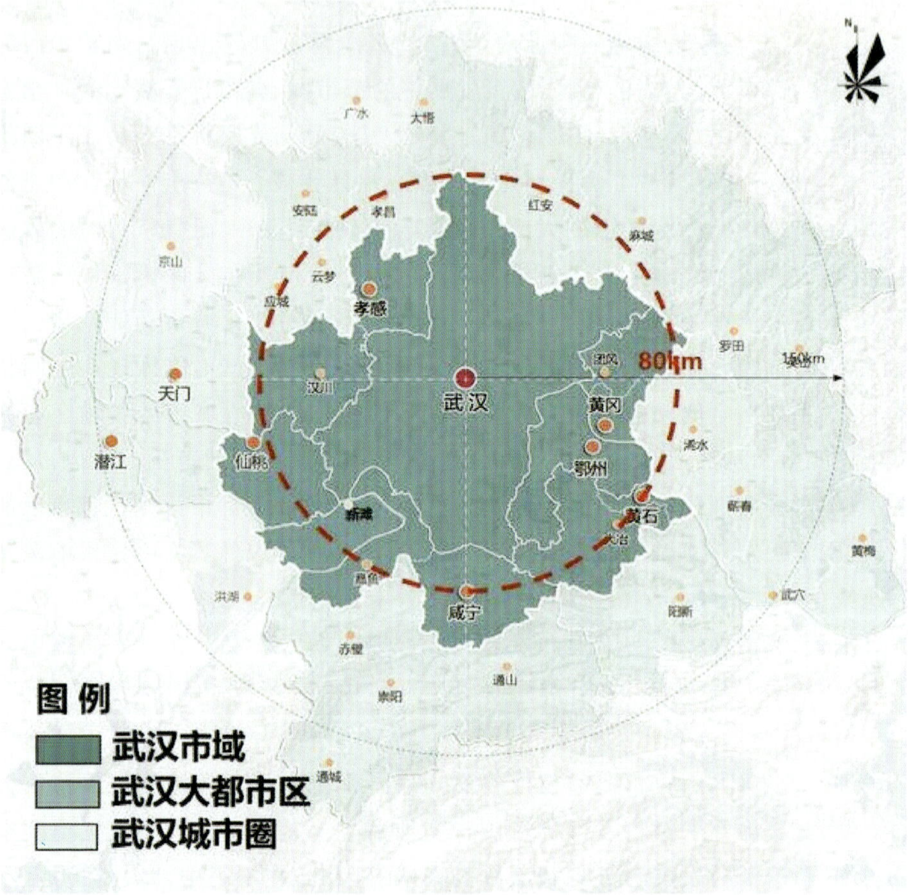

图 2-1　武汉市域、武汉大都市区、武汉城市圈范围示意

（图片来源：作者自绘）

不论是大都市地区还是大都市区，都是要素流动活跃、层级互动的网络化关系较为复杂的区域，也是当前我国城镇化战略的主要空间载体。《国家新型城镇化规划（2014—2020 年）》和“十三五”规划中，明确提出以城市群作为推进城镇化的主体形态。党的十九大也指出，以城市群为主体构建大中小城市和小城镇协调发展的城镇格局，同时要建立健全城乡融合发展体制机制和政策体系，实施乡村振兴战略。国务院在相关的城市群规划批复中，明确若干城市承担国家中心城市职能，进一步强调中心城市代表国家参与国际竞争和辐射带动周边区域发展的要求。可以发现，过去 40 年，我国经历了城镇化快速发展时期，在持续的实践中，基本形成了当前以城市群为主体、大都市地区发挥核心作用、大中小城市和小城镇协调发展、乡村振兴的国土空间全尺度城镇化格局。尤其是从全国第六次人口普查数据可以清晰地看到，京津冀、长三角、珠三角已经明显成为 2000—2010 年我国城镇人口主要流动与集聚的区域。截至 2019 年，我国城市群的数量从 3 个增长到了 7 个，包括粤港澳大湾区、长三角城市群、成渝城市群、中原城市群、京津冀城市群、关中平原城市群、长江中游城市群。其中，相比 2018 年，粤港澳大湾区的广东、香港和澳门三地的常住人口增长率接近 1.5%，长三角城市群人口增长率接近0.8%，成渝城市群的人口增长率也接近0.5%，表现出强劲的人口吸引力。可以预见，在未来的城镇化发展格局中，都市圈、大都市区仍然会是我国城镇化体系中重要的环节。大都市区作为城市区域发展到一定阶段呈现出的一种空间现象，是推进经济高质量发展、带动小城镇和乡村振兴发展的重要地域依托。

2.1.2　大都市地区的空间格局特征

大都市地区的空间成长往往离不开一个核心城市的空间集聚与功能外溢。对于大都市地区的发展，区域经济学与地理学对此的讨论始终都占主导地位。从佩鲁的“增长极理论”、弗里德曼的“核心—边缘”理论再到克拉森对城市人口动态迁移规律的总结，大都市地区的非均衡发展结构得到了学界的普遍认同。“非均衡”效应的根源就在于大都市地区普遍是由一个明显的核心城市促发的。而大城市从单中心向多中心结构的转变是大都市地区空间结构模式的基本共识。多中心网络结构、簇团式结构等多种衍生式概念都是在此基础上对大都市地区空间结构模式的总结。空间结构是一定时期社会经济条件作用下形成的，与城市的发展状态是相匹配的。同时，对城市空间结构特征的研究也能更加科学地预判城市地域结构的演化过程与趋势，自上而下地将资源要素配置的体系与结构转型的趋势相匹配，形成发展合力，促进大都市地区空间结构的自我优化与重构。

1984 年，英国著名城市规划学者彼得·霍尔（Peter Hall）提出了城市化过程中城市空间结构的演变特征，针对具有单个中心城市的演变特征将其发展分为六个阶段:①流失中的集中,即郊区人口向中心区集聚,中心区人口低速增长;②绝对的集中,即郊区人口向中心区持续集聚,中心区人口高速增长,都市区总人口持续增加;③相对的集中,即郊区人口开始增长,但是中心区人口增长速度更快,都市区总人口增长;④相对的分散,即郊区人口高速增长,中心区人口也在增长,但是其增长速度不及郊区,出现了人口向郊区迁移的郊区化现象,都市区人口总量仍然在增加;⑤绝对分散,即中心区人口负增长,郊区人口低速增长,人口从中心区向郊区的迁移态势更加明显,都市区总人口低速增长;⑥消失中的分散,即中心区人口负增长速度加快,中心区人口迁移目的地除郊区外还包括其他都市区或小城市,都市区总人口下降。彼得从人口迁居的角度对大都市地区的空间结构演进进行了总结,实际上也暗含了城镇化向心集聚、离心扩散、郊区化、逆城市化的城市发展内涵。英国经济学家杰夫里·怀特海德(Geoffrey Whitehead)提出的工业化发展的四个阶段也对应着大都市地区地域结构演化的阶段特征,包括低水平的均衡阶段、极核式集聚发展阶段、扩散均衡发展阶段、高级均衡发展阶段。可以发现,不论是从城市发展还是从工业化进程的角度看,大都市地区的地域空间结构基本上都呈现出从单中心的极核集聚向多中心网络化结构转化的趋势,而在单中心向多中心演进的过程中,圈层外推是其主要的增极方式,而从中心向外辐射的交通廊道与发展轴线则与圈层相交,共同形成大都市地区城市空间结构演进过程中的网络雏形。“产业—交通”的网络化组织逐步推进了产业的专业化分工与快速交通网络的形成,最终形成“经济—社会—空间”网络良性耦合的大都市。伦敦、巴黎、东京、首尔等国际典型大都市区的空间结构演进也在实践中佐证了上述理论,基本上遵循了“单中心圈层—多级多核—网络结构”的空间演进路线。

而对于中国大都市而言,部分大城市区域化的空间拓展态势已经非常明显。虽然就单个都市区而言,都市区的成熟程度,即核心区的要素集聚规模仍然有差距,如东、中、西部地区的大都市地区核心区的体量就有一定差别,但是总体来看,我国已经形成了较为明显的大城市区域化的空间态势。尤其是随着城镇化的不断推进,中心城市核心地区发展能级的不断增强,由中心城市与外围邻近地域组成的城市功能地域不断扩容增长,也在不断改变和革新着中心城市与周边城镇村之间的互动关系。而这种关系的改变,同时也都在大都市地区“圈层—轴向—多中心”的空间发展格局框架之下,受到网络化的交通廊道等要素互动载体的影响,呈现出大都市地区生机勃勃的发展态势。

2.1.3　大都市核心区对周边镇村的影响

核心城市的形成不能够忽略“流”的功效。陆大道、顾朝林等学者都认为，在全球化的浪潮下，“场所空间”被“流动空间”替代的趋势已非常明显。当前，大都市地区社会经济体系的空间结构都是建立在点与点之间的关联所组成的网络结构和逻辑关系基础之上的。“流动空间”的特征一方面依赖于既有的城镇体系，另一方面也在潜移默化中革新着原有的城乡关系。大都市地区的核心城市就是以不断完善的交通网络与向下延伸的信息网络为载体，通过人流、物流、信息流运动的方式影响着周边功能体。囿于行政层级、市场开放的程度及有限的交通网络，传统的镇村关系表现为镇村之间在较为有限的空间范围内进行经济、人口、资本等要素的频繁互动，村对镇的自下而上的层级依附性较强。随着经济全球化与区域化的快速推进、信息化技术的不断渗透以及快速城镇化的持续冲击，镇村之间要素互动的频率和强度明显降低，层级性的镇村关系随之在空间、经济、公共服务以及人口流动等方面发生解构。尤其在大城市周边圈层式的空间架构之中，在多元的经济主体、复杂的要素流动和碎片化的空间治理等综合作用下，镇村层级关系解构的表现形式具有明显的差异性和多元性。

随着交通系统的日益完善，人口流动所受到的地形限制越来越小，自然地理特征影响下的镇村空间离散程度并不能完全、准确、持续地代表镇村关系实际发生的空间关联，因此，只有结合镇村居民点的人口规模及流动范围，才能在一定程度上综合反映镇村关系的空间特征。以武汉市为例，从武汉市的镇村人口数量分布来看，镇区由于受到主城区极核效应的影响而呈现出圈层递减式的人口分布特征，尤其是都市发展区内的小城镇人口聚集能力明显强于外围小城镇，而行政村则并未呈现出明显的、相似的规律特征。深入调研发现，除少数与城区相邻或与都市发展区内小城镇镇区相邻的行政村外，武汉市的大部分乡村在人口的空间分布方面并未因主城区的极核效应而产生与镇区相似的圈层特征。无论处于都市区空间发展格局的哪一个圈层，行政村人口保有量都因人口普遍外流而呈现出低水平均衡的格局。进一步分析，邻近镇区、城区的行政村由于城镇的辐射扩散作用，乡村人口的流动和就业基本上就近解决，从而形成“离土不离乡”的非农化现象，其人口数量较多，人口流动的空间范围较小。如紧邻主城区的江夏区五里界镇，其 90%以上人口的外出务工地点集中在武汉市区，通勤时间也稳定在一天之内。而其他大部分乡村人口流动的方向均具有明显的随机性和不确定性，并未受到建制镇行政辖区或地形条件的约束，因而人口流动所涉及的空间范围较大，传统的以镇区为转移重心的空间紧密关系被明显解构。由此可见，在固有的自然地理约束下以及都市区空间格局区位差异的作用下，镇村关系的空间关联范围呈现出紧密和扩散的差异分化特征。空间关联范围较小的紧密型镇村关系大多出现在都市发展区内，且共处于“一日通勤圈”内的镇区与行政村之间；而空间关联范围较大的扩散型镇村关系则较为普遍地集中于都市区外圈层，以及部分都市发展区内距离镇区较远的行政村。

除此之外，乡村要素越过小城镇向大都市核心区流动的态势也导致镇村层级式的职能体系结构发生了变化。从宏观层面看，这种关联机制则表现为镇村之间在不同层面所具有的不同互动程度的职能关系。而影响职能关系的主要因素不仅来自镇村内部，即是否具有互动发展的机制，更来自外部经济主体对镇村发展的叠加影响。

综上所述，在大都市核心区的复杂影响下，镇村功能体本身在静态的结构与动态的变化方面都发生了一定的变化，尤其是功能结构相对于地域结构的变化，使得大都市地区层级式的治理方式也要随之发生改变。因此，深入探讨在大都市地区空间格局影响下的镇村发展特征，是实现大都市地区城乡协调发展的重要前提。

2.2　大都市地区空间格局下的小城镇发展

小城镇作为体量较小、规模局限的地域层级，自组织发展的力量较弱。尤其是经历过乡镇企业蓬勃发展而兴起的小城镇已经在分工中跃迁至更加高阶的区域网络体系后，剩余的小城镇大部分都没能在乡镇企业的区域分工体系中占有稳定良好的位置。因此，在政策、区位等不同外部因素影响下的小城镇极易出现差异分化的现象，在一定区域内出现差异化共存的空间发展格局。尤其是在大都市地区“圈层＋轴向”的网络化发展格局下，小城镇的发展更是受到了宏观区域空间结构的影响，呈现出明显的“马路经济”特征。

2.2.1　大都市地区小城镇的“马路经济”

在大都市这样的快速城镇化地区，小城镇发展演变受到社会经济、自然环境、文化背景等构成要素的共同作用，其中过境交通是小城镇发展（尤其是空间）演变最敏感、最直接也最快捷的影响因素，而过境交通中的干线公路作为公路中最基本的运输线路之一，其与城镇的联系最为紧密，也是实现城市与城市、城市与小城镇、小城镇与乡村相互之间资源要素空间位移的经济廊道。干线公路以其较大的交通、经济等优势，对沿线小城镇的空间形态演变曾经或仍将产生巨大影响。通俗意义上，这样的现象被称为“马路经济”。在现实发展中，小城镇沿路“一层皮”的布置方式也正是在干线公路的影响下形成的。

武汉市作为中部地区特大城市，一方面核心区域仍然存在巨大的内聚性，对周边小城镇仍然存在圈层递减的差异化影响。另一方面小城镇在“轴向”的道路交通布局下也具有典型的“马路经济”特征。具体来看，干线公路对武汉远郊小城镇发展主要有 4 个作用：①可达性，便利了武汉远郊小城镇与外围城镇的联系；②转换交互，实现了小城镇“最后一公里”的交通转换；③指向性，干线公路的联通在某种意义上提高了区域内小城镇区位优势的指向性；④增值效应——干线公路的建成与完善促使了所到之处土地利用类型的变更，形成增值效益。

总体来讲，与核心区相邻的圈层内部，小城镇在空间发展支持、经济产业承接、公共服务下沉等方面都直接受到核心区的辐射影响，明显具有较高的发展水平。而相较于近郊小城镇，武汉远郊小城镇形成与发展缓慢，其对公路交通的依赖性较为明显。因此，对武汉市远郊地区、干线公路沿线的小城镇发展进行分析，会更进一步明确武汉市外圈层的轴线型小城镇的发展特点，对整体认知大都市地区小城镇发展状况具有重要的补充与延伸意义。

1. 空间分布特征

对于一个中小尺度城镇体系空间，干线公路在武汉城镇体系发展中具有重要的地位与作用，并且其重要性在以后较长的时间内将继续加强。武汉小城镇的发展有着历史根源，“公路时代”的沿路发展就是历史原因之一，其形成小城镇沿重要公路的轴向格局(见图 2-2)，同时交通干线对城镇内部空间布局有一定的影响。在武汉市域范围内，尤为重要的有 G318、G107、G106 等国道交通干线及京广铁路干线。远郊沿干线公路共分布 18 个小城镇，占远郊小城镇的 36%。这一方面说明了武汉依托公路兴起的小城镇非常多，其与外界城市之间的空间连续性越来越高；另一方面也体现了武汉远郊干线公路沿线小城镇与武汉都市区空间拓展方向的耦合，特别是 G107 东西湖段、江夏区段以及 G318 蔡甸区段与武汉城市圈的“武汉—孝感”“武汉—咸宁”城镇发展轴高度一致。

2. 城镇化水平

城镇化水平可以反映小城镇在城乡体系中的职能与定位。尤其是大都市地区

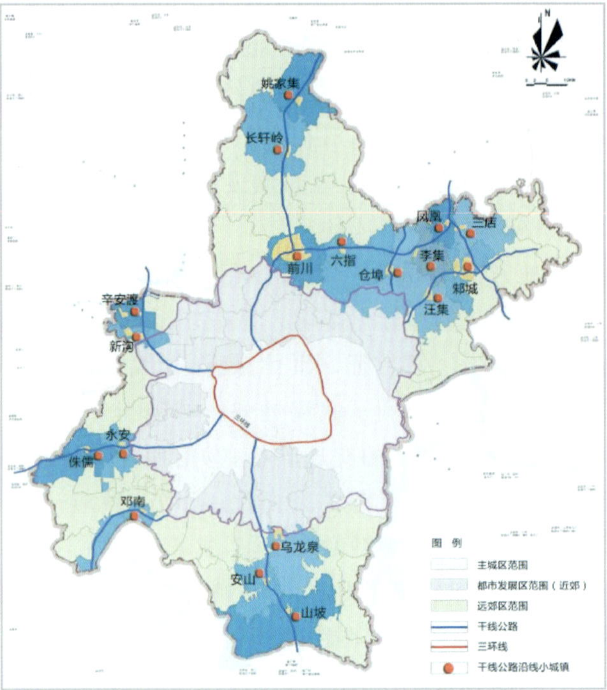

图 2-2　干线公路沿线小城镇空间分布

（图片来源：作者自绘）

的小城镇，一方面具有天然的区位优势，在承接大都市地区产业外溢方面具有吸纳周边乡村人口的条件；但另一方面，小城镇在城乡要素流动之间的塌陷作用也非常显著。因此，在大都市地区这种要素流动高度活跃和复杂的区域，小城镇会由于资源禀赋、区位条件、政策支持等内外部条件而出现不同的城镇化特征与表现，具体表现在以下方面。

1）人口分布极不均衡，人口总量差异较大

采用单一指标法对抽取的干线公路沿线 14 个小城镇的人口与武汉市小城镇人口进行对比分析，如表 2-1 所示。

表 2-1　武汉市小城镇及远郊干线公路沿线小城镇人口指标表

名　　称	城镇总人口/万人	城镇人口/万人	城镇人口比重
前川街道	19.1	9.8	51.31%
六指街道	9.8	1.1	11.22%
仓埠街道	8.51	1.67	19.62%

续表

名　　称	城镇总人口/万人	城镇人口/万人	城镇人口比重
李集街道	5.88	0.78	13.27%
永安街道	3.37	0.84	24.93%
侏儒山街道	5.8	0.39	6.72%
�城街道	17.8	9.9	55.62%
三店街道	8.38	0.62	7.40%
凤凰镇	2.96	0.4	13.51%
乌龙泉街道	2.79	0.9	32.26%
安山街道	1.6	0.9	56.25%
山坡街道	5.4	0.49	9.07%
新沟镇街道	2.19	1.19	54.34%
辛安渡办事处	1.67	0.29	17.37%
总计	95.25	29.27	30.73%
武汉市小城镇	192.19	65.72	34.20%

注:数据采集年份为2016年。

可以看出,武汉市远郊干线公路沿线小城镇镇区平均人口约为2.1万人,其人口占武汉市小城镇镇区人口的44.54%。单个小城镇之间人口规模差异较大,前川街道区域人口达到19.1万人,城镇人口10万人左右;而人口规模最小的安山街道区域人口仅1.6万人,城镇人口不到1万人。除此之外,因各街道、镇管辖地域范围大小不一,沿线小城镇的人口总量差异较大,如�城街道和凤凰镇。

2）整体城镇化水平较低,人口流失和比例失衡

在调研访谈中发现,武汉远郊干线公路沿线小城镇人口兼具流出与流入两种特征,一方面镇城人口流向主城及新城,另一方面吸引周边邻近乡镇、乡村人口流入。镇区对村庄人口有一定的吸引力。

图2-3中的数据显示了武汉市远郊干线公路沿线小城镇城镇化水平、武汉市小城镇平均城镇化水平、湖北省建制镇平均城镇化水平的对比。城镇化水平从侏儒山街道的6.72%(最低)到安山镇(最高)的56.25%,体现了远郊干线公路沿线小城镇发展的不均衡特点。与湖北省建制镇平均城镇化水平23.88%和武汉市小城镇平均城镇化水平34.20%相比,远郊干线公路沿线小城镇城镇化水平大多数低于武汉市小城镇平均城镇化水平,部分高于湖北省建制镇平均城镇化水平。可见,从武汉市的角度来看,相对交通轴线对小城镇的带动作用,圈层位置对小城镇

的影响更加明显。上述位于远郊圈层的小城镇,虽然有干线公路对要素流动与集聚的带动与影响,但是相比内圈层“核心城市+交通网络”的双重影响,核心城市对外圈层小城镇的影响力发生了明显的衰减。因此,从整体水平来看,位于远郊圈层的小城镇虽然与干线公路的空间关系密切,但是仍然受制于远郊圈层的较弱核心影响力,在武汉市内具有相对较低的城镇化水平。从湖北省整体水平来看,相对于省域内江汉平原与后发山区地域内的小城镇,武汉都市圈及其市域内小城镇整体的发展水平仍然具有较为明显的优越性。由此可见,省域与市域层面小城镇的非均衡发展格局具有不同的分布特征与内涵表现。

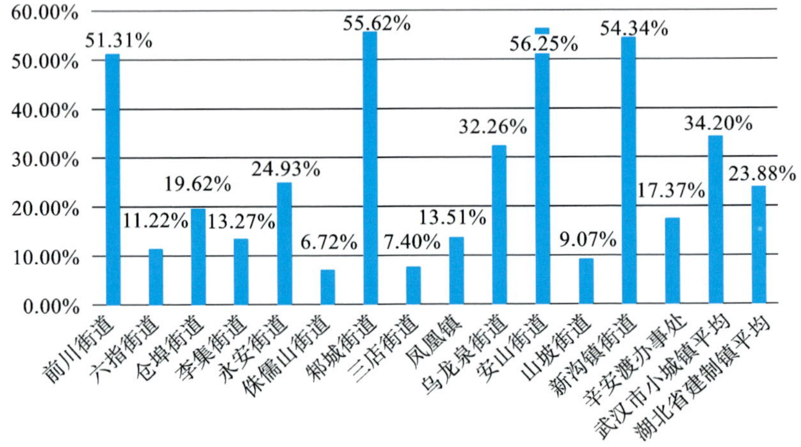

图 2-3 武汉市远郊干线公路沿线小城镇城镇化水平、武汉市小城镇平均城镇化水平、湖北省建制镇平均城镇化水平对比

(资料来源:作者自绘)

3) 人口异地城镇化现象突出

异地城镇化是武汉市新型城镇化过程中人口流动的特征。从基本结构来看,武汉市小城镇与乡村的劳动力人群主要呈现出以家庭为单位的“半工半耕”的兼业状态,完全务工和完全务农的现象已基本不存在。一般都表现为年龄在 20～40 岁的青壮年人外出务工,而中老年人留守乡村。

由于小城镇在流动人口的数据收集方面具有较大的困难,很难进行准确的量化表达,很难直接反映异地城镇化人口的数据。因此,借助沿线小城镇所在行政区人口的变化,在一定程度上反映相应区域人口异地城镇化的现象。

作为研究对象的 14 个小城镇所在的行政区有黄陂区、新洲区、江夏区、蔡甸区、东西湖区,通过对比这 5 个区的人口变化来进一步确定异地城镇化的突出现象。如图 2-4 所示,黄陂区和新洲区的异地城镇化现象比较明显,而蔡甸区、东西湖区是人口流入地，主要是因为东西湖区、蔡甸区有国营农场，其发展以及农业生产需要较多的劳动力。

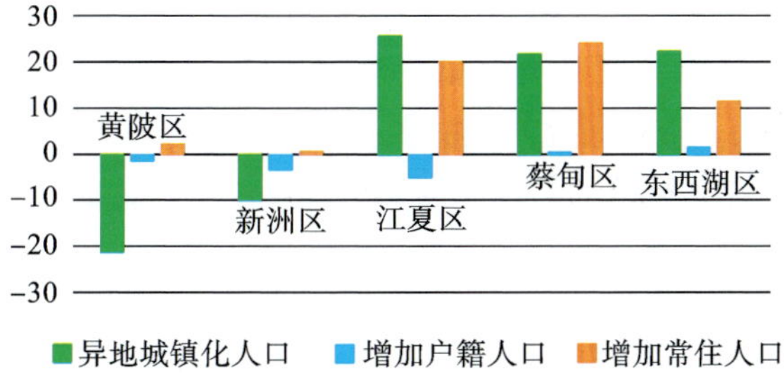

图 2-4　2010—2018 年研究对象所在行政区人口变化(单位:万人)

（资料来源:作者自绘）

根据研究对象所在行政区远郊小城镇人口流动的调研数据来看(见图 2-5)，远郊小城镇以人口流出为主，异地城镇化明显。外出半年以上户籍人口 66.61 万人，外来常住人口 9.28 万人，两者之比约为 7.2∶1。

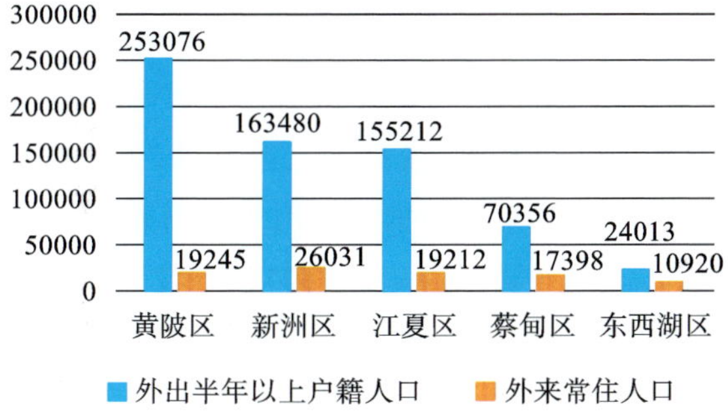

图 2-5　研究对象所在行政区远郊小城镇人口流动

（资料来源:作者自绘）

总体来看，干线公路作为人流、物流的通道，对于武汉远郊小城镇的经济发展水平、要素质量水平、要素集聚程度以及空间布局等方面有着积极而特殊的作用，尤其是在人口集聚和小城镇建设用地的拓展上较非干线公路沿线的小城镇明显。同时，与其他小城镇相比其带来的空间建设增长效益也具有明显的优势。

3. 产业发展状况

1）产业发展受中心城市影响较大

作为城乡空间结构中承上启下的重要节点，小城镇会承接中心城市向外转移的产业，并通过与中心城市的职能分工，形成区域内有机协调并相互补充的产业分工布局，主要体现在第三产业与第二产业两方。首先，中心城市居民对于日常消费的需求会促使城市周边小城镇培育相应的城镇职能和配套产业，例如进行蔬菜、水产品等的供应；其次，中心城市在发展过程中会将部分产业转移至周边地区，而小城镇地价低廉，交通相对便捷且有大量劳动力提供，一旦转移产业在小城镇落户即可直接促进小城镇的产业发展，甚至变成小城镇的主导、支柱产业；最后，一部分自然资源良好的特色小城镇可以发展现代休闲旅游产业，满足城市居民周末及节假日短途旅游和日常休闲的需要。

2）产业层次低，缺乏特色

小城镇在我国城镇化进程中起到至关重要的作用。而小城镇要吸纳农村富余劳动力，必须发展产业。通过数据比较可以看出，武汉远郊干线公路沿线小城镇的产业经济发展已具有一定规模，但整体不容乐观。

比较选出的 8 个有代表性的小城镇 2018 年的从业人口比例（见图 2-6、图 2-7），可以看出这些小城镇的人口从业以第一产业为主，占比超过 50%的有 3 个，山坡街道的第一产业从业人口占比甚至达到 79.85%。同时，与武汉市第一产业从业人口比例 13.62%相比，8 个干线公路沿线小城镇第一产业从业人口比例均超过这一水平，这表明，第一产业依旧是这些小城镇的首要组成部分，但是农业发展水平低，农副特色产品的附加值未得到挖掘，发展滞后。另外，工业产业薄弱，为初级加工阶段，经济效益较差，对小城镇发展的推动作用小。例如，在干线引导下，乌龙泉街道依然依靠区域内原有的矿产资源进行原材料的开发，没有充分发挥自身的交通优势，与武汉都市区产业布局对接，从而失去获取新的发展路径的机会（见图 2-8）。总体来说，除个别小城镇外，多数小城镇的产业发展层次低，特色不突出，直接影响小城镇的空间演变。

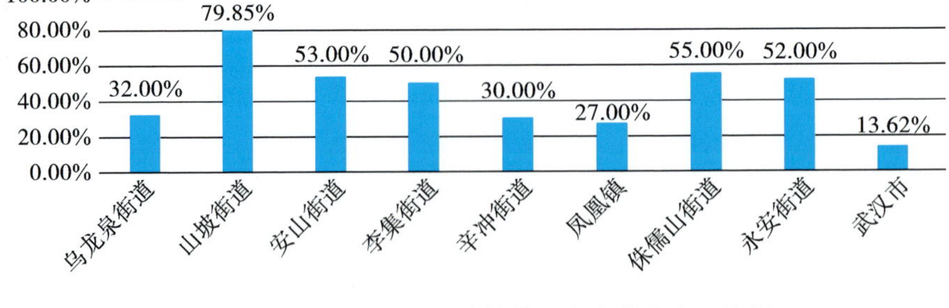

图 2-6　干线公路沿线小城镇第一产业从业人口比例

（资料来源：作者自绘）

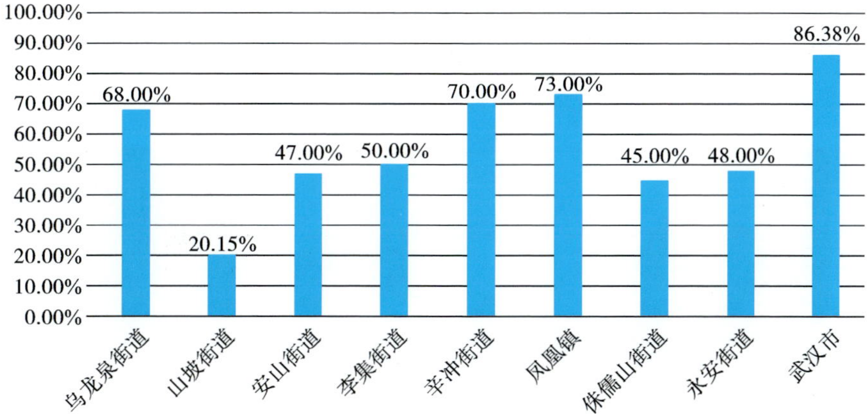

图 2-7　干线公路沿线小城镇第二、三产业从业人口比例

（资料来源：作者自绘）

图 2-8　乌龙泉街道现状照片

（资料来源：作者自摄）

4. 干线公路引导下武汉远郊小城镇空间发展存在的问题

追溯我国小城镇的形成，绝大多数由路边聚落发展而来。小城镇的发展主要依赖于经济的发展和繁荣，从而追求合理的空间布局。然而，在经济快速发展的今天，这些干线公路沿线小城镇的空间发展却面临诸多问题。

1）干线公路交通穿镇而过，严重影响小城镇空间环境质量

不少沿线小城镇的对外交通都是以干线公路为主，干线公路从中穿过。“马路经济”时代小城镇的规模小，国道主要位于小城镇的一侧、外围或者边缘，但是随着外来要素的入驻，城镇规模随之扩大，将干线公路包裹在城镇范围内，城镇的发展方向也随干线公路沿线展开。穿越镇区的干线公路被改造成镇区主要道路，干线公路上的车辆川流不息，使得小城镇内部受干线公路车辆穿越的外部空间的影响，

无法得到一个良好的空间环境。例如，六指街道内部主要道路为G318，其穿街道而过，影响街区内部交通。街道缺乏横向、纵向交通联系，使得所有的过境交通从街道主要道路穿过，导致六指街道整体的空间环境质量下降（见图2-9）。

图2-9　六指街道现状照片

（资料来源：作者自摄）

2）盲目靠近或围绕干线公路发展，使得小城镇扩张粗放

小城镇空间发展在缺乏一定的规划引导及管理制度的情况下往往存在无序扩张、土地利用粗放的情况，武汉远郊干线公路沿线小城镇空间扩展也不例外。历史因素所致，现如今小城镇的商业、服务业依然是沿干线公路两侧轴向布置，这主要是因为不少私人业主利用便利的交通带来的眼前利益，纷纷沿路建房或者租房经营，久而久之便形成一条条长长的"商业走廊"。小城镇内所提供的消费品主要是日常用品，这也使得盲目靠近干线公路交通发展商业轴是不科学、不合理的。这种不科学、不合理的小城镇沿路带状扩张势必影响小城镇土地的集约利用。

根据调研情况统计，武汉公路建设在不断地完善之中，有一定发展基础、资源环境较好的远郊小城镇开始着手规划建设成为武汉的综合新城或者新市镇，例如黄陂区的前川街道、新洲区的邾城街道、江夏区的安山街道、蔡甸区的侏儒山街道、东西湖区的新沟镇街道等。这些新城或者新市镇的建设以注入新的产业为主，但多数城镇依然沿干线公路挤压式建设与发展，导致城镇内用地布局失衡，出现大量的空间浪费，甚至出现"圈地不建"的现象。

3）城镇空间利用低效，土地使用浪费

在干线公路的引导下，多数沿线小城镇开始进行特色城镇的建设，一些自然条件较好的城镇吸引着旅游企业、商业地产的入驻。在政府和市场的主导下，城镇空间规模快速扩张，但土地建设和利用的程度并不乐观。如黄陂区的长轩岭街道，由于其境内有太阳湖、月光湖、星星湖、素山寺森林公园、木兰天池等重要的旅游资源，以及有着木兰风景旅游区中心服务镇的旅游区优势，2010 年其城镇建设用地面积为 68.26 hm^2，到 2020 年为 161 hm^2（2020 年数据为规划预测数据），增长 92.74 hm^2，平均年增长率 8.97%，人均建设用地面积达到 134 m^2/人，超过国家标准上限 120 m^2/人。此数据表明，长轩岭街道在空间迅速扩张的同时，土地利用存在一定程度的浪费。可以发现，不论是在实际发展过程中，还是在规划预测中，小城镇的空间建设同时存在利用效率低和新增需求大的矛盾现象。究其根本，部分产业基础薄弱的小城镇仅能够通过"土地财政"的方式积累生产要素，但在实际建设过程中，"已批未建"等土地闲置的现象屡见不鲜，导致小城镇在路径依赖下陷入不可逆转的内部收缩。

2.2.2 "马路经济"下小城镇的差异分化

干线公路对武汉小城镇发展的分化不但体现在内部城镇规模、空间形态以及职能的分化上，而且干线公路沿线小城镇与非干线公路沿线小城镇对比也存在这些要素的分化。根据干线公路沿线小城镇与非干线公路沿线小城镇的对比，划分出三个分化类型：以个体最优化为导向的规模分化、以空间拓展为目标的形态分化、以产业转型为支点的职能分化。

1. 空间建设的规模分化

如图 2-10 所示，从干线公路沿线小城镇之间的横向对比来看，个体小城镇在城镇规模上存在较大差异。建成区面积超过 20 km^2 的小城镇有 2 个，分别为区政府所在地的前川街道（面积 29.8 km^2）和郛城街道（面积 20.4 km^2），数量占干线公路沿线小城镇总数的 11%；建成区面积在 5～10 km^2 的小城镇仅仓埠街道（面积 5.9 km^2）1 个，数量占干线公路沿线小城镇总数的 6%；建成区面积在 3～5 km^2 的小城镇有 6 个，数量占干线公路沿线小城镇总数的 33%，为干线公路沿线小城镇的一般规模情况；建成区面积在 3 km^2 以下的小城镇有 9 个，数量占干线公路沿线小城镇总数的 50%，为干线公路沿线小城镇的大多数规模情况。从干线公路沿线小城镇与非干线公路沿线小城镇的纵向对比来看[1]，非干线公路沿线小城镇的空间规模在 3 km^2 以下的数量占 86%，不易于规模效应的发挥，而干线公路沿线小城镇在城镇规模上普遍比非干线公路沿线小城镇大，可见交通优势所带来的城镇发展

[1] 数据来源于《武汉小城镇发展报告(2016)》。

机会是较为明显的，尤其是交通流带来的要素集聚，对以空间建设规模为导向的分化产生了一定的推动作用。

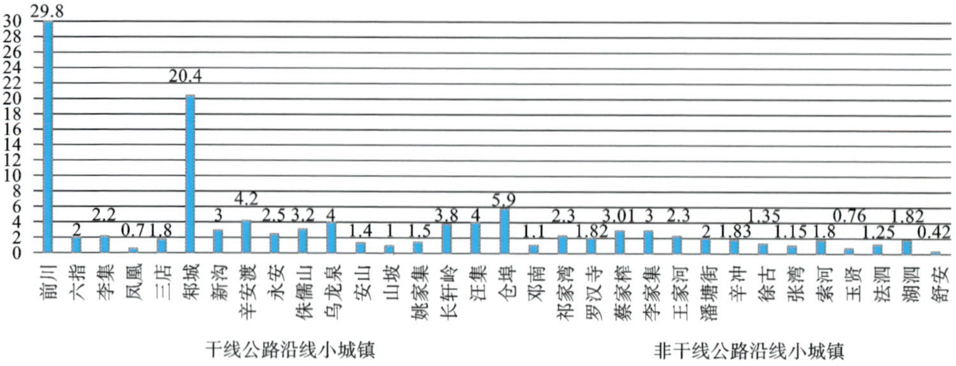

图 2-10　干线公路沿线小城镇与非干线公路沿线小城镇建成区规模对比（单位：km^2）

（资料来源：作者自绘）

2. 空间拓展的形态分化

除了规模之外，干线公路沿线小城镇与非干线公路沿线小城镇在空间形态演变中存在着明显的分化特征。小城镇的空间拓展依托干线公路发展所表现出的内部分化形式有以下 3 种。

1）切线通过式

此类小城镇一般规模较小，发展能力较弱，对交通的依赖性较强，依托公路交通发展的拉动力远大于制约力，小城镇空间布局形态呈切线通过式沿公路布局，如沿 G318 的六指街道（见图 2-11）和永安街道，沿 S108 的长轩岭街道（见图 2-12）。

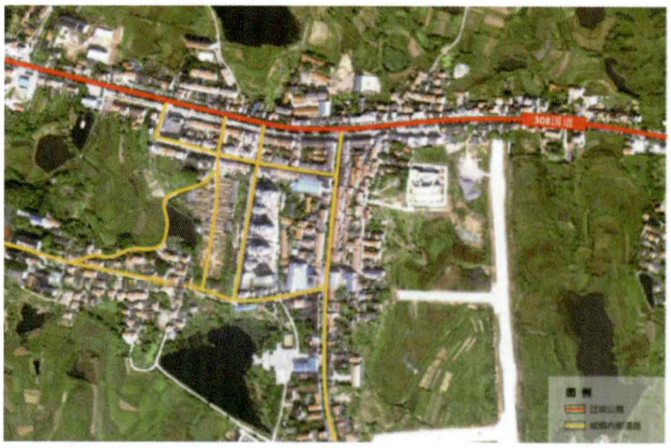

图 2-11　六指街道国道切线通过式空间布局

图 2-12　长轩岭街道省道切线通过式空间布局

（资料来源：根据 Google 地图改绘）

2）“一”字或“人”字穿越式

此类小城镇比切线通过式小城镇更具发展力，但同样要借助外力方能发展，基本上也是沿路延展，但随着小城镇规模增长，这种沿路延展的演变向内聚的团块发展。穿越式干线公路受小城镇镇区内部活动影响较大，导致通过性较差，如干线公路沿线的前川街道、凤凰镇、汪集街道等（见图 2-13、图 2-14）。

图 2-13　凤凰镇“人”字形城镇空间格局

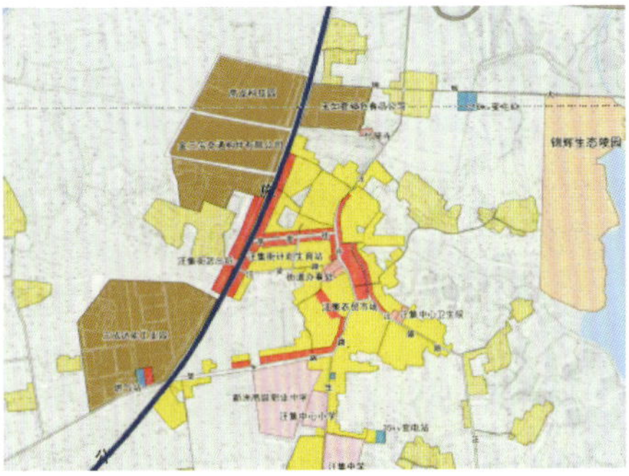

图 2-14　汪集街道“一”字形城镇空间格局

（资料来源：根据 Google 地图和汪集街道用地状况改绘）

3）直线公路引入式

将干线公路通过道路引入镇区，以此来满足城镇资源出入境交通的需求，常用于离干线公路有一段距离的团块或与干线公路垂直带状分布的小城镇，如干线公路沿线的李集街道、乌龙泉街道、辛安渡办事处（见图 2-15）、新沟镇街道等。

图 2-15　辛安渡直线公路引入式城镇空间格局

（资料来源：根据 Google 地图改绘）

而非依托干线公路发展的小城镇的空间多表现为团块形的形态特征（见图 2-16），其相对于干线公路引导城镇空间拓展的方式更具空间上的完整性，同时受普通道路的影响较小，处于自组织状态。团块形，包括块状式、团状式和条块式，其主要特征为布局紧凑、内部构成均质化。

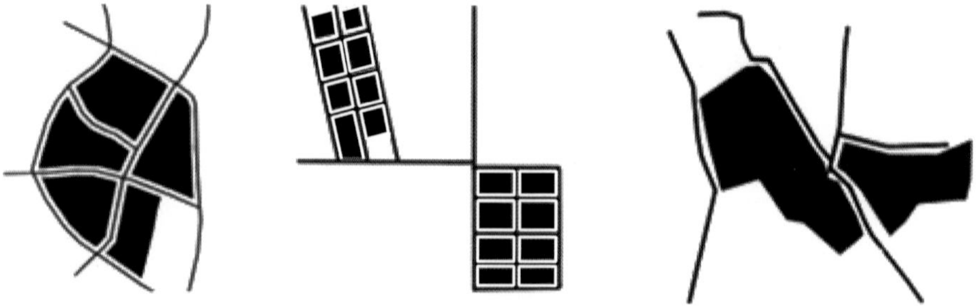

图 2-16　非干线公路沿线小城镇空间形态示意图

(a) 块状式;(b) 团状式;(c) 条块式

(资料来源:作者自绘)

3. 以产业转型为支点的职能分化

随着武汉新型城镇化的不断推进和国家中心城市的确立,武汉的发展将创历史新高,尤其是产业的合理分布将助力武汉经济迅猛发展。依托武汉主城的功能外溢和便利的交通条件,处于近郊区的小城镇将成为城市产业重点转移的区域。而地理特征以及环境条件非常相似的远郊小城镇,其交通优势对城镇的产业转型有着极大的推动作用。在对武汉远郊干线公路沿线和非干线公路沿线的 30 个小城镇的产业类型进行调研以及对比规划安排与实施状况后发现(见表 2-2),两者的产业类型分化存在明显区别。干线公路沿线小城镇主要依托交通优势发展工业、工贸加工以及交通枢纽等,城镇职能更加明确。而非干线公路沿线小城镇主要依托自身条件发展农业和服务业。无论是干线公路沿线与非干线公路沿线小城镇的职能分化,还是干线公路引导下的小城镇间的职能分化,都呈现低端均衡发展和同质竞争的问题。

表 2-2　武汉远郊干线公路沿线与非干线公路沿线小城镇产业分化比较

类别	镇名	规划安排	实施状况	实现度
干线公路沿线小城镇产业类型	新沟镇街道	工业主导	农科产业	主导产业偏离,但有发展
	侏儒山街道	工商贸易	农业种植、商贸服务	吻合,有所拓展
	永安街道	工商贸易	生态旅游	主导产业偏离,但有发展
	乌龙泉街道	工业主导	休闲旅游、工矿型	吻合,有所拓展
	安山街道	交通枢纽	休闲旅游	主导产业偏离
	长轩岭街道	旅游休闲服务	生态旅游	吻合

续表

类别	镇名	规划安排	实施状况	实现度
干线公路沿线小城镇产业类型	六指街道	工商贸易	旅游、现代农业型	主导产业偏离,但有发展
	汪集街道	工商贸易	工业生产、商贸型	吻合
	仓埠街道	工业主导	工业生产	吻合
	三店街道	农村区域中心	小农经济	吻合
	山坡街道	工商贸易	交通枢纽、农业种植	吻合,有所拓展
	辛安渡办事处	农村区域中心	小农经济	吻合
	姚家集街道	工商贸易	休闲旅游	主导产业偏离,但有发展
	邓南街道	工业主导	现代农业型	主导产业偏离
非干线公路沿线小城镇产业类型	蔡店街道	农村区域中心	生态旅游	主导产业偏离,但有发展
	木兰乡	旅游服务	生态旅游	吻合
	罗汉寺街道	农村区域中心	农业种植	吻合
	蔡家榨街道	农村区域中心	小农经济	吻合
	徐古街道	农村区域中心	农业种植	吻合
	潘塘街道	农村区域中心	农业种植、加工	吻合
	涨渡湖街道	旅游服务	现代农业种植	主导产业偏离,但有发展
	金水街道	农村区域中心	小农经济	吻合
	法泗街道	农村区域中心	小农经济	吻合
	湖泗街道	农村区域中心	小农经济	吻合
	舒安街道	农村区域中心	小农经济	吻合
	索河街道	旅游休闲	旅游观光	吻合
	玉贤街道	旅游休闲	旅游观光、农产品加工	吻合,有所拓展
	桐湖办事处	农村区域中心	现代农业种植	吻合
	消泗乡	农村区域中心	小农经济	吻合
	东山街道	农村区域中心	小农经济	吻合

注:本表根据《武汉小城镇专题研究》及各镇总体规划文本整理所得。

2.3 大都市地区影响下的乡村发展

大都市地区是要素流动最为活跃的区域,因此乡村发展也具有更多的可能性。

城镇化本身是乡村人口向城市流动和集聚的过程，虽然大都市地区的乡村具有天然的区位优势，异地城镇化的距离成本要小于一般县域地区，但大都市地区核心区的产业结构和设施集聚也决定了其异地城镇化的部分成本要更高。因此，从异地城镇化的角度来说，在大都市地区的综合影响下，乡村城镇化的进程既具有优势，同时也隐含风险和门槛。但是，从总体上来看，大都市地区政府与市场的双向互动为乡村提供了在政策、产业和信息层面的多元化发展机遇，不论是在产业发展的参与主体、产品类型、消费市场方面，还是在信息传导等方面，大都市地区的乡村都具有更多的可能。尤其是在第一、二、三产业的融合发展方面，相对一般地区来说，大都市地区的乡村具有更为便利的条件实现布局更合理、环境更宜居、产业更多元、设施更智能、乡风更文明的美好局面。

大都市地区乡村多元化发展的实践案例

• 苏州——依托成熟的农业现代化和旅游发展基础，推进农旅融合

苏州市经济实力雄厚，农业现代化水平高，旅游业发展基础好，这些优势都促使苏州农旅融合较快地推进；苏州市以特色知名品牌农产品为吸引点开发旅游产品，例如阳澄湖旅游度假区依靠阳澄湖大闸蟹的品牌效应，吸引游客发展度假产业，实现了真正的农旅互动。

苏州的农村旅游实践给武汉市乡村农旅融合发展的启示在于：农业的现代化、特色化、品牌化发展可以有效促进旅游业的兴起，同时旅游业又可以反哺农业。

• 台湾——全方位发挥农业多功能性，注重文创和旅游的结合

台湾依托农业发展起来的农业旅游产品范围相当广泛，包括市民庄园、农事体验、乡间民宿、民俗活动、渔业体验、家禽认养、自然郊游、体育旅游等一系列旅游项目，历经多年的发展，目前台湾农业旅游与休闲产业呈现多元化发展的现象；另外，台湾乡村基础设施建设非常完善，即使偏远乡村，道路硬化率也很高，与旅游相配套的餐饮、民宿、商店、加油站、停车场等服务设施齐全，这是台湾农业旅游坚实的基础支撑力；另外，台湾的旅游业非常注重文创产品的开发，例如信义乡的“梅子梦工厂”，从单纯的梅子种植，在引入文创产业后，发展出梅子加工、休闲观光等新兴产业，实现了多元增收。

台湾的农村旅游实践给武汉市乡村农旅融合发展的启示在于：全方位发挥农业多功能性，开发多样化旅游产品，完善旅游服务设施和乡村基

础设施；另外，要积极引入文创产业，将旅游产品以文化品牌的形式宣传出去。

2.3.1　大都市地区乡村多元化发展的基础

2015 年，《国务院办公厅关于推进农村一二三产业融合发展的指导意见》发布，产业融合发展成为推进乡村产业转型、多元化发展的重要路径。而"农旅融合"则是农业和旅游业之间通过资源融合、技术渗透、功能关联、市场共享等融合路径，将农业产业链和旅游业产业链中的模块进行解构和重构，催生新业态，形成新的经济增长点，实现互补发展的过程，是落实产业融合发展重要的形式和策略，也是大都市地区乡村多元化发展的重要路径。且不论是从需求还是从供给的角度来看，大都市地区乡村产业融合发展的基础都具有明晰的优势。而武汉市作为中部地区特大城市，具有显著的大都市地区的空间、经济、社会与城镇化发展特征。在武汉乡村地区已经广泛出现农旅融合发展的现象，其基础与优势主要体现在以下几个方面。

1. 旅游消费需求量大，旅游产品供给充足

中国社会科学院旅游研究中心学者魏小安指出，一个国家人均 GDP 超过 1000 美元，是旅游需求急剧膨胀的时期，主要是观光需求；人均 GDP 超过 2000 美元时，将会形成对休闲的多样化需求和多样化选择；人均 GDP 超过 3000 美元时，普遍产生度假需求。武汉市人均 GDP 在 2001 年达到 2016.14 美元，已经进入休闲需求急剧增长时期；在 2005 年达到 3324.87 美元，进入度假需求增长时期。城镇居民的收入可以直接影响居民的旅游消费需求，从 2003 年到 2017 年，武汉市城镇常住居民人均可支配收入从 8524.52 元增长到 43405 元，实现了 5 倍的增长。《2017 中国休闲度假指数》报告显示，武汉市休闲旅游消费力在全国城市中排名第九，且是中部地区消费力最高的城市。2019 年底，武汉市常住人口达到 1121.20 万人，是中部六个省会城市中常住人口最多的特大城市，为武汉乡村旅游业带来巨大的人口消费红利。同时，武汉处于"1＋8"城市圈的中心地位，为湖北省创造了 6 成以上的 GDP 总量。武汉"1＋8"城市圈作为集中了全省一半以上人口的都市圈，是中国中部最大的城市组团之一。而武汉不仅是城市圈的地理中心，也是各类要素聚集的核心，对武汉市旅游人流、资金流、信息流的集聚都有很强的促进作用。相关研究表明，武汉城市圈的旅游收入、旅游人数以及农业旅游目的地空间分布都

具有向武汉市这个中心城市集聚的态势(见图 2-17)。

各城市地均旅游收入　　各城市地均旅游人数　　农业旅游点分布密度

图 2-17　武汉"1+8"城市圈旅游业各项指标对比图

(图片来源:引自《武汉城市圈旅游协同发展水平测度及优化策略研究》)

同时,多元的自然地理特征为农旅融合发展提供了差异化的资源基础。武汉市坐拥丰富的旅游资源,主要自然特点可以概括为"三列山系、两江汇合、数百湖泊"(见表 2-3);境内总体格局呈北部低山环绕,中间低平,南部岗地、丘陵层次分明;水、林、耕地资源丰富,占总用地面积的 84.7%,空间分布差异化特征显著。可见,不论是从旅游资源的空间集聚度,还是从消费需求的市场规模来看,武汉市乡村的第三产业发展都具有良好的基础和可持续的动力,具有与第一产业融合发展的潜力与优势。

表 2-3　武汉市主要自然旅游资源一览表

类　　型	特　　征	代表资源/景点
山川资源	国有林场 9 个,森林公园 8 个	黄陂区木兰山、素山寺;江夏区青龙山、楠竹场;蔡甸区嵩阳、九真等
湖泊资源	长度 5 km 以上河流 165 条,湖泊 166 个,湿地保护区 5 个,水域面积居全国大城市之首	东湖、汤逊湖、梁子湖、鲁湖、斧山湖、后官湖、涨渡湖等
花卉资源	中国植物和生态环境的过渡区域,适应性、包容性好,全国的花卉资源都可以进行培育、交流,2015 年国家花卉工程技术研究中心华中地区唯一研发分中心落户武汉	黄陂武湖花卉科技产业园、江夏区大花山花卉苗木基地、蔡甸区九真彩叶树种产业园、新洲花果山桂花苗木基地等

2. 农业具有多元发展的现代化条件

1）农业生产条件优厚

武汉地处华中腹地，长江中游与汉江交汇处，以平原湖区土壤为主，以水稻土面积最大，占土地面积的 45%，农业生产所需资源条件得天独厚。武汉市常年受亚热带季风气候影响，适合棉花、蔬菜、油菜等多种作物生长。武汉市粮食、棉花、油料等主要农产品生产保持稳定，蔬菜、茶叶、水果及特色畜牧、水产养殖业持续发展，尤其是淡水产品和蔬菜总产量位于全国前列。2020 年初，武汉市面临新冠肺炎疫情采取了关闭离汉通道举措，也正是由于蔬菜供应充足、价格平稳，才满足了城区内部近千万人口的正常生活需求。

2）农业现代化规模化发展具有发展空间

2017 年发布的《第三次全国农业普查主要数据公报》，是截至目前涉及农业农村最为准确和广泛的数据普查报告。武汉市第三次农业普查数据显示，2016 年末，全市规模农业经营户达到了 7443 户，占全体农业经营户的百分比为 1.53%，比上海市规模农业经营户百分比 1.41%要高，但是与城乡统筹示范区成都市相比，仍然存在一定的差距。成都市规模农业经营户百分比达到 1.66%，以农业生产经营或服务为主的农民合作社 3808 个，是武汉市（1761 个）的 2 倍多。从农业机械化水平来看，武汉市经营规模 3.33 hm^2 以上的耕地面积 91333.33 hm^2，占耕地总面积的 45.8%，低于农业农村部规定的 70%；从设施农业方面来看，武汉市温室占地面积为 320 hm^2（低于成都 705.67 hm^2），大棚占地面积为 9210 hm^2（高于成都 6565.32 hm^2）。总体来看，大都市地区乡村普遍具有较高的农业规模化与机械化发展水平，为农业现代化发展奠定了坚实的基础。

3）农民增收途径拓宽需求强烈

需求收入弹性是横向产业需求受国民收入影响程度的系数，农业旅游需求收入弹性是指农业旅游的收入增长率与国民收入增长率之比。据《武汉统计年鉴 2020》数据显示，自 2006—2019 年，武汉市每年的农业旅游需求收入弹性均在 1 以上，在 2007 年、2008 年和 2013 年达到 2.0。与此同时，武汉市农村常住居民人均纯收入、第三产业经营性收入也在不断增加，说明在武汉市农业旅游需求收入弹性的增长下，农民收入的来源渠道在增加，不单一局限于农业生产和外出务工两条路径。从个体村庄来看，其内部的务工结构与发展愿景也从侧面论证了上述结论。通过对武汉市李家集街道的巴山寨、汪集街道的冯铺村和大泊村三种类型的乡村人均纯收入调研结果的对比发现：发展旅游的乡村农民收入高于传统乡村及外出务工乡村(见图 2-18);而通过对巴山寨村民认为本村最适合发展的产业类型的调研发现,村民对发展旅游业的诉求最高(见图 2-19)。

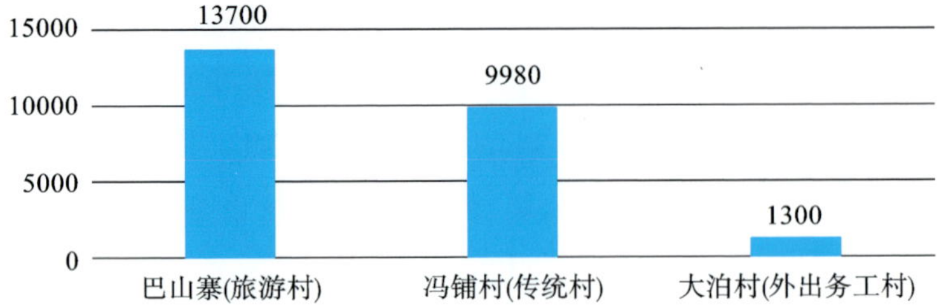

图 2-18　三种类型村人均收入对比

(数据来源:《巴山寨美丽乡村规划》)

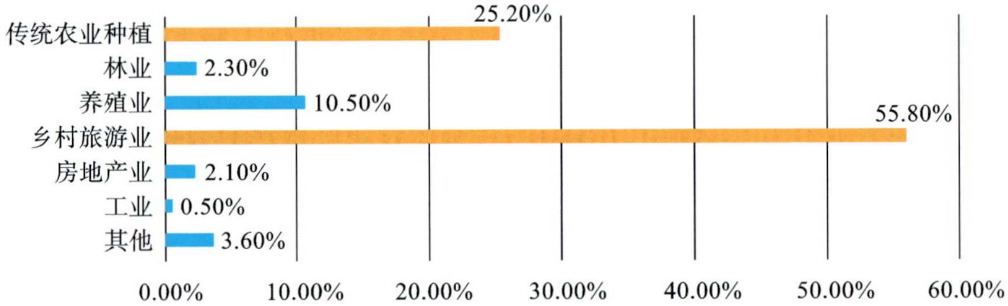

图 2-19　巴山寨村民对本村产业发展意愿调查结果

(图片来源:《巴山寨美丽乡村规划》)

3. 区位优势搭建了供需连接的桥梁

武汉市故有“九省通衢”之称,拥有临空(机场)、临港(长江金港)、临湖(众多湖泊)、临河等多种交通空间;过境的京广铁路、京珠澳高速、沪蓉高速等快速交通动脉与正在建设的城际轻轨形成四通八达的综合立体交通体系,便捷连通武汉主城区内外及其他武汉城市圈城市。

武汉市航空和铁路交通的发展拓展了武汉旅游业省内外和境外市场。武汉市拥有武汉天河国际机场,是中部地区国际航线最多的城市。武汉天河国际机场为武汉旅游业发展拓展了境外市场,2019 年旅客吞吐量达到 2715.02 万人,目前拥有三个航站楼。位于青山区的武汉站是全国直达城市最多的高铁站,这极大地有利于武汉旅游业不断拓展省内和省外市场。

小汽车保有量的快速增长带动了郊区自驾游。近年来,武汉市小汽车保有量飞速增长,2009 年武汉市小汽车保有量为 88 万辆,到 2019 年底武汉市小汽车保有量突破 330 万辆,平均年增速达到 27.5%,这也意味着市民自驾游的比重随之提升，在主城区周边的乡村旅游景点成为市民自驾出行的首选。

武汉市公共交通覆盖率的提高为乡村旅游提供了更完善的交通支撑。自 2004 年武汉市轨道交通 1 号线建成运营以来，全市轨道交通累计客运量达到 48 亿乘次，现行客运量占全市公共交通客运量的比重达到 45%，公共交通出行量大幅增长，而多条起始站设在近郊区的线路的开通也增强了主城区与郊区之间的交通联系。另外，往返郊区乡镇和城区的惠民公交站点与轨道交通站点的接驳，也为农业旅游的发展提供了良好的交通支撑。

4. 外部政策的精准引导与有力支持

乡村的农旅融合很大程度上来自政策的引导和推动，包括产业引导政策、金融政策、土地制度以及直接影响乡村发展的城乡规划建设和管理制度等。国家层面主要对城乡融合、乡村振兴的宏观方向进行战略性的引导，而武汉市层面则在国家战略性引导的方向指引下进行具体的落实，以精准施策。

1）源起（2000—2004 年）——“城乡统筹”政策重视三农问题

2001 年“三农”问题首次进入政治话题，2002 年针对城乡二元结构问题的日益凸显，提出城乡经济社会统筹发展，农村的发展问题开始得到高度重视。

2）补缺（2005—2012 年）——“新农村建设”政策填补建设短板

2005 年，武汉市在农村地区开展“家园建设行动计划”；2005 年底，《中共中央国务院关于推进社会主义新农村建设的若干意见》提出建设社会主义新农村，支持农村土地流转；2005—2008 年，武汉市共完成创建村规划编制 1180 个，武汉市农村生产、经济、环境、文化建设得到全面改善；2006 年，全国旅游主题确定为“中国乡村游”；2008 年，《武汉市新农村建设空间规划（2008—2020 年）》开始实施，此次建设整体提升了武汉乡村的破败面貌。

3）兴起（2013—2015 年）——“美丽乡村”政策促进乡村旅游兴起

2013 年中央一号文件第一次提出“美丽乡村”建设目标，引发了乡村旅游的全面快速发展，至 2015 年连续 3 年中央一号文件都提出大力发展休闲农业和乡村旅游；武汉市于 2013 年同步启动“美丽乡村”行动，2015 年武汉市建设美丽乡村 74 个，其中有 5 个村入选“最美休闲乡村”，农村生活垃圾治理体系不断完善，农村环境卫生面貌持续改善，武汉市乡村旅游借此契机快速发展。

4）融合（2016 年至今）——“三产融合”政策推进农旅融合

2016 年 1 月国务院办公厅发布《国务院办公厅关于推进农村一二三产业融合发展的指导意见》（国办发〔2015〕93 号），文件中指出要满足居民消费升级需求，推进农业与旅游等产业深度融合，积极发展多种形式的农家乐，借助新技术，衍生新产业新业态，培育经济新动能。2016 年以来国家对农村产业融合发展问题给予高度关注，先后发布了多个文件，从农村产业融合发展用地保障、发展多类型农村产业融合方式等多方面健全农村产业融合推进机制。相较于其他融合形式，农业和旅游业的融合作为一三产业之间的一种横向产业融合方式，更能在最大限度保护农村生态环境的前提下，挖掘农业的多功能性，凸显农业资源的优势，是推进一二三产业融合的重要途径。

2017 年，"田园综合体"作为乡村新型产业发展的亮点措施被纳入中央一号文件，紧接着武汉市发布《市人民政府办公厅关于开展武汉都市田园综合体创建工作的通知》(武政办〔2017〕88 号)，支持有条件的乡村建设以农民合作社为主要载体，让农民充分参与和受益，集循环农业、创意农业、农事体验于一体的田园综合体。

2018 年中央农村工作会议强调"乡村振兴"战略，要求加快推进农业农村现代化，培育新型农业经营主体，实现小农户和现代农业发展有机衔接，促进三产融合，拓宽农民增收渠道。"乡村振兴"战略将促使资源分配向"三农"倾斜、城市各类要素向乡村流动，推进农业和旅游业更深度地融合。

在以上四个时期的不同政策的推动下，武汉市乡村农业和旅游业逐步从相互独立走向融合发展。并且，可以预见，随着十九大对长江经济带高质量发展的战略要求，"共抓大保护、不搞大开发，努力把长江经济带建设成为生态更优美、交通更顺畅、经济更协调、市场更统一、机制更科学的黄金经济带，探索出一条生态优先、绿色发展新路子"[1]，为"绿水青山"向"金山银山"转化的乡村地区提供了更多的发展思路，使更多的吸引资本、技术、人才等的要素向乡村流动，有助于产业融合发展、发挥乡村生态资源丰富的优势。

2.3.2 大都市地区乡村多元化发展的阶段

由于乡村的农旅融合发展受到自然资源、旅游市场、农业发展、政策条件等多重因素的影响，因此它是一个动态的过程，在不同的阶段表现出不同的融合程度，且受到大都市极核效应和地形地貌差异的影响，处于不同地域空间的乡村农旅融合方式也存在明显差异。

于刃刚、李玉红(2004)提出产业融合动态演变过程由三个连续阶段构成，包括分立阶段、由分立走向融合阶段以及融合阶段。笔者对近 20 年的武汉市农业旅游

---

[1] 习近平：在深入推动长江经济带发展座谈会上的讲话，2018 年 4 月 26 日。

发展情况的数据信息进行分析和梳理，总结分析出武汉市农旅融合的三个发展阶段及各阶段的发展特征(见表 2-4)；并参考苏州市和广州市农旅融合发展规律，对武汉市农旅融合在新的乡村发展背景下的发展趋势进行预判。

表 2-4　武汉市农旅融合发展历程一览表

发展阶段	发展背景	特征表现
基础起步阶段(1995—2004 年)	①三农问题得到高度关注；②人均 GDP 突破 2000 美元，休闲需求增长	乡村旅游景点和收入实现从无到有
		农业旅游产品层次：基础层次，主要为观光游览型
提速发展阶段(2005—2012 年)	①新农村建设的兴起；②农业产业化、规模化；③人均 GDP 突破 3000 美元，度假需求增长	乡村旅游的旅游收入快速增长，休闲农庄和农业旅游点暴增
		农业旅游产品层次：提高层次，包括参与体验型、品尝购物型
提质稳定阶段(2013 年至今)	①推进美丽乡村建设；②新型城镇化战略深化	专业旅游村个数快速增长，旅游收入保持持续增长
		农业旅游产品层次：发展层次，包括休闲度假型、科普教育型、康体娱乐型
创新升级阶段(趋势预判)	①乡村振兴战略大背景；②武汉市"三乡工程"	专业旅游村快速增长，实现特色化发展
		农业旅游产品层次：专门层次，包括摄影型、探险型、商务会议型等

1. 基础起步阶段(1995—2004 年)：初级融合

1) 发展背景：休闲需求增长；三农问题开始得到重视

1995 年我国开始实行双休制，武汉市城区居民的休闲需求开始普遍出现。"三农"问题提出后，我国乡村发展开始得到重视。武汉市乡村旅游起源于黄陂区木兰文化生态旅游区的开发和建设，从 1995 年起，主城区企业开始在木兰山景区组织员工培训、团建休养等活动，这是武汉市乡村旅游兴起的雏形。1997 年，木兰文化生态旅游区的规划和开发启动，2002 年长轩岭街道和企业联手，联合当地农民形成"村＋企＋民"共同体，开发木兰天池景区，吸引了大量游客，带动了周边 50 多个村的居民从事旅游服务业。

2) 阶段性特征：停留在初级的资源融合，旅游产品层次低，空间范围小

农业旅游产值与农业产值的比值在 2000—2004 年呈平缓增长状态，农业旅游

景点和旅游综合收入实现从无到有；且范围只集聚在黄陂区木兰山周边；农旅融合处于农业资源旅游化的初步资源融合阶段，农业旅游产品为基础层次的观光游览型产品。

2. 提速发展阶段(2005—2012年)：快速融合

1）发展背景：度假需求增长，武汉市“家园建设行动计划”和新农村建设的实施

2005年，武汉市人均GDP超过3000美元，市民的度假需求开始快速增长；同期，武汉市以“家园建设行动计划”为推动力，提升农村人居环境质量；2007年武汉市推进农村土地流转，促进了农业的规模化生产；2008年开始《武汉市新农村建设空间规划(2008—2020年)》实施，对乡村产业、基础设施、人居环境进行全面建设和整治，整体提升了武汉市乡村的破败面貌，这些政策推动了城市各类资源要素向乡村的流动。

2）阶段性发展特征：从资源融合到多元融合；产品层次提升，景点数量暴增，分布空间迅速扩张

这一阶段是武汉市农业旅游全面快速发展的时期。农业旅游产值与农业产值的比值呈快速增长状态，乡村旅游景点个数实现了从453个到1047个的翻倍增长，年增长率达到18.7%，旅游收入从6.44亿元增长到29.76亿元，年均增长率达到51.7%；参与体验型、品尝购物型农业旅游产品数量暴增，农业采摘、渔业垂钓、花卉观赏等业态迅速涌现，代表性景点包括江夏区沿梁子湖渔业垂钓体验带、东西湖区蔬果采摘和农事体验旅游区；农旅融合的形式表现为旅游业向农业全产业链每个环节渗透，形成新的农业旅游业态，促进农业现代化、农业的产业升级，农业和旅游业相互促进发展。空间范围从黄陂区拓展到六个远城区。

3. 提质稳定阶段(2013年至今)：稳步融合

1）发展背景：推进美丽乡村建设，深化新型城镇化战略

2013年起，武汉市坚持农村环境卫生综合整治，不断深化“美丽乡村”行动，农村环境卫生面貌持续改善；新型城镇化战略的提出和对乡村的关注使得乡村成为城乡统筹的重要地域单元，城市开始反哺乡村。

2）阶段性发展特征：农业旅游景点平缓增长，产品层次进一步提升

这一阶段，武汉市乡村旅游景点增长进入平缓阶段，从追求数量向追求质量转型；但是旅游专业村数量实现了快速增长，农业旅游产值与农业产值的比值呈现较为波动的状态。以上现象也表明农业旅游的发展进入了科学提质发展的时期。

4. 创新升级阶段(趋势预判):深度融合

整体来说,武汉市乡村现状农旅融合程度不高,上升空间大。在过去的几十年中,武汉市以主城区建设和周边工业集聚区发展为重心,对乡村发展投入不足,武汉市具有得天独厚的花卉资源、山水休闲资源,但优越的自然禀赋和巨大的旅游市场需求未得到良好利用,农业休闲旅游发展不足。武汉市未形成像广州岭南花卉市场一样规模庞大、功能齐全的综合市场。

根据农旅融合的发展规律,笔者对武汉市乡村农旅融合下一阶段的趋势进行了预判:在乡村振兴战略的大背景下,各类资源要素开始向乡村倾斜,武汉市农旅融合发展将进入下一个阶段,农业旅游产品将提升到以专门层次为主;分散在武汉市乡村地区的农业旅游景点在多元主体的参与带动下,将被有机组织在一起,形成有系统、有结构的农旅融合型乡村体系,这也是武汉市乡村农旅融合发展的现阶段目标。

2.3.3　武汉市乡村发展建设的探索历程

实际上,乡村多元化发展的探索是内含于乡村发展与建设的整体阶段中的。因此,在明确多元化发展的一些基本特征之后,我们回到宏观的乡村发展建设阶段与语境中,更能够理解产业融合发展与乡村发展建设之间的关系。同时,武汉市也是在乡村发展建设的探索历程中具有一定实践经验和反馈的城市。武汉市乡村发展建设的各个阶段基本上与国家社会主义新农村建设与美丽乡村建设战略的推进阶段相吻合(见图 2-20)。

1. 从家园行动到乡村振兴的建设探索

1) 示范带动,提升农村基础设施的"家园建设行动计划"

武汉市于 2004 年底提出在农村实施"家园建设行动计划",用 5 年或者更长时间,分批逐年实施以"致富门道明晰,基础设施完善,社保体系建立,社会和谐稳定"为主要内容的"四到家园"创建活动,并于 2005 年 5 月起在 110 个建制村进行试点,得到了广大农民的真诚拥护。

截至 2006 年底,武汉市郊启动"家园建设行动计划"的行政村已达 330 个,仅在 2005 年试点的 110 个村中,就已经建立科技示范户 1714 户,各类生产经营组织 50 多个,村民人均纯收入比往年增长 14.4%,大大高于全市农民人均收入水平。

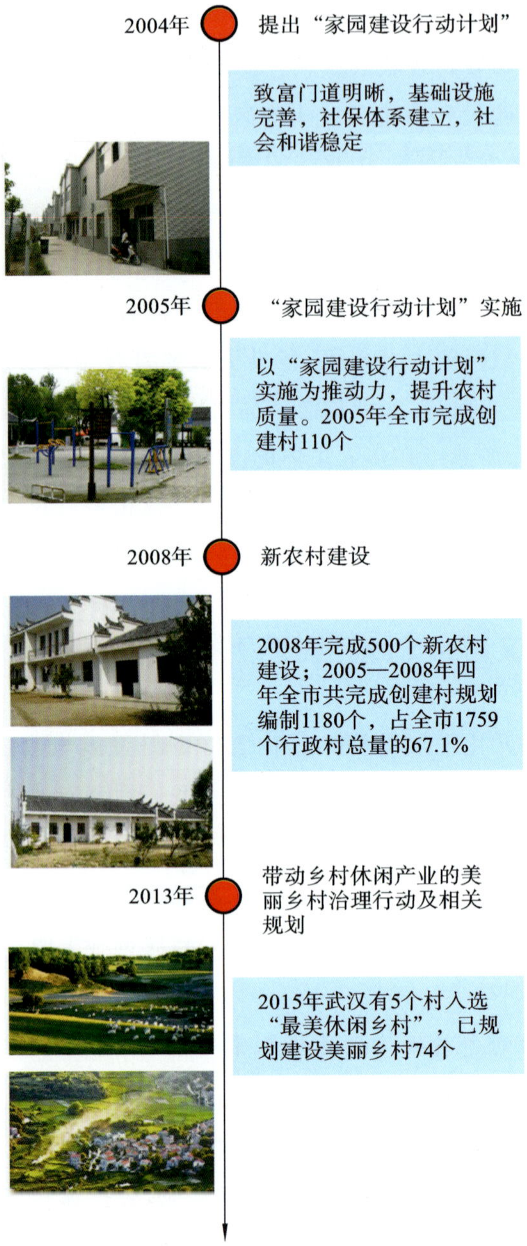

图 2-20　武汉市乡村发展建设的探索历程

（图片来源：作者自绘）

2）从“普惠制”到“重点建设、重点打造”的新农村建设

武汉市委、市政府提出，高起点、高标准规划建设与武汉特大中心城市发展相

适应的“富裕、和谐、秀美”的新农村，推动城乡一体化发展，为社会主义新农村建设提供依据，武汉市家园建设领导小组决定编制《武汉市新农村建设空间规划(2008—2020 年)》。2008 年完成 500 个新农村建设，此次建设整体提升了武汉市乡村的破败面貌。从“普惠制”到“重点建设、重点打造”的新农村建设得到了广大人民的肯定。

3）带动乡村休闲产业的美丽乡村治理行动及相关规划

以创建国家卫生城市、全国文明城市为契机，武汉市一直坚持农村环境卫生综合整治，不断深化“美丽乡村”行动，农村生活垃圾治理体系不断完善，农村环境卫生面貌持续改善。2019 年 5 月，《武汉市乡村振兴战略规划(2018—2022 年)》通过，提出到 2022 年，武汉市乡村振兴取得阶段性成果，制度框架和政策体系初步健全，基本实现农业农村现代化，将武汉市打造成现代都市农业全国标杆、乡村休闲旅游全国样板、城乡融合发展全国典范、全国农业农村改革先行区。在此基础上，借鉴浙江、上海持续建设美丽乡村的做法，为深入贯彻实施乡村振兴战略，进一步推进农村人居环境综合整治，全面提升美丽乡村建设水平，又制定了《武汉市推进美丽乡村建设三年行动计划(2021—2023 年)》，以美丽乡村示范区、美丽乡村示范片带、乡村休闲游示范村、精致农业示范点等点、线、面结合的空间格局，妥善安排了近三年的美丽乡村建设行动计划，巩固已有的建设成果，稳步推进美丽乡村建设向农业农村现代化的目标过渡。

2. 政策推动下武汉市镇村发展的成果显现

1）乡村物质空间环境质量显著提升，乡村建设从“无序自由”向“规划先行”转变

武汉市推行“家园建设行动计划”，在农村地区实施“四通、四改、一化、一室、一场”建设，“四通”即路通、水通、电通、信息网络通，“四改”即改水、改厕、改圈、改垃圾堆放形式，“一化”即村湾绿化，“一室”即新建或改扩建集村委会工作用房、村民活动室、村卫生室于一体的多功能室，“一场”即建集晒场、文体活动场地于一体的多功能活动场。“四通”项目由政府投资兴建，“四改”项目采取农民投工投劳与政府以奖代补相结合的办法实施，“一化”由政府提供树苗、农民负责栽种和管理，“一室、一场”由政府投资兴建。

武汉乡村从无序自由建设到重视规划的转变，使得农村生产生活条件得到很大改善，农村面貌焕然一新，农民得到较大实惠。

2）乡村土地利用从分散逐步向集中过渡，土地流转等资本化的行为使得乡村空间分异

从2005年到2008年，武汉市分四年完成创建村规划1180个，占全市建制村数量（1759个）的67.1%，武汉市农村地区进入全面小康建设阶段。由于部分地区开始出现机械化耕种，加上农村土地整理，村庄布局又呈现了由分散逐步集中的态势。从2007年武汉市推进农村土地流转以来，土地流转面积累计达到114213.33 hm^2，占全市耕地面积的56%。截至2019年，武汉市乡村接近80%的土地完成了土地流转，流转到种田大户手中规模化经营，土地流转价格约15000元/公顷，机械化耕种程度较高，农地流转后有一半村民外出务工。

3）乡村社会结构由简单稳定趋于复杂多变，乡村人口钟摆式流动

乡村社会结构由以前稳定的家族结构发生变化，由于家中年轻劳动力大多外出打工，并且形成季节性的钟摆式流动，因此乡村社会结构开始出现复杂的不稳定的空心化、老龄化、幼龄化、女性化等结构特征。

4）乡村居民致富意识由单一向多元转变，乡村产业发展由单一种植向多种经营转变

“农业企业＋合作社（家庭农场）＋基地＋农户”的产业化模式已成为农业主要经营模式。目前，新型主体规模经营面积占全市农业种养殖面积的一半，带动70%的农户参与现代农业经营。

按照“产业兴旺、生态宜居、乡风文明、治理有效、生活富裕”的总体要求，武汉市在自身发展的基础之上，从物质空间、乡村风貌、产业发展、社会治理的不同层面对乡村建设进行了政策与规划的引导。可以发现，产业融合是乡村建设与发展中重要的一个维度与环节，乡村的可持续发展不仅要依靠物质空间环境的焕然一新，更要依靠外在支持与内部动力的双向融合，这两者成为推动乡村现代化的可持续发展动力后，可以避免乡村养成对政策的路径依赖。尤其是大都市地区，虽然其具有多元发展的先天优势，但是在活跃的市场环境中，陷入路径依赖后的沉寂也更加容易被“遗忘”，最终陷入不可逆转的塌陷。

2.4 大都市地区镇村一体化发展的潜力

大都市地区的“城—镇—村”体系在交通网络的向下延伸与广泛覆盖下，具有相比一般县域地区更加明显的要素互动。而市场化环境下孕育的多元化发展，也

给镇村发展带来了更多的挑战。因此，使得天然具有紧密联系的镇村发展形成合力，作为经济社会共同体参与到区域发展格局中，不论是对乡村振兴战略的实施抑或是对都市圈地区的成熟发展来说，都具有非常重要的意义。

2.4.1　镇村关系的天然紧密性

作为联系城乡的关键节点，小城镇具有承上启下的作用，是城乡融合发展的重要平台。与大城市相比，小城镇不仅具有城镇化成本低的优势，能够吸引农业人口集聚，而且地理空间更加临近乡村，可以更好地辐射带动乡村发展，从而促进乡村振兴战略的落地实施。

在我国城镇体系中，作为城市的底层部分，小城镇与乡村的关系最为紧密。从城乡发展的角度看，小城镇是乡村发展的中心。费孝通先生在《小城镇　大问题》一文中指出，如果没有小城镇，农村的发展就没有支撑。相对分散的农村无法获得经济和生活上的保障与提升。在行政管理层面，我国的相关法规中规定小城镇与乡村是指导与被指导的关系。同时也应当看到，小城镇作为连接城市的地域层级，应有与大城市的产业对接关系，其职能的发展面临双向选择，起到承上启下的作用，因此小城镇的职能同时体现出“城市性”与“乡村性”。

在近些年的发展实践中，小城镇以经济发展为导向，重点在于与大城市的产业及职能对接，小城镇发展中“城市性”大于“乡村性”。乡村发展与小城镇发展产生了割裂，乡村产业发展支撑不足，公共服务供给受限。小城镇无法消化剩余农村人口，导致大量农民涌入大城市，引起大城市拥挤与乡村空心化等一系列问题。因此，小城镇在职能选择中对于城乡兼顾的“公平性”问题应当引起重视。而近年来，随着城乡融合发展逐渐成为城镇化的焦点，也为镇村的协调发展提出了新的要求。我国在多次会议中强调城乡统筹的重要性。包括党的十六大、十七大和十七届三中全会，都对此议题展开了充分的讨论并指引。

城乡一体化的理念在近些年的发展中已经逐步融入地方城乡的建设中，强调城乡的公平性发展与同步协调发展。城乡一体化旨在消除城乡二元结构的体制机制障碍，保障城乡要素平等交换和公共资源均衡配置，让农民同等参与现代化并共同分享现代化的红利。积极推动城乡一体化有利于城乡良性发展和提升城镇化质量与国民生活水平，镇村关系的协调也关系到城乡融合发展基层结构的稳定和谐。

2.4.2 当前镇村关系变化特征

我国城镇化的发展过程起点低、速度快。1978—2019 年,我国城镇常住人口大幅增加,从 1.7 亿人增加到 8.5 亿人,城镇化率从 17.9%提升到 60.6%,年均提高 1.04 个百分点;城市数量从 193 个增加到 680 个❶,建制镇也从 2173 个增加到 21013 个❷。通过对相关数据的分析,发现小城镇与乡村的关系可以从空间布局、经济体系与公共服务等三个方面进行描述。在改革开放至今的城镇化进程中,镇村关系在这三方面都发生了巨大的变化。

1. 高速城镇化下村庄锐减与城镇分化,镇村空间非均衡度加剧

改革开放至今,小城镇与农村在空间布局上发生了巨大的变化,村庄数量锐减、用地粗放,小城镇发展逐步增速。根据国家统计局可查数据,从 1985 年至 2018 年,全国行政村数量(即村民委员会数量)从约 94 万个减少到约 54 万个,小城镇数量从 9302 个增加到 21297 个。镇村数量比从约 1∶100 增加到约 1∶25,镇均农村人口从 8.08 万人降低到 5.76 万人。这意味着在全国层面,一个小城镇所对应的乡村数量降低了约 75%,服务的乡村人口约减少了 28.7%。

与此同时,小城镇的发展非均质而且分化严重。根据《中国流动人口发展报告2018》的数据,2015 年我国的流动人口数量达到 2.47 亿人,人口净流入地区与人口净流出地区❸发展态势存在显著差异。以东南沿海地区小城镇为典型的人口净流入地区人口膨胀,常住人口已达到小城市的水准,城镇发展迅猛;而以西南经济落后地区为代表的人口净流出地区小城镇缺乏增长动力。

小城镇的两极化发展造成农村人口的跨区域流动,小城镇在空间上的发展呈现出从传统农业时期的均质服务转向异地城镇化下的非均质服务的趋势。另一个值得关注的问题是农村用地结构不合理。从前文可以看出,我国农村人口总量呈现减少的趋势。依据相关数据,我国农村人均耕地仍处于不足的状态,但农村住房用地逐年上升,农村用地呈现粗放的特征。第二次全国土地调查结果显示,2009 年全国耕地 1.35×10^8 hm^2,人均耕地 0.101 hm^2,人均耕地较 1996 年第一次全国

---

❶ 城市数量取地级市与县级市数量的和。

❷ 数据来源于《国家新型城镇化规划(2014—2020)》《中国统计年鉴—2020》。

❸ 常住人口小于户籍人口的地区为人口净流出地区,反之为人口净流入地区。

土地调查时的 0.106 hm^2 有所下降，不到世界人均水平的一半，其中农民人均耕地面积为 0.14 hm^2。然而，在人均耕地减少的同时，农民人均住房面积却出现逐年上升的趋势。从改革开放至今，农村人均住房面积呈现出逐年上升的趋势，从每人 8.1 m^2 增加到每人 37.1 m^2。

2. 农业外部化与城镇工业化的双重驱动，镇村经济体系的重构

相对封闭的传统农业随着改革开放呈现出农业外部化特征，小城镇成为农业生产的重要外部市场。与此同时，析出的大量农村剩余人口被城镇工业化进程吸纳，小城镇亦成为工业化的重要阵地。

1）农业外部化

传统农业时代的自给自足式生产相对封闭，在进入新时代后，生产资料、生产技术与产品销售等方面均出现了外部化的特征。我国传统时代的农业生产以家庭为主导，在家庭内部形成了一套生产合作的关系，而且历史悠久。自给自足的农业生活在全社会生产力提高的背景下逐步打开。首先，在农业生产过程中，作为最基本的生产资料，种子的供应方式经历了从家庭留种向社会购买的转变过程。由于农作物品种不断更新等，农民取得生产资料的方向正慢慢从家庭转向外部市场。与种子类似，农业肥料也从农村的自我供给转向社会供给，主要基于化肥的推广。除了种子、肥料之外，其他生产资料，如农药、农具等也经历了相似的外部化转变。其次，在农村劳动力外流的背景下，农民的合作对象和范围不断扩展。尽管当下仍然延续了以农户为单位的生产格局，但是农户之间的互助合作却变得日益广泛，农户对外部劳动力的需求不断提升，生产过程从家庭内部个人活动的结合逐步向外部拓展，与外界形成了相互需求的社会化生产方式，农业生产的效率也得到提升。所以，作为最广泛的城镇单元，小城镇为农业提供了外部化的空间与服务，在农业上的关联更加紧密。

2）工业化推动城镇化

改革开放以来，我国进入工业化的高速发展期，城镇发展以工业化为主导。根据历年《中国统计年鉴》的数据，从 1978 年至 2019 年的就业人口可以看出，农村就业人口自 20 世纪 90 年代起开始降低，至 2014 年，城镇就业人口首次超过乡村就业人口。

工业化对农村剩余劳动力无疑有着巨大的吸引力，20 世纪 90 年代乡镇企业对城镇化的巨大贡献也说明了这一点。

然而，高速工业化让农村的发展受到了挤压。改革开放至 21 世纪之前，城镇

固定资产投资维持在70%～80%，在近十年已经达到90%，与之对应的是农业固定资产投资在近十年被进一步挤压。依据相关研究，农业经济增长会促进农业固定资产投资的增加，但由于农业固定资产投资具有滞后性，在投资达到一定年限后，才会对农业经济起促进作用。农业发展的相对不足让农村劳动力的流出更加严重，形成恶性循环。

3. 农村公服衰减与小城镇公服需求驱动，镇村服务紧密度强化

随着农村数量与农村人口的减少，农村的公共服务设施也在衰减。同时，农民对公共服务的质量要求提升，小城镇在城乡公共服务上的地位也在提升。农村公共服务设施的总量与农村数量相关。以农村卫生室为例，根据历年《中国统计年鉴》的数据，农村卫生室总量变化基本与农村的数量减少趋势一致，村均拥有的卫生室数量从20世纪90年代中期至今均维持在1个左右。

然而农村教育设施的衰减比农村数量的减少速度更快。自1987年以来，每个行政村拥有的小学数量从0.9所左右降低到2019年的0.1所，从"村村有小学"变为"十村共一所"。

农村公共服务设施的减少意味着服务半径的增大，与此同时，农村公共服务的质量提升也有限。尤其是除了基础公共服务的医疗与教育以外，农村其他公共服务设施建设更加滞后。农村的公共服务需求无法在本村得到满足，因此，农村对邻近小城镇的依赖程度越来越高。

然而，小城镇公共服务设施质量也亟待提高。从小城镇发展历程可以看出，公共服务的质量受国家政策、镇村可达性、小城镇发展基础等因素的影响。以湖北山区典型代表地区麻城为例，2018年对湖北麻城16个乡镇的调查结果显示，乡镇的基础型设施基本上可以满足使用需求，达到设施配备的最低标准，但有助于提升生活水准的服务设施建设严重滞后，如文娱体育类、环境提升类的公用设施。

小城镇与农村地区的公共服务设施建设不足，但是相对乡村而言，小城镇在公共服务设施建设与整合方面的能力更强、潜力更大，所以，农村对小城镇公共服务的依赖性更强，镇村在服务层面上紧密度增强。

2.4.3 镇村一体化发展的趋势

随着互联网时代与城市群时代的到来，镇村关系也在多方面产生了相应的改变。对于镇村关系发展趋势的预判有助于城乡协调发展。

1. 镇村发展逐渐弱化层级界限，小城镇或成为信息与资源的节点

镇村关系的第一大特点是信息与资源流动不再是从农村通过小城镇与县城向大城市逐级流动，而是从农村人口、农业产销与农村日常消费等三个方面实现了跨级别的流动，镇村的经济实体关系弱化，逐步成为信息与资源的连通节点。

1）农村劳动人口跨区域流动，小城镇承接农村劳动力容量降低

从第五次全国人口普查和第六次全国人口普查的数据可以看出，农村人口流入大城市工作，尤其是从欠发达地区往发达地区的流动，已经成为城市化的主要路径之一。根据第五次全国人口普查数据绘制的人口流动图，以及根据第六次全国人口普查数据绘制的户籍人口与常住人口比值分布图，可以看出以京津冀、长三角与珠三角为典型代表的东南沿海地区吸引了大量中西部移民，而这些移民绝大部分来自小城镇与农村。相对于欠发达地区的小城镇与县城，东南沿海的大城市对农村人口吸引力更大，农村劳动力与小城镇与县城的产业关联被进一步弱化。

2）农业产销垂直化，农村经济直接连通消费者

信息化的成熟对农业产销的垂直化产生激励作用，农产品与消费者的联系更加紧密。西方发达国家在信息化层面走在我国的前面。20 世纪末欧美国家互联网覆盖率就接近 40%，而我国的信息化发展在当时才刚刚起步。在农业电商方面发展好的国家多集中于对农业的资讯服务展示和商品交易两个方面。

以韩国为例。韩国相关的农户主页超过 8000 个，实现了生产者与消费者的快速连通。这主要得益于韩国农林水产信息中心对农民电商技术的免费培训。其中，韩国农水产品电子交易所是 2009 年由韩国政府上线的 B2B[1] 平台，也是韩国农业最重要的网络交易平台。在 2009 年该网站的成交量达 15020 亿韩元，占所有产品网上交易额的 8.3%。

信息化在我国农业发展中也在逐步扩大影响。如图 2-21 所示，我国传统农资产品贸易的流程，从农资供应厂商到农户之间经历了分公司、县级经销商与乡镇/村级经销商的三层转包，农户手上的种子、化肥与农药经过了三次利润的抽取。在传统农资供应时代，这是销售信息不对等的情况下的必然选择。因此乡镇/村级经销商成为农户生产的直接供应商，城镇与农村生产关系紧密。

随着农村信息化的逐渐普及，原有的农资供应体系，甚至是农产品的销售体系

[1] B2B(英文：business to business)，也称“公对公”，指的是企业间通过电子商务的方式进行交易，而 B2C(英文：business to customer)的销售方式是企业对顾客。

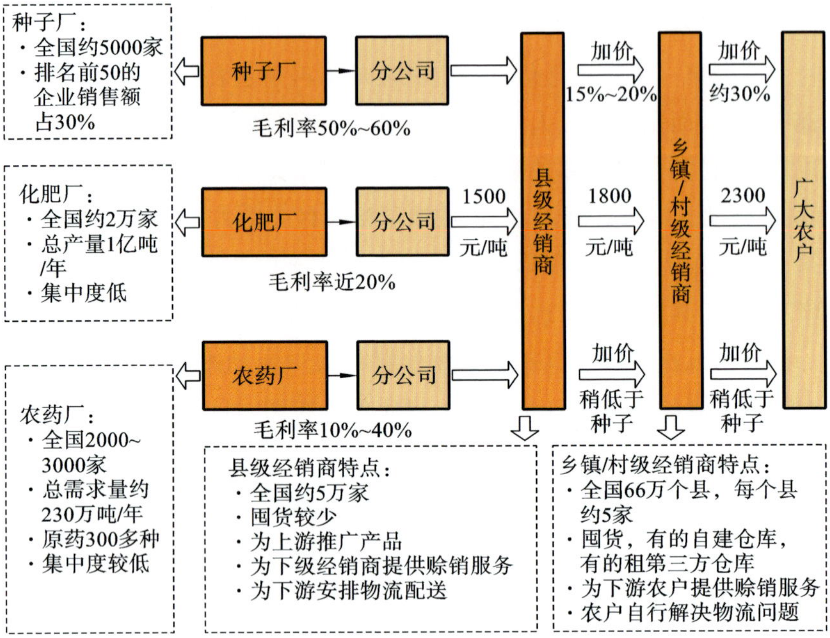

图 2-21　我国传统农资产品贸易的流程

（图片来源：作者自绘）

也经历了巨大的变化。如图 2-22 所示，厂商与农民通过网络直接对接，平台商为农民提供金融服务与农村消费品，而农民生产的农产品也可以通过网络售出，而不是通过传统而分散的农业个体经营实现。

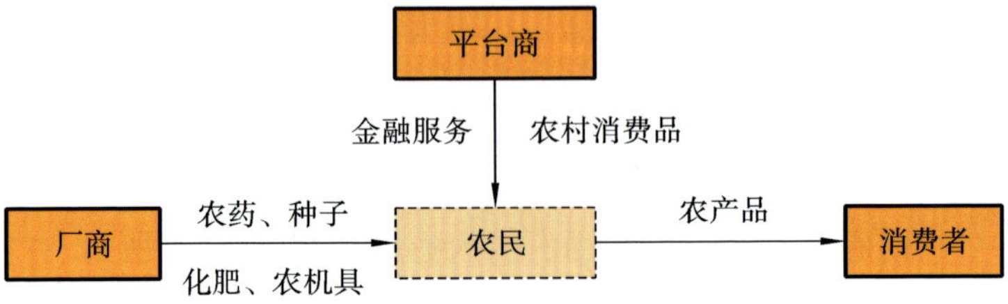

图 2-22　互联网影响下的农村销售体系示意图

（图片来源：作者自绘）

来自阿里研究院的数据显示，2019 年仅在淘宝和天猫平台上，从县域发出的包裹就达约 24 亿件，阿里巴巴所有平台农产品销售总额达到 2000 亿元。县域发出的包裹量增加表明了农村对外的渠道在拓宽，而并非单纯地接收外部产品。

“互联网＋农业”也成为相关企业在近几年的一个新战场。从表 2-5 可以看出部分上市公司的“互联网＋农业”布局。

表 2-5　部分上市公司的"互联网＋农业"布局

公　　司	主　　营	"互联网＋农业"布局
阿里巴巴	—	拟以 100 亿元建设一村一淘宝
京东、苏宁等公司也开始布局互联网农业		
大北农	饲料、种子	农信云、农信商城、农信金融及智农通
新希望	饲料	发布"希望金融"(农业金融)，2015 年 4 月上线，日交易额超 200 万元
金正大	缓控释肥	计划以自有 20 亿元架构农资商城
农产品	大宗农产品交易	已初步构建全国性农产品交易及物流服务平台
和邦	化工产品、肥料	拟斥资 2 亿元建电商平台，提供农技指导、农产引导、金融和保险
云天化	化工	整合产品、渠道、农户、农化服务的化肥综合解决方案提供商
芭田	化肥	收购金禾天成，获得种植大数据
鲁西化工	复合肥、尿素	建立线上鲁西商城
人和商业	商圈运营	收购农产品市场运营企业寿光地利，打造农产品电子商务交易平台
联想控股	投资	2013 年推出佳沃品牌强势务农，2015 年以千万美元战略投资"云农场"
恒大	地产综合	2014 年投资近 70 亿元打造恒大粮油、恒大乳业、恒大畜牧
金新农、唐人神等全部开始了线上业务		

市场介入及农产品信息化，让农村资源得到了更有效的调配，同时 B2B 或者 B2C 等模式的兴起，打破了传统的小城镇经营农资的格局。在农资配给上，小城镇在弱化流通功能，而转向信息交换功能。

3）农村消费网络化

农民的生活与网络接轨也逐步使得我国农村网民数量呈指数型增加。2018 年底农村地区网购用户规模为 1.71 亿人，占网购用户比例达 24.1%。2018 年农村网购市场规模达 12616 亿元。互联网的便利也深刻影响到农民的生活方式，相对不太方便的传统购物模式促进了农村地区对线上交易的热衷。

无论是城市消费还是农村消费，实体经济被网络经济冲击已经成为中国社会的普遍现象。随着网络购物的习惯逐步养成，农村通过网络的消费逐步分流农民日常在镇区的消费。

2. 镇村发展与区域发展关系更紧密，小城镇发展动力呈现分化的态势

小城镇作为一种聚落形式或者空间单元，其发展是处于城乡区域整体的社会、经济系统和空间网络之中的。小城镇的发展态势和未来路径选择受到所在区域的发展趋势与机制的直接影响。

从国内外都市圈的发展历程中可以看出，小城镇和乡村的发展与都市圈紧密相关。

熊宁(1997)在对苏南地区城镇的研究中提出，小城镇职能发生分化是区域经济、资源本底、发展初始积累等多重方面的作用成果。基于不同的发展条件，有些小城镇已经不再是单纯的城乡节点，其核心职能转化为区域的增长极。

德国都市圈内外的小城镇与乡村的发展存在巨大差别。1995 年，德国 16 个联邦州基于各地区对跨地区发展的诉求，划定了 11 个“大都市圈”(metropolregionen)，如图 2-23 所示。大都市圈覆盖了德国几乎 50%的领土。如图 2-24 所示，在这之后的 20 年里，位于不同区位的小城镇与乡村的发展受到大都市圈极大的影响，形成以都市圈为核心的城乡衰减与增长。

图 2-23　德国大都市圈分布图

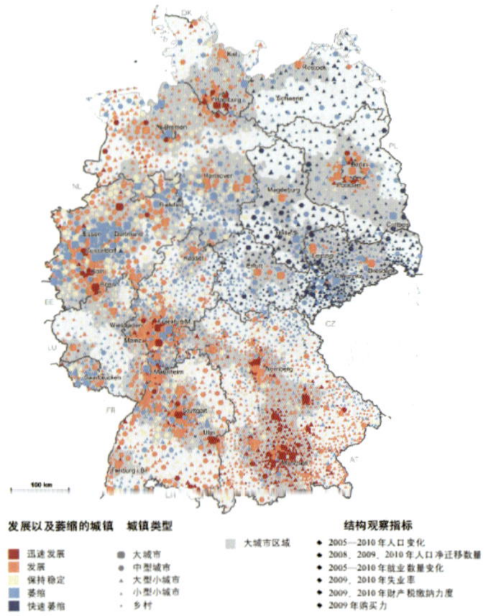

图 2-24　德国人口增长变化图

(图片来源：克劳斯·昆兹曼，尼尔斯·莱伯.德国中小城镇在国土开发中扮演的重要角色[J].刘源，译.国际城市规划，2013，28(5)：29-35.)

位于大都市圈以内的中小城镇与乡村，是德国发展中最大的受益者，这些镇村结合了核心城市的设施与乡村便捷度的双重优势。

位于大都市圈边缘的中小城镇则存在两种情况。如果与核心城市能够通过现代交通系统相连接，便能受益于大都市圈；但如果与核心城市连接并不紧密，相对来讲没有足够吸引家庭和企业的能力，城镇将会渐渐衰落。

位于大都市圈外围的中小城镇则逐渐没落。由于交通网络不完善，区位层面上的劣势在全球化发展中更加凸显，现有发展多建立在公共补贴与特许经营权之上，缺乏内生动力，边缘化不断加深。

近年来我国各都市圈内小城镇与乡村的发展与德国的城乡发展经验基本一致，以长三角、珠三角地区为首的东南沿海地区内镇村发展强势，与都市圈的影响力相关，而其他地区的都市圈发展尚处于起步阶段，并未能对都市圈内镇村发展起到显著的带动作用，都市圈外的镇村边缘化的趋势更加明显。镇村发展不仅与都市圈的相对区位紧密相关，更与都市圈的发展阶段相关。

从《全国主体功能区规划》的全国城市化战略格局中所划分的城市圈以及全国地均地区生产总值分布来看，全国较为成熟的首都都市圈、长三角地区与珠三角地区呈现出较强的都市圈地域范围与地区生产总值的相关性，都市圈范围内的地区有一定的经济优势。显然，小城镇与乡村的发展也受到了都市圈的影响，并在都市圈的成长过程中逐渐显现。

都市圈作为一个巨大的外因使得小城镇与乡村的关系产生了颠覆式的改变。处在都市圈强烈辐射范围内的镇村，农民外流的成本大大降低，来自都市圈的产业转移可以满足城镇的需求，传统的镇村关系似乎已经消亡。而在非城市群地区，镇村的发展仍保留较高的自主性。

3. 镇村发展重环境与功能提升，小城镇增长来源于服务职能强化

欠发达地区的农村人口外流已经不可避免后，小城镇的吸引力来自镇区的服务职能强化。根据同济大学与华中科技大学 2010 年在湖北省的调研发现，生活环境已经取代工作便利成为影响农村人口迁居意愿的主要因素。新农村建设、惠农政策和良好的农业户口福利使得小城镇户籍对农民的吸引力已很小，镇内务工人员多为兼业农民。区位因素并不是影响镇区就业的主要因素。小城镇的腹地不大，即使住在乡村，到镇区上班的农民的通勤时间也并不长。因此，农民不会仅仅因为务工而在镇区居住。大部分小城镇产业发展在显著退化，但镇区人口仍然在聚集，如京山市宋河镇；有的村级产业发展很好，而镇区并没有什么产业，镇区人口增加趋势仍很明显，如黄梅县五祖镇；另外一些矿业小城镇（如巴东县绿葱坡镇）就

业非常分散，但镇区人口也有所增加。

人口向镇区聚集的主要原因是镇区的生活相对农村更加方便、居住环境好、教育质量高，而且相比市县生活成本更低。镇区人口增长不是源于工业化，而是农村人口对城镇化的需求；小城镇服务农村、农业和农民的职能很重要。[1]

[1] 资料来源：同济大学与华中科技大学课题组调研报告《湖北省城镇化与城镇发展战略研究》。

第3章　武汉市镇村发展的多维度特征

农民通过“以代际分工为基础的半工半耕结构”，获得了在城乡之间进退往返的自由空间……显然，可以容纳无法进城农民且可以让进城失败农民返乡的制度的存在，使中国社会结构具有极大的弹性，可以应对各种危机冲击。农村成为中国现代化的稳定器和蓄水池。

——贺雪峰《进城农民要有返乡退路，农村是现代化稳定器和蓄水池》，有修改

3.1　武汉市镇村空间分布特征

随着我国新型城镇化的推进以及人民生活水平的提高和城镇经济的发展，人口和产业向城市周边地区迁移的现象已开始出现，居民对低支出、高质量生活的追求，以及工业、企业越来越趋向于要素使用成本较低的镇村发展，使得近年来城市外来务工人员数量的增速放缓，城市人口红利逐渐下降。在由城、镇、村腹地共同构建的区域中，绿色发展、低碳集约、公平均等、文化软实力理念不断深入人心，未来城乡发展能够提供的空间品质和服务质量将成为城市竞争力的决定因素，作为我国中心城市的武汉更是如此。近几年武汉的发展有目共睹，尤其是武汉地区镇村在居住成本、城乡环境、承接人口转移以及不断完善的公共配套设施等方面给人们提供了更好的选择平台，同时这些镇村也依托武汉大都市区与各要素相互协调，共同发展，提高了武汉市城镇化水平，这一系列的优势驱动使得武汉大都市地区周边镇村在空间布局、人口分布、产业结构、建设风貌等方面呈现出非常明显的特征。

3.1.1　总体分布特征

武汉市总的地形为北高南低，以丘陵和平原相间的波状起伏地形为主，黄陂区

北部和新洲区以东部分地区则有低山地形。由于受这种自然地理条件的约束，武汉市境内镇村也呈北部低山环绕，中间低平，南部岗地、丘陵层次分明的空间格局。北部山地高程在 400～500 m；西南部平原地区高程在 30～40 m；南部岗地地区高程在 40～160 m。从各区行政村的数量及密度可以看出，武汉市镇村空间分布表现出“北密南疏”的特征（见图 3-1）。

图 3-1　武汉市镇村空间分布图

（图片来源：作者自绘）

武汉市北部的黄陂区和新洲区行政村数量占农业生态区行政村数量的 62.1%。除去武汉都市发展区外，新洲区行政村密度最高，为每 1000 km^2 368.51 个，而东西湖区密度最低，为每 1000 km^2 120.1 个，前者是后者的 3 倍多。

北密的主要原因是北部为低山环绕和平原地区，靠近武汉市的村庄分布相对集中。南疏的主要原因是南部以水域居多，水产养殖、经济收入以及耕作的距离使其村庄分布相对北部稀疏很多。

3.1.2　地理影响下的人地关系特征

受自然地理条件等因素影响，武汉市镇村人口分布极不均衡。武汉市新城区镇域内行政村人数多集中在 500～1500 人，而行政村人口密度却低至每 km^2 500 人以下。从整体的人口空间分布看，北部的黄陂区、新洲区镇村人口数量最多。

据《武汉统计年鉴 2020》数据梳理，武汉市新城区镇村人口数量波动不大，但从新城区镇村人口的变化率来看，东西湖区、汉南区的镇村人口有所增长，是由于东西湖区、汉南区有国营农场，其农业生产需要较多的劳动力。

从武汉市人口分布以及人地关系来看，其特征也非常明显，北部平原地区人口分布较多，汉南区与东西湖区为国营农场区，其人均耕地面积比其他区的人均耕地面积高出 666.7 m^2 左右。

3.1.3　极核效应影响下的空间结构

由于近郊要素扩散以及距离成本的限制，武汉市空间拓展呈现出圈层式、轴向性的发展特征。轴向就是以主城区为中心，依托区域性交通干道和轨道交通组成的复合型交通走廊，向外构筑 6 条城镇产业发展轴。圈层结构即以主城区为中心，依次向外围地区拓展，呈现出圈层结构。同时，主城区的吸附作用以及产业与人口扩散带动的地域拓展，使得武汉市镇村同样呈现出“轴向＋圈层”的空间结构特征，镇村的数量随圈层递增，但人口密度随圈层递减。近年来，尽管近城区在工业投资与就业供给的拉动下成为人口增长最快的地区，但因临近市区并产生延绵，进一步巩固了武汉市的单中心扩展趋势。

自 2015 年起，武汉市就通过《武汉市全域生态框架保护规划》基本实现了生态控制线的市域全覆盖，逐步建立起“两轴、两环、六楔”的生态框架，有效地控制了城市扩张，塑造了环境友好的城市形态，保障了健康的城市发展环境。这种独特的地理环境与生态底线的控制也促使武汉市镇村空间轴向性扩张。尤其是在《武汉市城市总体规划(2017—2035)》中，结合生态资源，通过规划六大生态绿楔控制城市扩展对周边生态敏感地区的侵蚀，出现“绿中镇村”，形成了空间轴向拓展的基底。

3.1.4　产业影响下的镇村空间特征

产业发展的规模、类型直接影响到资源要素在空间上的集聚形式与规模，同时产业也离不开空间的依托。

1. 发展方式逐步调整，空间趋于集聚集约

如表 3-1 所示，从 1979 年到 2015 年，武汉市近郊小城镇工业产值由 12.56 亿

元增长到717亿元，增加了704.44亿元，年均增加19.04亿元。建成区建设用地总量增加210.08 km^2，年均增加5.68 km^2。由此可以得出，平均每增加1亿元工业产值，建成区用地扩张约0.3 km^2。进一步分析相关数据，可以发现两者之间呈现出如下特征。

表3-1　1979—2015年武汉市近郊城镇工业产值与建设用地规模

年份	工业产值			建设用地规模		
	工业产值/亿元	增长率/(%)	年均增长率	建设用地规模/km^2	增长率/(%)	年均增长率/(%)
1979	12.56	—	—	13.40	—	—
2000	21.53	71.42	3.40	38.38	186.42	8.88
2005	86.50	301.76	60.35	70.02	82.44	16.49
2010	354.00	309.25	61.85	135.73	93.84	18.77
2015	717.00	102.54	20.51	223.48	64.65	12.93

随着工业产值的逐年攀升，建设用地规模逐年增加，且两者增长率的变化趋势保持一致，均经历先上升后下降的过程。具体表现在2010年以前，工业产值与建设用地的年均增长率均持续上升；2010年以后，两者的增长率下降。

发展方式逐步调整转变，空间趋于集聚集约。从两者之间增长率的演变关系来看，2000年以前，建设用地规模的增长率大于同时期工业产值的增长率；2000年以后，两者的增长率呈相反的关系。这是因为2000年以前，近郊小城镇产业的发展以产业用地的扩张为依托，采取的是一种粗放式发展的方式。2000年以后，近郊小城镇自身工业园区的集聚效应以及受周边大型工业园区的辐射带动，大量工业企业转移进入近郊镇村，并以工业组团的形式集聚，因而工业产值的增长率开始反超城镇建设用地的增长率。

2. 产业空间强势引领，空间扩张逐年加快

1）产业空间强势引导空间扩张

就武汉市整体空间拓展来说，在2000年以前表现为轴向拓展的特征，空间增长集中在西南、东南与北部三个方位，整体扩张强度为0.026。2000年以后扩张强度不断提升，2001—2005年表现为轴间填充的状态，扩张强度为0.049。2006—2010年再次表现为轴向拓展的特征，扩张强度为0.034。2011—2015年整体扩张强度为0.052，东部、南部、北部是主要拓展方向（见图3-2、图3-3）。从中可以看出，阳逻港口建设、以光谷片区为中心的东湖开发区的发展、黄家湖大学城建设及

武汉开发区表现出对于武汉市城市空间扩张的强势指引。而长江流域、城市绿楔保护则表现出对城市空间拓展的限制。

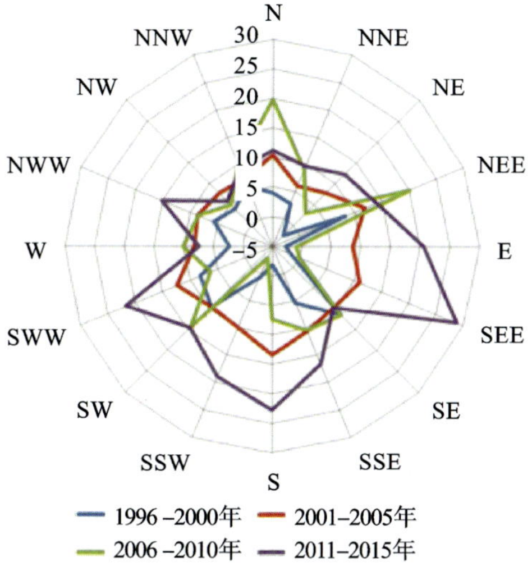

图 3-2 武汉市各方位各阶段建设强度分布情况

（图片来源：作者自绘）

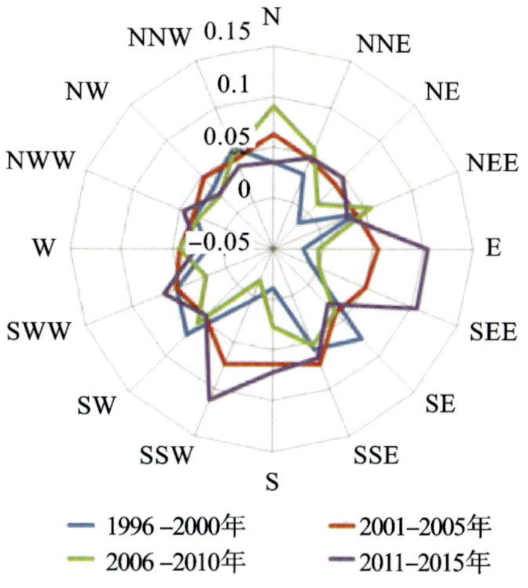

图 3-3 武汉市都市发展区建设用地空间扩展增量

（图片来源：作者自绘）

2）空间扩张速度逐年攀升

结合对于近郊小城镇空间扩张强度指数与空间扩张速度指数的计算，可以发现镇村的空间扩张强度整体上与武汉市空间扩张保持着同步的变化趋势，呈逐渐提升之势（尽管 2010 年后有所下降，这也是前期城镇空间扩张过快导致的必然结果，并不影响整体的扩张趋势）（见图 3-4、图 3-5）。结合近郊小城镇空间的扩张速度分析，可将武汉市近郊城镇空间扩张划分为低速扩张、中速扩张和高速扩张三个阶段（见表 3-2）。

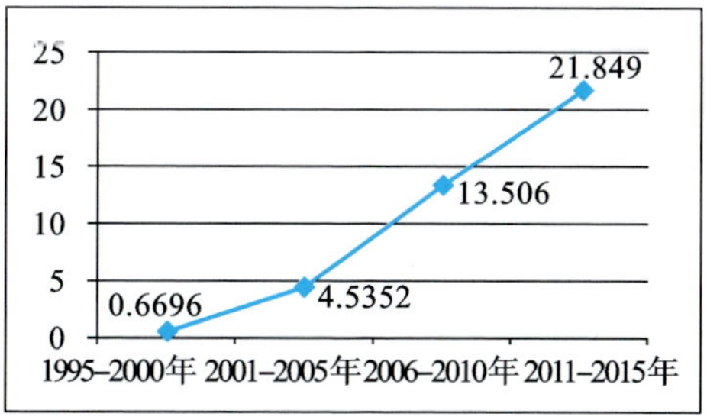

图 3-4 近郊小城镇空间扩张速度演变

（图片来源：作者自绘）

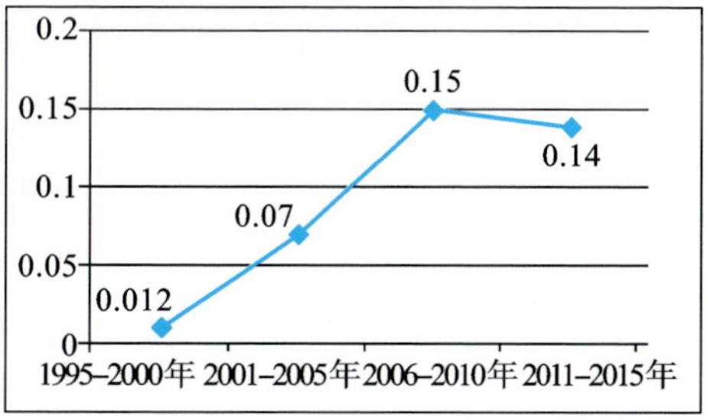

图 3-5 近郊小城镇空间扩张强度演变

（图片来源：作者自绘）

表 3-2　武汉市近郊小城镇空间扩张强度与扩张速度

指　　标	年　　份			
	1979—2000	2001—2005	2006—2010	2011—2015
扩张强度指数/(%)	0.012	0.07	0.15	0.14
扩张速度指数/(%)	0.6696	4.5352	13.506	21.849
扩张面积/km^2	24.98	31.64	65.72	87.75
扩张类型	低速扩张	中速扩张	高速扩张	高速扩张

注：表中数据为作者整理所得。

低速扩张阶段(1979—2000 年)：制度改革带来生产要素在城乡之间的自由流动，乡镇企业自下而上地自我蓬勃发展，并以初级的机械加工、采石以及食品加工等产业为主，整体呈现出生产规模小、用地布局分散的特征，因而对于城镇空间扩张的驱动能力较弱，空间扩张微乎其微。

中速扩张阶段(2001—2005 年)：2001 年以来，武汉市乡镇企业进一步深化改革，一些经营低效、濒临破产和停产的国有企业逐步由私营企业整体接盘再改造。至 2005 年，近郊城镇内的国有企业改制率超过 80%，这对于推动乡镇企业的市场化运作，提升企业竞争力起到重要的推动作用。在推动乡镇内部国有企业改制转型、盘活乡镇经济发展的同时，加大对外招商的力度，吸引外资企业进镇投产。因而这一时期，在对内优化调整、对外招商引资的带动下，资本、技术等要素的投入比例不断增加，近郊小城镇的工业企业在调整中不断发展。反映在空间上，大尺度的厂房开始逐步积聚形成工业集聚区，工业集聚带来劳动力在空间上的初步集聚，进而带来城镇居住空间、商业空间的初步扩张。

高速扩张阶段(2006—2015 年)：2006—2015 年进入高速扩张时期，相比前两个阶段，空间扩张强度有显著的提高。其中，2006—2010 年空间扩张强度达到 0.15，相较于 2001—2005 年增长了一倍有余，空间扩张速度相应地出现成倍增长的态势。原因主要在于：一方面，近郊城镇在上一个发展阶段的基础上，有了初步的资本积累，为了更好地吸引企业进驻、推动工业企业的集聚发展，纷纷投入资金推动城镇建设、工业园区的建设，如奓山街工业园、径河的新兴工业园等；另一方面，2010 年武汉市层面提出“工业倍增”计划，从宏观层面引导工业企业往近郊小城镇转移。因而在自我调整与外部推动的共同作用下，以工业空间的扩张为主导的城镇空间在这一时期快速增长。

以奓山街道为例，从 2000 年开始，奓山街道即引进香港、台湾地区的企业入驻投资，如香港捷威制衣有限公司、台湾冠华集团等，此外也有本土的民营企业譬如同安制药厂、天发石油公司等相继在奓山选址投产。2005 年，奓山乡镇企业改制率达到 95%，并在 G318 国道以北、沪蓉线以南建设 1.33 km^2 工业园区。积极调整招商引资策略，围绕“工业强街”的战略，聚焦于具有高附加值、深加工程度的工业项目的导入。重点引进以海天集团、武汉市星光热镀锌有限责任公司、富仁空调设备有限公司、武汉威华铝业有限公司、武汉建新石化设备制造有限公司等为代表的工业项目 25 个，引资额达到 3.8 亿元。逐步形成以电线电缆、建筑建材、食品饮料、皮革制品、热镀加工、汽车配件、交通运输等为主导的支柱产业。截至 2015 年，奓山街道企业达到 36 家，实现工业总产值 90.69 亿元，约为 2000 年全街道企业年产值(18.25 亿元)的 5 倍，招商引资额达到 18.6 亿元。

3. 空间增量分布不均，优化与停滞并存

以武汉市近郊城镇 1979—2015 年各个时间节点的土地利用现状图为基础，结合 1979 年、2000 年、2005 年、2010 年、2015 年的遥感图像进行几何校正以后，用最大似然监督分类法，对合成的各个波段图像进行分类。将近郊城镇的用地经识别分类后划分为水域、地表覆盖设施用地及以农林用地、草地、绿地为主导的生态型用地，并根据各个时期的用地状况进行人工矫正后，获得最终的分类结果和合成的彩色图像。再结合 GIS 软件进行矢量化，获得历年的近郊小城镇建设用地扩展图(见图 3-6)。结合前文对于近郊小城镇空间演变的历程划分，分 1979—2000 年、2001—2005 年、2006—2010 年、2011—2015 年四个阶段，统计近郊小城镇建设用地规模的扩张状况。从整体扩张状况可以看出，1979—2015 年，城乡建设用地快速扩张，年平均增长面积超过 5 km^2。

1979 年，武汉市近郊小城镇建设用地面积 13.4 km^2；2000 年，武汉市近郊小城镇建设用地面积增至 38.38 km^2，为 1979 年的 2.86 倍，增长了 24.98 km^2，年平均扩张面积 1.14 km^2。其中，滠口、阳逻、奓山空间增长显著，分别增长 4.48 km^2、2.82 km^2、3.33 km^2，其他城镇基本维持 2 km^2 左右的增长(见图 3-7)。2001—2005 年，滠口、阳逻空间增长表现突出，其余城镇在原有基础上有着少量的增长，但基本维持增长的态势(见图 3-8)。2006—2010 年，滠口、阳逻继续保持上一阶段的增长态势，奓山、径河、武湖相较于上一个阶段来说，有了较大的增长，扩张面积均在 7 km^2 以上(见图 3-9)。2011—2015 年，阳逻、滠口城镇空间基本稳定成型，转为内部的逐步调整、填充式发展。空间增长主要集中在南部的金口、西南部的奓山以及西北部的天河、横店、滠口等临空经济区，每个城镇平均增长面积超过 10 km^2(见图 3-10)。

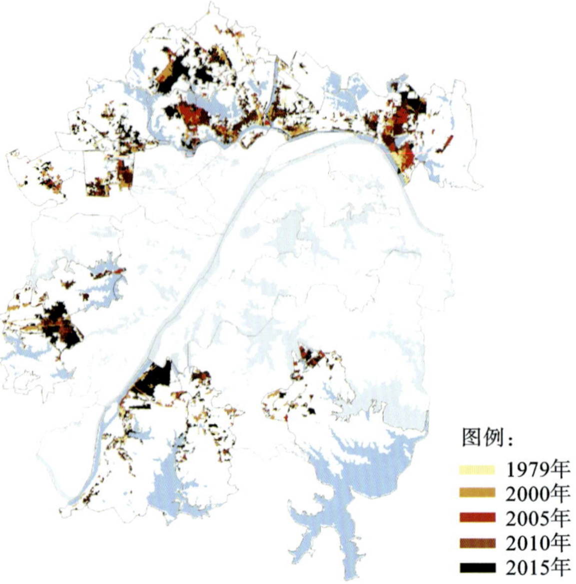

图 3-6 1979—2015 年近郊小城镇建设用地扩张状况

（图片来源：作者自绘）

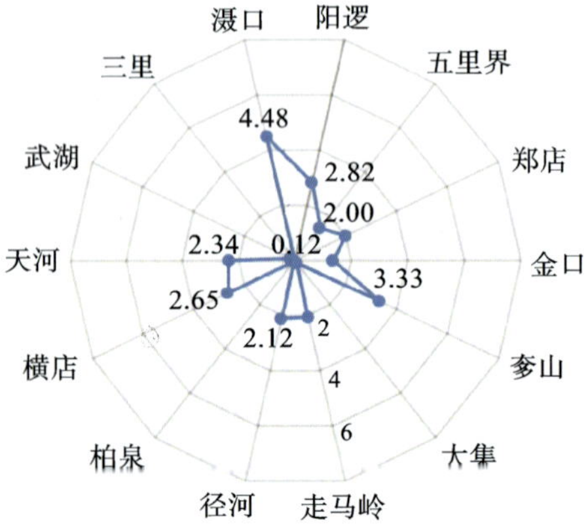

图 3-7 1979—2000 年武汉市近郊小城镇用地扩张分布

（图片来源：作者自绘）

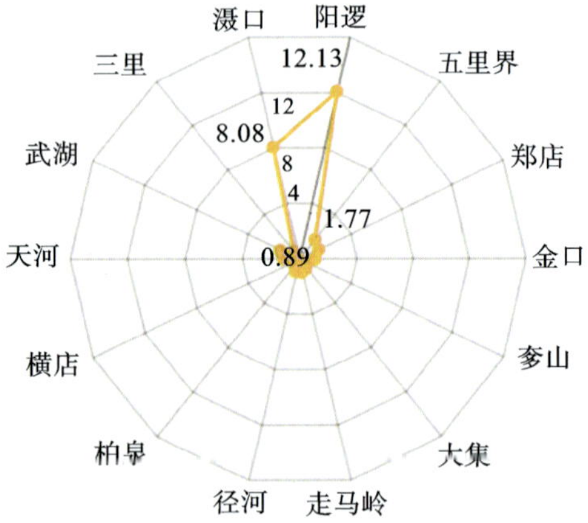

图 3-8 2001—2005 年武汉市近郊小城镇用地扩张分布

（图片来源：作者自绘）

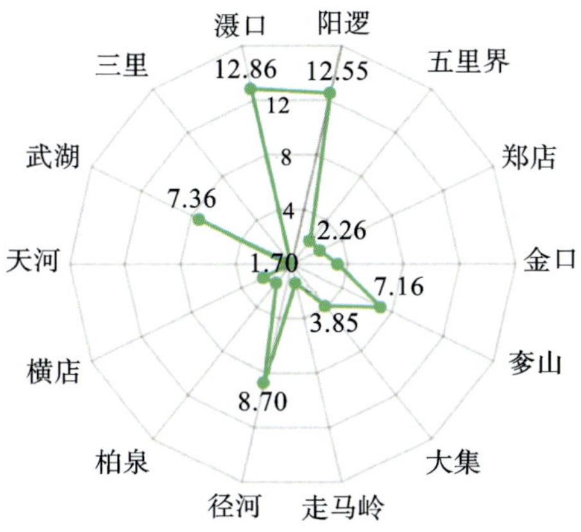

图 3-9　2006—2010 年武汉市近郊小城镇用地扩张分布

（图片来源：作者自绘）

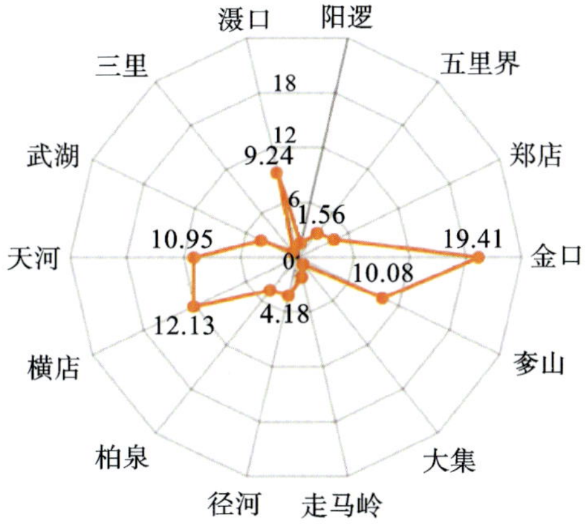

图 3-10　2011—2015 年武汉市近郊小城镇用地扩张分布

（图片来源：作者自绘）

结合上述演变过程的分析可以看出，城镇空间在此过程中有着基本的类型划分，具体如下。

1）都市发展型——阳逻、滠口

阳逻凭借其独一无二的水、陆、铁、空综合交通优势以及“工业兴区”发展战略的带动，武船重工、重冶机械、江南纺织等企业在阳逻逐步建成投产，带动城镇空间快速增长。2009—2013 年，工业总产值整体保持着快速增长的态势，年均增长率达到 27.9%，其中规模以上工业产值所占平均比重超过 90%，由此说明阳逻产业经济的发展很大程度上依赖大型工业企业的带动（见表 3-3）。

表 3-3　阳逻工业发展状况统计

年度	工业企业数量/家	企业总产值/亿元	工业总产值/亿元	规模以上工业产值/亿元
2009	89	205.86	183.6	157.56
2010	92	237.28	207.6	206.51
2011	63	290	211.3	210.2
2012	71	300.1	298	291.9
2013	202	501.8	440	420

注：表中数据为作者根据调研资料整理所得。

对比空间的实际增长状况，2010 年以后，阳逻建成区空间增长相对缓慢。分析其原因主要有如下几点。

①钢材等重型工业企业带来经济增长的同时，能耗水平较高，由单位能耗水平

可以看出，新洲区单位 GDP 能耗水平达到 1.28 吨标准煤/万元，排名全市第二，产业节能减排压力较大，发展潜力受限（见图 3-11）。

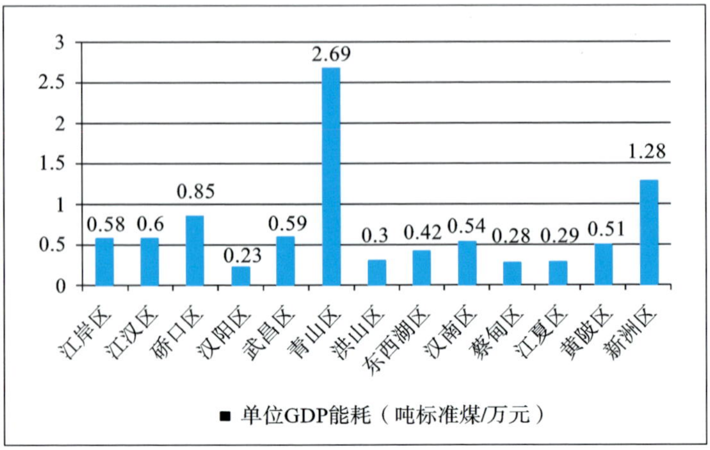

图 3-11　新洲区单位 GDP 能耗水平与其他区比较

（图片来源：作者自绘）

②钢铁、纺织、水泥等主导产业呈规模化集聚，带来产值提升的同时，也进一步导致产能过剩、增长动力不足的问题，因而新洲区工业总产值增长率呈逐年下降的趋势（见图 3-12）。

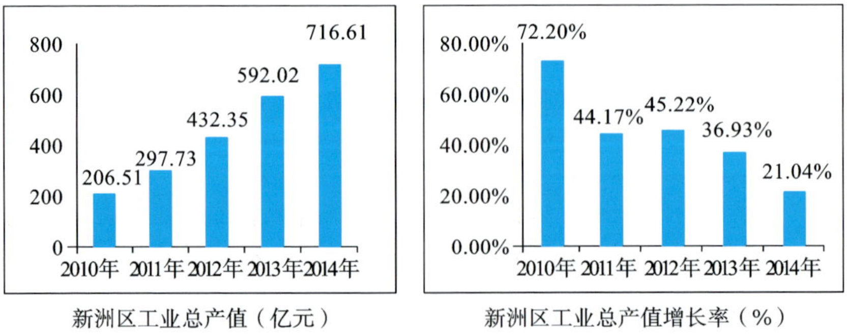

图 3-12　2010—2014 年新洲区工业总产值及增长率

（图片来源：作者自绘）

③前期工业企业的快速发展带动了建设用地的快速扩展，但基础设施建设落后以及进一步可供建设用地指标面临预期性不足，制约着产业空间的进一步发展。在双向制约下，尽管阳逻工业总产值仍然保持上升的趋势，但在产业内部进一步升级调整的发展诉求下，空间呈现出增长放缓的趋势。

滠口以盘龙城经济开发区、滠口小商品市场群、滠口建材产业园区的发展为支点，由最初的多中心点状发展到逐步依托川龙大道串联天河、武湖、横店等街道，呈产业集群化发展。滠口的建材产业集群、盘龙城的佳海服装产业集群特征明显，后者更是被列入全省52个重点产业集群之一。产业集群化发展带来产业规模的扩张，表现在产业门类逐渐多元化、产业组织成熟化以及产业之间联系的密切化。在演变历程上，由初步的萌芽、发育至逐渐成熟、成型，产业规模扩张与产业内部更新同时进行，带来空间规模的不断扩张与更新。与阳逻类似的是，滠口的发展也以2010年为节点：2010年以前，以对外扩张为主导，空间规模快速增长；2010年以后，不断优化产业集群内部结构体系，并逐步发展房地产行业，带来城镇内部用地结构的不断调整，表现出以空间更新为主导，缓慢对外扩张的发展特征。

2）协同互促型——武湖、径河、走马岭、奓山等

由空间增长的增量分布可以看出，改革开放之初，此类小城镇在乡镇企业的带动下均有初步的发展积累，工业企业逐步积聚。2000—2005年为企业内部调整适应阶段，主要表现为工业企业之间的更替以及内部的更新调整，空间增量与同时段的阳逻、滠口相比显得微乎其微。2005—2015年此类小城镇发展极为迅猛。按其发展的驱动因素又可分为如下两类。

（1）国家级高新园区带动型——走马岭、径河、奓山

走马岭、径河依托吴家山经济开发区，承接了大量食品、物流产业的转移。2000年，吴家山海峡两岸科技产业园经国务院台湾事务办公室和国家科学技术部批准成立。现已入驻企业百余家，涉及光电科技、计算机软件、汽车零配件、物流以及生物医药等产业。2005年，吴家山台商投资区经国务院批准正式核名为武汉吴家山台商工业园区[1]，逐渐形成以食品饮料、印刷包装、机械电子、生物医药和现代物流为主的产业格局。随着国家级工业园区产业体系的不断完善，位于其周边的走马岭、径河以内部产业分工的形式，承接大量的外来企业进驻。

奓山则是依托武汉经济技术开发区，以常福工业园为载体，承接汽车配件、机械等类型工业企业的转移。这些企业在产值规模、产品加工程度上均区别于自我发展阶段布局零散、小规模发展的工业企业，整体经济水平有着质的跃升。

工业企业的规模化发展，带来工业生产空间的扩张。走马岭、径河以及奓山均在内部形成工业园区，通过完善基础设施、配套优惠政策和承接产业转移，推动产业进园区集聚发展。因而这些城镇的空间增长，很大一部分就来源于工业园区建

[1] 2010年名称变更为武汉吴家山经济技术开发区，2013年正式更名为武汉临空港经济技术开发区。

设带动下的工业空间增长。与此同时，镇区内部基础设施也不断完善，譬如道路、绿化以及为职工配套的居住空间的完善等。

(2) 国际航运枢纽辐射带动型——天河、横店、武湖、三里

黄陂区调整产业发展方向，优化产业结构，以武汉临空经济区为重点，发挥天河机场的辐射带动作用，发展临空高新技术产业；布局四大产业园区，分别为天河临空产业园、横店现代制造工业园、盘龙城总部经济和创意文化产业园、祁家湾机电工业园。三里则依托汉口北商贸物流枢纽区发展配套加工，形成三里-大潭现代家居工业园。此外，从现有布局特征来看，黄陂区南部已基本形成以滠口盘龙城经济开发区为龙头，以巨龙大道为发展轴线，以武湖、天河、横店为节点的工业集群，工业产值占全区工业产值的比重较大。

3) 自我发展型——柏泉、大集

受生态条件制约，以及交通比较优势相对不突出，柏泉、大集的工业企业一直处于自我发展的态势，受外部环境辐射带动较少。因而表现在空间上，历年来均呈现出微量的增长态势。

4. 空间内部填充不足，离镇近城的趋势明显

紧凑度(C)介于 0 到 1 之间，C 值越大，越具有紧凑性，圆形的紧凑性越大，反之则越小。分维指数(D)则体现地块内部的填充能力和城市用地边界不规则的复杂程度。整合武汉市近郊城镇 1979—2015 年的斑块面积与周长，分别计算 1979 年、2000 年、2005 年、2010 年与 2015 年各个时间节点近郊城镇的紧凑度与分维指数的演变情况(见表 3-4)。

表 3-4　1979 年、2000 年、2005 年、2010 年、2015 年武汉市近郊城镇建成区空间形态的紧凑度与分维指数

指　　标	1979 年	2000 年	2005 年	2010 年	2015 年
紧凑度(C)	0.42	0.80	0.95	0.99	0.94
分维指数(D)	4.22	2.87	2.58	2.48	2.47

注：表中数据基于遥感影像的矢量化计算所得。

从表 3-4 中可以看出，空间形态呈现出如下的演变特征。

1) 线状延伸阶段

1979 年的紧凑度明显低于 1979 年以后的数值，这一时期小城镇属于自我发展，村社企业零散布局，空间较为分散。城镇各类设施沿主要交通干道展开。城镇周边围绕主要居民点均匀分散式布局。

2）块状集聚蔓延阶段

1979 年以后，随着乡镇企业的发展以及乡镇工业园区的带动集聚效应，城镇建成区有了明显的集聚斑块，并在此基础上不断外延扩张，对比前文的空间增长区间分布，主要表现为滠口、阳逻主导下的城镇空间扩张，且以团块状蔓延的形式往外围延伸，因而空间的紧凑度随之不断攀升。

3）多节点、轴向再延伸阶段

2010—2015 年，紧凑度相较于 2005—2010 年有所下降，主要原因在于：在工业倍增计划的带动下，大量工业企业转移进入近郊城镇，带动奓山、金口、天河、横店等小城镇空间的扩张。整体的外延扩散与内部飞地式园区布局，造成紧凑度的下降。

就整体来说，这些小城镇散布于各个方向，呈现出沿交通干线树状延伸的特征。而就单个小城镇而言，为更好地承接产业转移，融入区域一体化发展中，以郑店、奓山等为代表的近郊小城镇均脱离原有镇区，分别靠近庙山开发区、常福工业园以“飞地”的形式布局工业企业园区，形成以各类专业产业园区为依托的产业空间。此时城镇空间则表现出多节点不均衡发展的态势，并在工业园区溢出效应的带动下，逐步联动原有城镇空间，填充轴间留白的城镇空间。

此外，就分维指数来说，当其值大于 2 时，说明近郊小城镇整体上处于“布朗运动”的边缘城市形态，稳定性差，随机性明显。尽管分维指数呈现出逐年下降的趋势，但仍然远大于 1，整体仍然呈现出不断往外扩张的趋势，而内部则显得填充不足。

5. 主城联动极核发展，园区带动均匀布局

建设中心代表了资本、劳动力等各类要素主要集聚的区域，建设中心的偏移对应着整体要素流动的趋势以及区域经济发展重心的偏移方向。

1）阳逻、滠口主导的极核化发展阶段

1992 年，阳逻经国务院批准为武汉市经济技术开发区，同年 12 月成立盘龙城经济开发区。阳逻、滠口作为近郊小城镇发展的东西两极，一直处于领先发展的位置。此后，1996 年滠口成为全国小城镇综合改革试点城镇，天河机场的建设动工及 2000 年吴家山海峡两岸科技产业园规划建设的带动，建设中心整体平均往西偏移 8156 m。

2000—2005 年，乡镇企业进入调整发展阶段，整体发展较为缓慢。2005—2010 年，滠口、阳逻在北部地区外溢效应逐渐显现，加之武湖、径河的逐步发展，建

设中心主要在阳逻主导的东部地区、天河临空产业园、汉口北家具 CBD、武湖台创园以及吴家山台商工业园区主导的西部地区之间呈钟摆式徘徊。

2）高新技术园区带动下的均衡发展阶段

2010—2015 年，工业倍增计划驱使工业企业加速进入近郊城镇，阳逻、滠口的极化优势逐步减弱。南部地区的常福工业园、黄金工业园对于奓山、金口、郑店等城镇空间扩张起到重要带动作用，南部地区的小城镇得以发展，带动整体建设重心南移，整体呈现出相对均衡的趋势。

综上分析来看，武汉市近郊小城镇呈现出由主城区带动，以大型工业园区为增长极核，依托产业空间团块状蔓延的趋势。如奓山以常福工业园为依托，布局汽车装配等相关产业，并对接沌口工业园。阳逻以阳逻经济开发区为中心，发展化工、电力和钢铁机械等。武湖以武湖工业园为依托，发展农产品加工、机械制造等。滠口依托汉口北商贸区，发展小商品以及汽配。横店依托横店临空产业园，发展汽车、芯片等制造加工业。走马岭、径河凭借其临近吴家山海峡两岸科技产业园的优势，重点布局物流、饲料、食品及饮料加工等产业。

3.2 武汉市镇村社会与人口结构特征

截至 2019 年，武汉市常住人口为 1121.20 万人，而小城镇常住人口为192.19 万人，仅占武汉市常住人口总数的 17.1%，其中新城加城关镇的人口就占武汉市常住人口总数的 16.4%，小城镇人口规模普遍偏小，人口分布极不均衡。

武汉都市发展区内小城镇平均城镇化水平为 30.23%，低于湖北省同期城镇化水平 40.22%；且都市发展区内小城镇城镇化水平明显高于外部小城镇，呈现出明显的圈层递减特征；都市发展区外部小城镇常住人口总量呈现负增长态势，普遍存在迁出人口大于迁入人口的现象，乡镇发展面临严重的人口流失、人力不足、人口比例失衡等问题。

3.2.1 “以代际分工为基础的半工半耕”的镇村社会结构特征

在日益拉大的城乡收入差距推动下，青壮劳动力外出打工现象普遍，镇村常住人口总量呈现明显的下降趋势。由于以老人、儿童为主的留守人口在体力、技术上都难以满足农业生产的需求，再加上留守人口在比较利益的驱动下倾向收入较高的非农生产，因此镇村农业从业人员数量不断下降，农业发展面临严重的劳动力不足的问题。

从人地关系的角度来看，乡村土地制度的不断改革进一步活化了乡村的人地关系。尤其是土地流转的三权分置政策，化解了土地继续细碎化问题，提高了农民投资土地的积极性，同时也有效保障了农民的土地权利，更重要的是，有利于农村人口从农村转移出去，提高了非农收入和城镇化率。但是在现实中，却同时存在“有地无人种”的抛荒现象和“有人无地种”的人地关系紧张现象。而受制于宏观的经济环境与微观的家庭城镇化规律，农民的流动存在极大的不稳定性和不确定性。如土地被承包后的失地农民返乡后既没有固定工作，又没有耕地可种，从而失去收入来源，在社会和经济上增加了许多不确定性和不稳定性因素。

由于务农的收入过低，完全从事农业生产的人口不多，且以 50 岁以上的人口为主。在调研中得知(见图 3-13、图 3-14)，江夏区乌龙泉街道杨湖村的家庭收入主要来自外出打工和农业种植，外出打工收入占整个家庭收入的 28.50%，农业种植收入占整个家庭收入的 26.60%；在江夏区安山街道英雄村抽样调查中同样发现外出打工和农业生产是村民主要的收入来源。

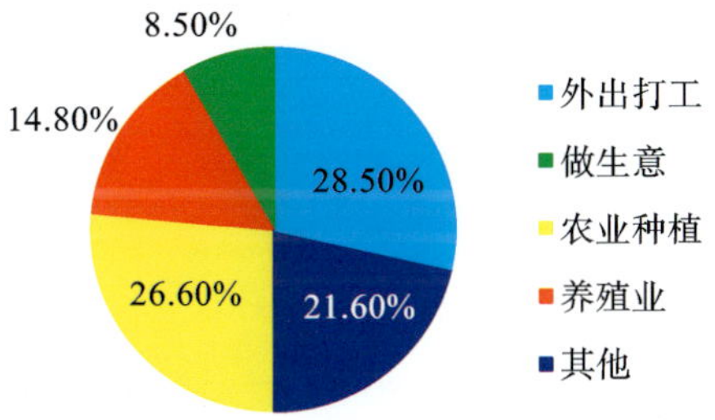

图 3-13　江夏区乌龙泉街道杨湖村以某种收入来源为主的家庭比例

(图片来源:作者调研自绘)

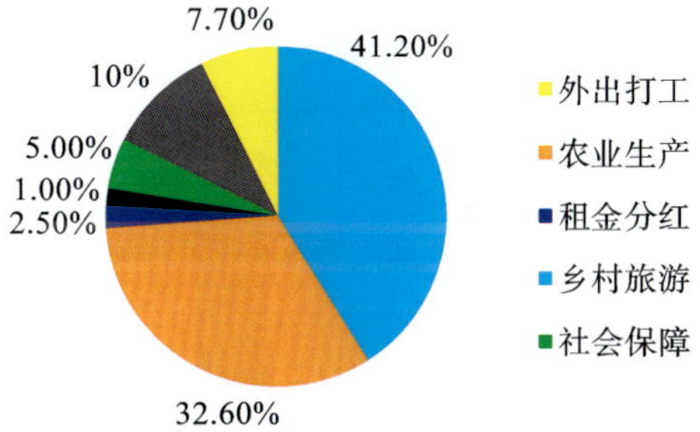

图 3-14　江夏区安山街道英雄村抽样农民收入来源构成

(图片来源:作者调研自绘)

从外出打工人群的年龄结构来看，主要集中在 20～40 岁之间，老年父母留村务农。在调查黄陂区李集街道巴山寨村时得知，留守农村的老年人和儿童占全部人口的 64.5%；同样，蔡甸区张湾街道上独山村留守人口中年龄在 40～60 岁的占 51.2%，60 岁以上的占 28.3%。

“以代际分工为基础的半工半耕”的镇村社会现象随处可见。留守人口以老人、儿童为主，镇村空心化、老龄化趋势明显，未来发展前景堪忧。

3.2.2 以主城区二、三产业为主的镇村人口流动特征

武汉市农村劳动力就近就地转移就业趋势明显，区内乡外本土化转移规模扩大。农村外出从业人员中，从事第二产业（即工业和建筑业等）的有 36.99 万人，占 53%；从事第三产业的有 31.24 万人，占 44%。从年龄结构看，青壮年仍是外出从业人员的主体，占 60%。从劳动力转移途径结构看，超过 60%的劳动力自发组织转移❶。

根据实地调研发现（见图 3-15 至图 3-18），大部分镇村的年轻劳动力都前往省外和武汉市中心打工以提高家庭收入水平，位于城市外围地区的镇村，这种现象最为明显，比如新洲区冯铺村人口流向省外的占 60%，流向武汉市主城区的占 20%；邱贤村人口流向省外和武汉市中心的占全部人口的 55%。另外，在抽样调查黄陂区巴山寨村人口外出务工目的地时得知，67.68%的人口务工目的地在武汉市区，而在对他们流动意愿的调查中发现，大多村民还是愿意留在本村和本镇工作。在江夏区访谈调研镇村人口流动目的地，以武汉市内为主，部分转移至省外，省外以长三角地区和广东省为主。

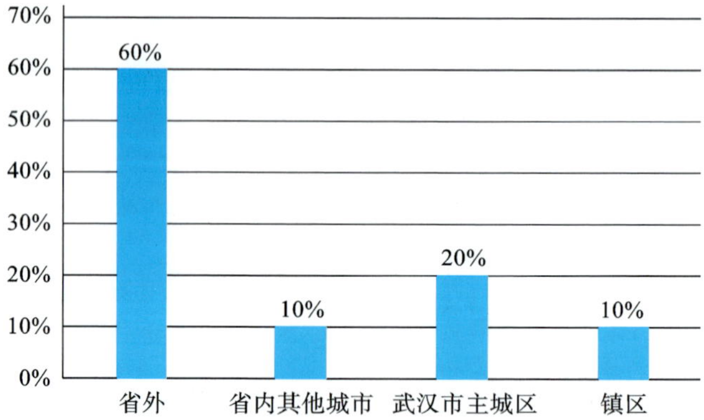

图 3-15　冯铺村人口外流目的地比例

（图片来源：作者调研自绘）

❶ 数据来源：武汉市统计局。

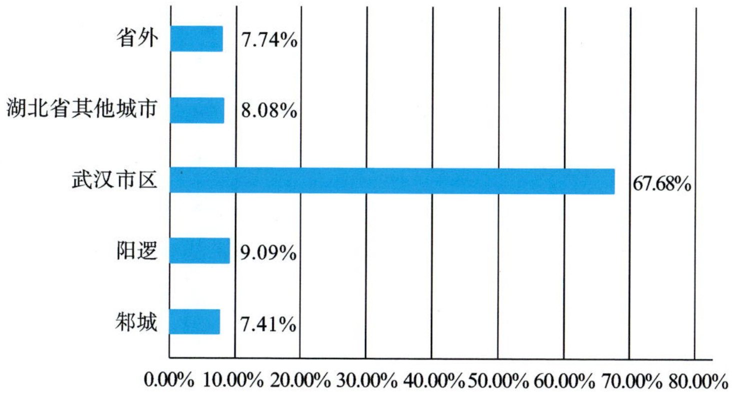

图 3-16　巴山寨村抽样调研人口外出务工目的地

（图片来源：作者调研自绘）

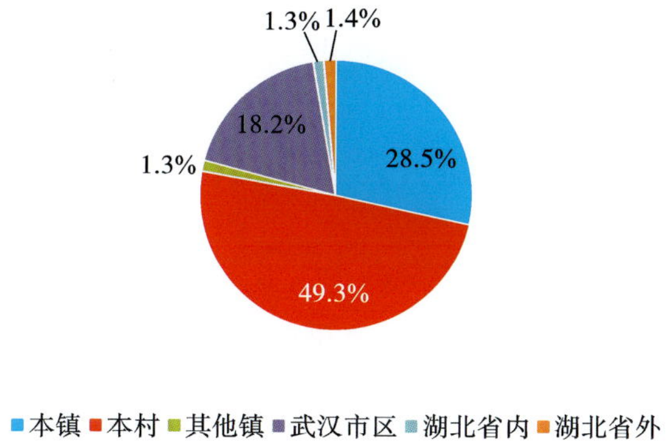

图 3-17　巴山寨村人口流动意愿抽样调研统计

（图片来源：作者调研自绘）

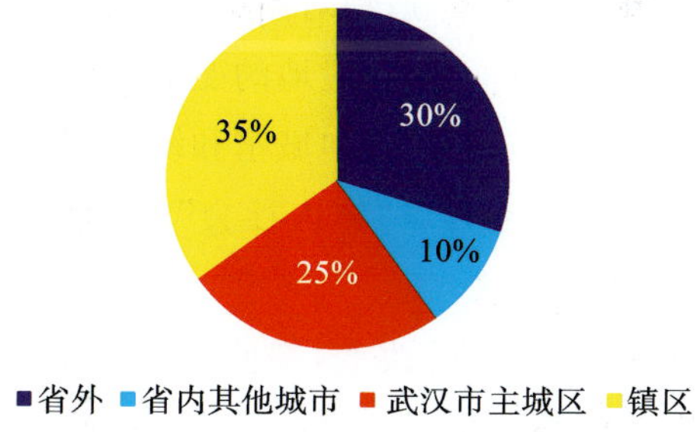

图 3-18　邱贤村人口外流目的地比例

（图片来源：作者调研自绘）

可是，尽管外出打工的人口不断增加，但是出于对土地收益及社会保障等因素的考虑，打工者大多并未将户口迁出，镇村人户分离现象较为普遍。

3.2.3 “圈层递减式”的镇村劳动力分布及其相关属性分布特征

由于主城区的吸附作用以及产业与人口扩散带动的地域拓展，武汉市镇村空间结构特征同样呈现出“内圈层—中圈层—外圈层”的圈层式发展趋势，这种圈层式的空间发展在高素质人才数量、劳动力数量、儿童及老龄人口分布中体现得最为明显。随着武汉新型城镇化的不断推进，高素质人才数量随圈层递减，劳动力向中心集聚，儿童及老龄人口主要分布在外围地区，也就是说，各种能够推动城镇发展的要素都处于由外围地区向都市发展区（尤其是主城区）集聚的态势。近年来，尽管近城区在工业投资与就业供给的拉动下成为人口增长最快的地区，但因临近市区并产生延绵，武汉市的单中心扩展趋势进一步巩固了。

3.2.4 由传统封闭向开放多元转变的镇村生产和生活方式

伴随着非农产业的大发展，部分城镇化程度较高的小城镇以及乡村地区，其商业、地产业等开始兴起。在此背景下，很大一部分农业劳动者实现了产业转移，劳动对象和劳动手段也发生了根本性的变化。农民从事的已不是以农业为主兼营他业的小农从业方式的劳动，而是向更加多元的生产转变。多元化的镇村生产方式，使一大批农民开始从事农业领域以外的经济活动，同时也利用现代手段收集和传递信息，按照信息了解市场需求，生产适销对路的产品，在竞争中取胜。

此外，农民的生活方式也发生了翻天覆地的变化，由于农村人口向城镇或城市集中，居住生活方式已由传统的分散村落向城镇和统一规划的农民新村发展，农民开始向市民转变，其交往关系已不再以“熟人社会”的血缘、地缘关系为主，而是逐步建立起了一种开放式的生活方式。

无论是生产方式还是生活方式的改变，都使得镇村总人口中从事非农业的人数增加了，从事农业的人口比重减少了，镇村人口的日常生活开始由传统封闭向多元开放转变。以武汉市为例，近年来大力推行美丽镇村、新型社区、新农村建设等，进一步强化了镇村生产和生活方式大幅改变的趋势。

从江村看中国乡村的变迁与振兴——韩长赋

——引自党建网《学习活页文选》2018 年第 24 期

生产方式发生巨大变化，但家庭经营传统仍然在延续。80 年前，江村 80% 农户养蚕，主要是男耕女织，男的种植稻桑，女的养蚕缫丝。在蚕丝专家费达生等的帮助下，村里成立生丝合作社，办起了生丝厂。新中国成立后，村办生丝厂合并归属人民公社，成为社办企业。改革开放后，丝织厂等村办企业兴起，上世纪 90 年代中期因经营不善破产。进入新世纪，村里个体、私营工商业蓬勃发展，基本形成了以丝织、针织为主体的家庭工业，全村 70% 以上的劳动力从事二三产业。2017 年，全村农民人均收入 32432 元，村集体收入 265 万元。江村男耕女织、农工相辅的传统农耕生产格局已经被打破，基本实现了由农业村向工商业村的跨越，但传统仍在继承和延续。从过去的养蚕缫丝到现在的针织衫、窗帘布等纺织品生产，产业优化升级，链条纵向延伸，但江村以纺织业为主业的传统没有变。村民蒋伟芳一家三代从事纺织行业，爷爷奶奶民国时期在费达生创办的生丝厂做工，父亲母亲在公社办的丝织厂上班，蒋伟芳现在是村里最大私营纺织厂的生产厂长，他们一家是江村上百年纺织传统的亲历者和见证者。从家家户户男耕女织到遍地开花的家庭作坊、“夫妻店”，以家庭为基本单元的生产组织形式没有变。目前，村里有近 60 户从事针织衫生产的家庭作坊，有的代工，有的自产自销。村民姚玉坤利用自家农房办起了针织衫加工作坊，他自己负责生产管理，儿子和女儿女婿搞电商销售，去年 10 月到现在就卖了 20 万件。电商发展使家庭作坊有了更多生存空间。

生活方式发生了重大变化，但传统家庭观念仍然根深蒂固。80 年前，费老描述下的江村，人畜混住，人们每天为温饱奔波操劳，生活没有保障，甚至有溺女婴或流产来控制人口的传统。今天的江村俨然已经是一个城镇小社区，村民白天去工厂上班，晚上回到村里生活居住，男女平等的观念深入人心。可以说，江村的生活方式已经与城里人没有多大不同，但婚姻、财产等家庭观念与传统仍没有断代。两头挂花幡、招女婿等传统婚姻习俗延续至今。由于现在大多家庭都是独生子女，这类婚姻模式越来越普遍。全村现有 139 个家庭采取两头挂花幡的婚姻模式，招女婿 190 人。我走访的两户人家都是独女户，结婚后新婚夫妻在男女双方家里都有住房，来回走动。在家庭财产处置方面，家长仍是绝对的权威，子女只有结婚后与父母分家，才能获得独立的经济地位。同样在自家的作坊里工作，村民姚玉坤给女儿女婿按月发工资，儿子因未婚而没有核算工资。也正因此，江村的家庭结构大体保持稳定，1935 年江村户均 4 人，2016 年户均 3.98 人，都是小规模家庭。

3.3 武汉市镇村经济与产业转型特征

武汉市小城镇的总体经济规模快速发展，呈现出第二产业带动特征，这一点在都市发展区内部尤为明显，受新城组群内工业倍增计划等政策的影响，制造业往都市发展区内部的乡镇集中，外围的乡镇制造业开始衰退，企业规模小，效益低，发展水平不高。以东西湖区为例，都市发展区内部的径河、走马岭呈现出典型的"二、三、一"产业结构，都市发展区外部的东山、辛安渡则仍以第一产业为主。

武汉市水、林地、耕地（见图 3-19）等资源非常丰富，其中，江夏区水资源最为丰富，区内主要河流长江、金水河流经西部，还有大小湖泊 136 处，主要湖泊有大沟湖、梁子湖、牛山湖、豹澥湖、鲁湖、后石湖等。除此之外，新洲区南部水资源也相对丰富；黄陂区北部以林地资源为主；蔡甸区、黄陂区中部及新洲区南部农业用地资源最为可观。武汉市总用地面积 8569.15 km^2，其中水域面积 1190.21 km^2，占总用地比例 13.89%；林地面积 1470.74 km^2，占总用地面积的 17.16%；耕地面积 2498.42 km^2，占总用地面积的 29.16%。这种丰富的资源为武汉市镇村的发展提供了良好的条件，同时使得镇村具有较好的经济、社会和生态效益，使得都市区周边具有一定自然资源禀赋的镇村开始发展以山水休闲、农业观光为主导的旅游产业。

3.3.1 经济产业总体特征

1. 以传统农业为主的区域特色化发展态势已经形成

截至 2017 年底，武汉市蔬菜总产值达到 250.9 亿元，占农业总产值比重达 65.5%，成为农业第一大支柱产业。从总量看，2017 年，全市蔬菜播种面积达 1768.2 km^2，产量 738.9 万吨，产值达 250.9 亿元。与 2010 年相比，蔬菜播种面积（2010 年为 1549.3 km^2）增长 14.1%，产量（2010 年为 597.7 万吨）增长 23.6%。

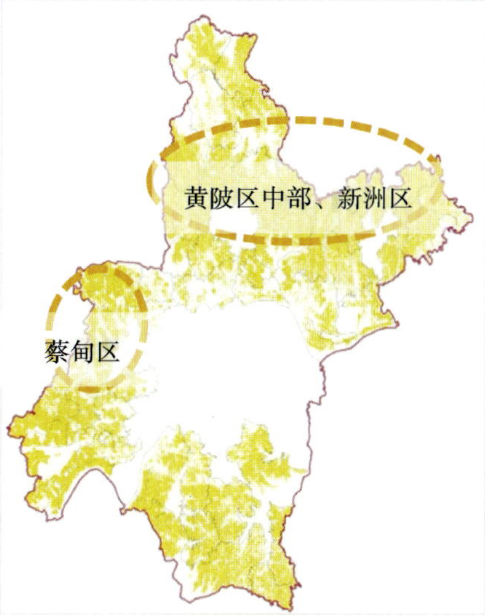

图 3-19　武汉市耕地资源分布图

（图片来源：武汉小城镇发展专题研究）

2013—2017 年，按照 6 个新城区分区统计数据分析来看，黄陂、新洲、江夏的农业产值占比相对较高。现阶段，各区耕作方式仍以传统农业为主，产业类型多为水稻种植、水产养殖，主要分布于黄陂、汉南、新洲、江夏等区。东西湖、江夏的农作物类型最多，以莲藕、水稻、西瓜、甜瓜、蔬菜、油料作物为主。

2. 经营模式及资源禀赋的不同导致以行政区划为单位的镇村农业生产水平参差不齐

2017 年，武汉市拥有耕作、排灌、收割、植保等各类动力机械 62.79 万台，农业机械总动力达到 228.71 万千瓦，农作物耕种收综合机械化水平为 64%，比 2015 年高 1.5%，比 2010 年高 3.0%。从六个新城区农业机械化水平对比来看，东西湖区、汉南区以及蔡甸区的机械化水平最高，分别为 75%、78% 和 75%；黄陂区机械化水平最低，为 54%。

由于汉南区、东西湖区和蔡甸区是武汉市国有农场的集中区域，所以其机械化水平和农户专业化水平较高，使得武汉各区农业经营模式和生产水平参差不齐。

从武汉新城区农业产值占该区总产值的比重来看，黄陂区的产值占比达 17.8%，其次是江夏区和新洲区。这是由于黄陂区与新洲区的农林牧渔业产值在六区中位居一二。

3.3.2 区域产业分异特征

多元的自然地理特征为镇村农业和旅游业的发展提供了差异化的资源禀赋。对 102 个农旅融合型乡村的农业旅游主导产品进行统计和分类发现，目前武汉市已经形成 6 大特征各异的农旅融合型乡村集聚区（见表 3-5），分别为黄陂远郊生态旅游服务集聚区、黄陂近郊武湖现代农业集聚区、东西湖农业观光体验集聚区、江夏渔业观光和体验集聚区、蔡甸现代农业和观光体验集聚区及新洲农业体验集聚区。

表 3-5　武汉市六大农旅融合型乡村集聚区

类　　型	集聚区名称	主要农业旅游产品类型	典型代表
农业支撑发展型	黄陂近郊武湖现代农业集聚区	依托现代农业，以科普、观光、体验、购物为主导	农耕年华农业风情园
	东西湖农业观光体验集聚区	以农业观光和农事体验为主导	新沟镇街道桃花基地、如意生态园
	蔡甸现代农业和观光体验集聚区	依托现代农业，以农业观光和农业体验为主导	渔樵村油菜花基地
	新洲农业体验集聚区	以农业体验为主导	—
自然资源依赖型	黄陂远郊生态旅游服务集聚区	依托景区，以景区旅游服务为主导	刘家山、巴山寨
	江夏渔业观光和体验集聚区	以农业观光和景区旅游服务为主导	舒谢湾梁湖农庄

1. 农业支撑发展型

东西湖区、蔡甸区和黄陂区的武湖街道是武汉国营农场的集中区域，国营农场的土地流转比重、农业机械化水平和现代化水平相较于其他地区的乡村来说，都处于较为优势的地位，因此农场体制地区都市型农业、设施农业发展比重较高，各区都形成了一批知名的农业企业、生态农业园区，企业主导下的农旅融合以此为基础逐步兴起。

1）黄陂近郊武湖现代农业集聚区

武湖是以果蔬、水产和养殖为主导农业的国营农场，设施农业和农业规模化、产业化、现代化程度高，在此基础上拓展农业的旅游功能，打造出农耕年华农业风情园、武汉农业生态园和湖北省现代农业展示中心等重要农业旅游景点。武湖农耕年华农业风情园占地 2 km^2，是集现代农业生产、农业观光、农事体验、农产品销售和教育科普于一体的农旅融合型生态农业园；湖北省现代农业展示中心集中展示湖北农业产品、技术、资料和模式，是湖北省休闲农业示范点。

2）东西湖农业观光体验集聚区

东西湖区以农业观光和农事体验为主导产品，目前已经打造了以惠安长廊、吴新干线和 107 国道为纽带的 3 条精品农业旅游线路。武汉农业嘉年华项目带动周边农产品销售、观光采摘及农家餐饮等综合收入达 3 亿元；已创建了石榴红全国生态文化示范村，建成了以武汉林业集团郁金香公园等为主的省级休闲农业示范点 5 个，3A 景区 2 家，5 星级农家乐 2 家，4 星级农家乐 2 家。

3）蔡甸现代农业和观光体验集聚区

蔡甸区南部平坦的地势条件培育了规模农业、设施农业发展的先进模式。侏儒山街道以武汉博茂生态农业发展有限公司为代表，融合特色蔬菜、天然芳香植物的种植与休闲观光，形成集设施农业种植、休闲观光旅游于一体的产业发展模式。洪北管委会以打造现代化都市农业为主导、生态化郊野田园为依托，围绕武汉西部生态休闲“农业公园”一日游线路，积极发展果蔬采摘、园林观光、露营垂钓、科普教育、婚庆摄影等乡村旅游项目。

4）新洲农业体验集聚区

新洲区农业发展基础好，是武汉市主要的农业生产区域之一，拥有食用菌、蔬菜、畜禽、水产品等四大优势产业，但农业总体发展动力不足，带动力有限。其农旅融合现象大多发生在道观河、阳逻和仓埠街道。

随着武汉新型城镇化的不断推进，都市农业、设施农业、规模农业整体呈增长态势。在 6 个新城区建设 5 个重点现代都市农业示范园区，2 个重点辅导示范园区，6 个后备示范园区，市级财政连续三年每年列专项预算 3 亿元予以扶持。

2014—2018 年，6 个新城区乡镇平均耕种收农机综合作业率提升 6%，平均达到 70%；乡镇平均特色农业产值比重提升 10%，平均达到 88%；乡镇平均农业土地流转面积比重提升 30%～50%，平均达到 40%。

2. 自然资源依赖型

1）黄陂远郊生态旅游服务集聚区

黄陂区依托北部丰富的山体、林地资源及南部广袤的农用地资源，形成了以北部木兰文化生态旅游区、南部农耕年华农业风情园为代表的自然景观旅游区及都市农业旅游区。国家5A级旅游景区木兰文化生态旅游区，位于武汉市黄陂区北部，包括6个乡镇和2个风景管理区。目前，木兰文化生态旅游区已初具规模，农业经济效益和旅游经济效益良性互动，发展势头较好。黄陂区多数村庄开发旅游业和都市农业，提高了村民收入，增加了就业岗位，推动一定人口回流。多数村庄进行了土地流转，通过建设蔬菜基地、水产养殖等方式促进村民增收。

2）江夏渔业观光和体验集聚区

江夏区利用丰富的水资源优势，带动了特色水产养殖以及梁子湖休闲旅游业的快速发展。以梁子湖水系为主的天然湖泊，主要发展淡水产品生态渔业养殖，以梁子湖南北咀、牛山湖、鲁湖、上涉湖为核心形成渔业生产基地；以梁子湖为核心的旅游休闲观光渔业基地，逐步形成了以水产品生态养殖、水产品加工为主体，以梁子湖旅游休闲为特色的多元化产业格局。

根据《武汉市三农考核指标分乡镇情况》数据分析，各乡镇平均乡村休闲游收入规模稳步提升。以山水休闲、农业观光为主导的旅游产业正逐步成为具有一定自然资源禀赋城镇的主导发展方向。产业链的纵向延伸也成为重点。

武汉市文化和旅游局数据显示，近年来武汉市乡村休闲游产业蓬勃发展。2018年乡村休闲游接待游客4795.13万人次，比2017年同期增长19.55%；综合收入达157亿元，比2017年同期增长27.6%。全市乡村休闲游经营单位达到3392个(户)。其中农家乐聚集的乡村游特色村20个，为本地村民解决了2万多个就业岗位。与此同时，武汉市计划建设成休闲农业与镇村旅游专业村30个、农家乐1500家、休闲农庄及农业旅游点160家，通过完善休闲农业与镇村旅游产业链，年接待游客人数达到2500万人次，实现旅游综合收入48亿元以上。总体来说，武汉市镇村旅游产业发展势头良好。

归纳起来，武汉市镇村旅游出现了景区景点数量多、分布范围较广、旅游产品类型丰富、产业发展模式多元化等特点。

3.3.3 乡村产业转型特征

1. “农转旅”的产业转型特征

1）旅游业兴起，农业衰落

在链接重组式融合影响下，乡村旅游业兴起、农业衰退。链接重组式融合的条件是在景区带动下的农业资源旅游化，武汉市链接重组式融合型乡村分为景中村或景边村两种。景中村的开发规律一般为：旅游公司对乡村进行土地流转后统一整改开发，农用地用于旅游开发后，旅游业逐渐取代农业成为绝对主导产业。而景边村则因依旧有一定农业用地保有量，部分村民依旧从事农业生产，农业占比高于景中村。此外，还存在一种景中村外迁的情况，为了更好地整合旅游资源，企业组织以还建的形式将景区内村落迁至周边。综上所述，乡村农用地的旅游化流转程度是决定产业结构转型程度的主要因素之一。

石榴红村、张家榨村、刘家山村和群益村舒谢湾农用地旅游化流转程度分别为30%、35%、60%和 100%，通过对四个典型的链接重组式融合村的产业结构演变历程的分析可以看出，链接重组式融合下的乡村产业结构都呈现出明显的农业占比快速降低、旅游业成为主导产业的态势。

2）旅游产品以基础层次和提升层次为主

链接重组式融合样本村的旅游产品开发有两种形式：一种是由专业的旅游公司进行开发，各类型旅游项目一应俱全；另一种是农户自发性开发，以向景区游客提供餐饮和农产品购物服务为主。但是这些旅游产品大多以满足游客的观光、体验需求为主，处于农业旅游产品的基础层次和提升层次（见表 3-6）。

表 3-6　链接重组式融合样本村农业旅游产品一览表

样本村名称	农业旅游产品	旅游主题品牌	开 发 主 体
石榴红村	农家乐、花卉观光、蔬果采摘、农产品购物	四季吉祥景区	企业＋农户
张家榨村	农家乐、农产品购物、农业观光	木兰山景区	农户主导
刘家山村	农家乐、茶园观光、度假养生、茶叶展销	清凉寨景区	企业＋农户
群益村舒谢湾	蔬果采摘、垂钓体验、餐饮住宿、休闲娱乐	梁子湖景区	企业

3）村民由农业生产转向旅游服务，就业结构发生重组

链接重组式融合造成的村民就业结构重组体现在三个方面（见图 3-20）：其一是旅游开发公司为村民提供就业岗位，例如花卉修剪、环卫、安保等岗位；其二是在游客需求下，村民自发地进行旅游服务活动，因自主从事旅游服务收入一般较高，因此常伴随一定的劳动力回流现象；其三是在景区提供岗位有限和土地流转后失地失业的情况下，村民选择外出务工。因此，乡村劳动力的“回流”和“外流”现象同时发生（见图 3-21）。

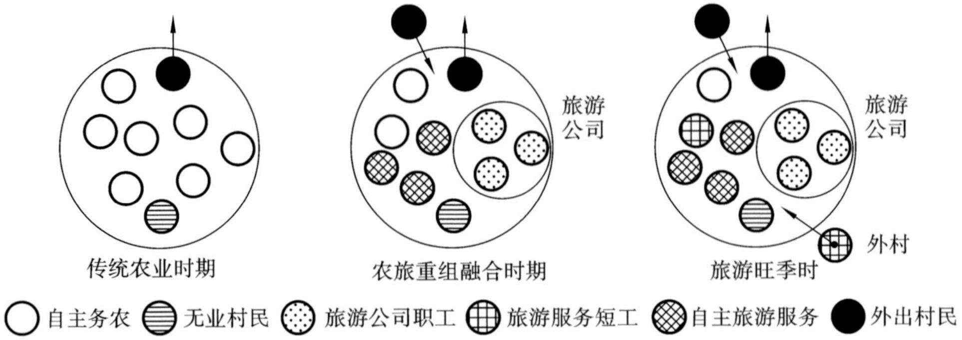

图 3-20　链接重组式融合下乡村就业结构变化示意图

（图片来源：作者自绘）

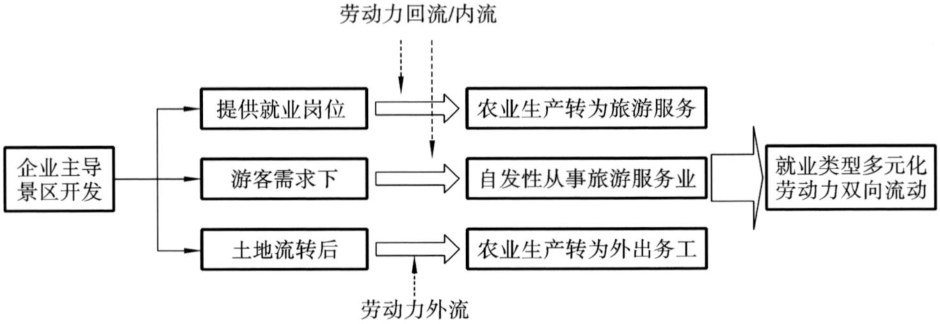

图 3-21　链接重组式融合下乡村就业结构重组机制示意图

（图片来源：作者自绘）

旅游服务由村民自主运作相对社会资本进村运作更能留住年轻劳动力。以舒谢湾为例，因旅游公司配置的旅游服务设施非常完善，舒谢湾自主开办农家乐、民宿的农户几乎没有；在旅游公司将全村湾土地流转开发为景区后，招收 32 位村民到公司从事各项旅游服务活动，且大多为中年女性，年均纯收入 2.5 万元/人，老年人则赋闲在家，在旅游旺季时到企业打短工；而大多数年轻的男性劳动力则因追求更高收入外出务工。通过对比石榴红村 2010 年和 2019 年就业结构和各类型就业的年均收入发现（见图 3-22）：①就业非农化特征明显，务农人口大幅降低，从事旅游服务人数大幅增长；②从事旅游服务活动收入远高于务农收入，尤其是餐饮服务和蔬果采摘服务；③开办农家乐的农户中有 3/4 以家庭为单位，年轻人较多，青年和老年两代分工合作，有 1/5 的农家乐由来自周边乡村地区的村民开办。

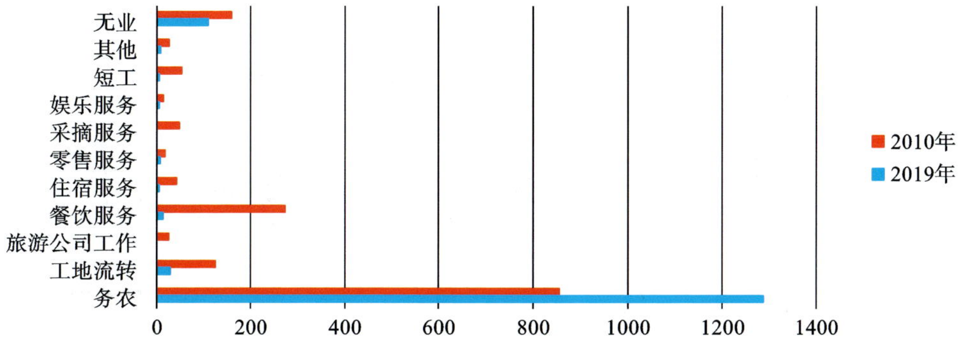

图 3-22　2010 和 2019 年石榴红村各类就业人数

2. “农转旅”的功能转换特征

1）旅游服务供给功能

这种依托大型景区而触发的农旅融合大多以向景区的游客提供旅游服务功能为目标，旅游服务功能包括旅游资源、住宿服务、餐饮服务、购物娱乐设施等内容。

2）景区缓冲保护功能

受大型景区辐射和影响的链接重组式融合型乡村，为了保证大型景区的可持续发展，应发挥保护旅游地生态环境的功能，同时应具备一定的损害承载能力。

3. “农转旅”的空间置换特征

结合 Google 地图遥感影像图和实地踏勘情况，绘制 4 个样本村在旅游业融入前后的土地利用图（见图 3-23）。

根据对样本村农业和旅游业链接重组前后土地利用情况的对比分析可以看出，链接重组式融合的空间功能置换可以分为三类（见图 3-24）：其一是农民生活空间置换为游览空间或服务空间；其二是农业生产空间置换为旅游空间（例如石榴红村现状的武汉花世界景区原为蔬菜种植空间），有时还包括农用地向旅游服务设施用地的隐性转用；其三是生态空间置换为具有旅游功能的景观空间。以下将挖掘每一种置换形式空间转变特征和功能置换过程中的问题。

1）生活空间置换为服务空间

（1）自组织的产居复合空间

因初期旅游服务业发展与村庄存量空间兼容性强，村民依托宅基地的自建房和庭院，混合居住、办公、加工、仓储等多种功能，自发性从事旅游服务活动，极大地提升了空间的使用效率，降低了产业的发展门槛；因而农房空间多出现“前店后住”“上住下店”的产居复合利用形式。“前店后住”形式大多是宅基地较大，农房为院落式的农户选用；“上住下店”大多为宅基地较小、农房层数在 2 层以上的农户选用。

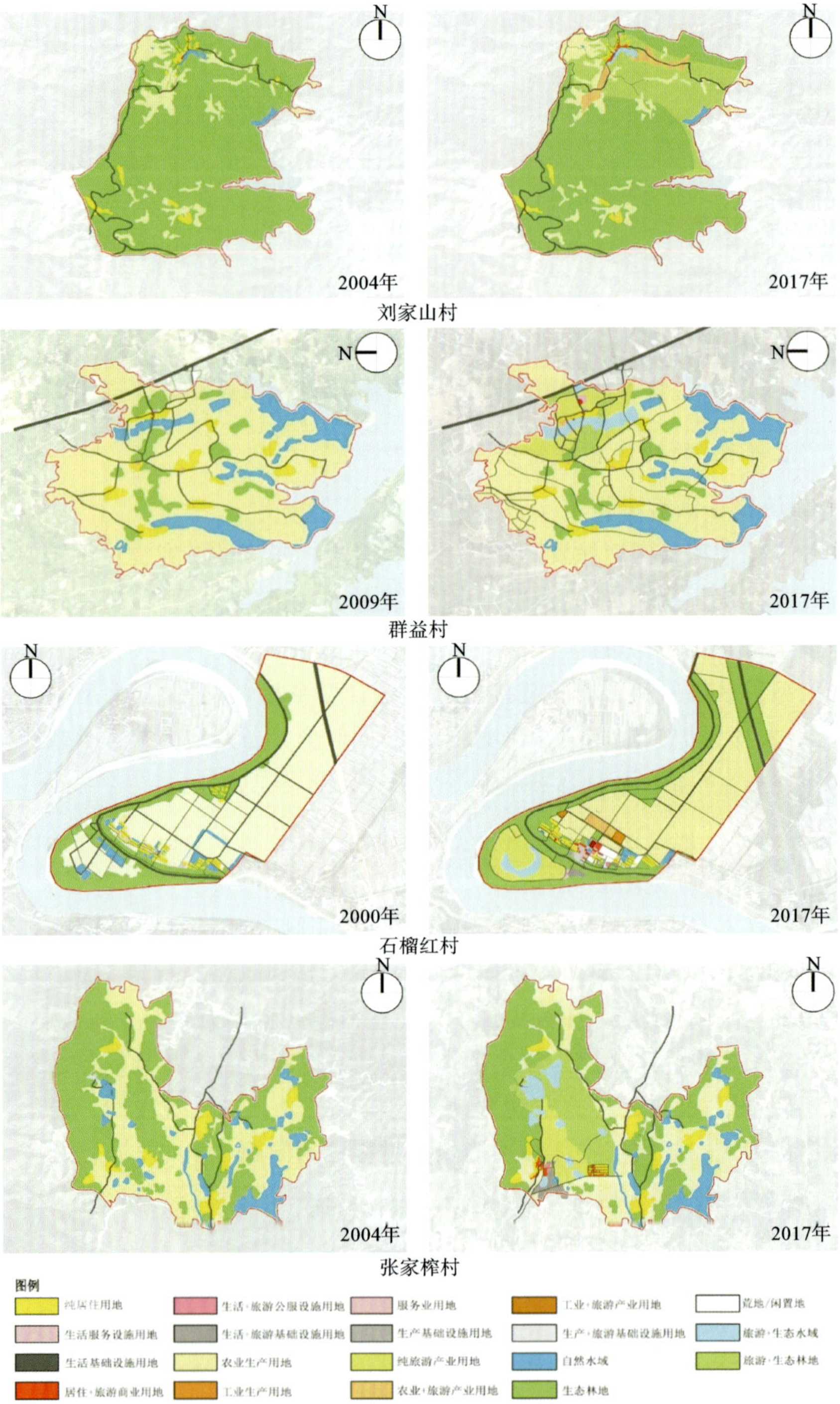

图 3-23　样本村农业和旅游业链接重组式融合前后土地利用情况对比图

（图片来源：作者自绘）

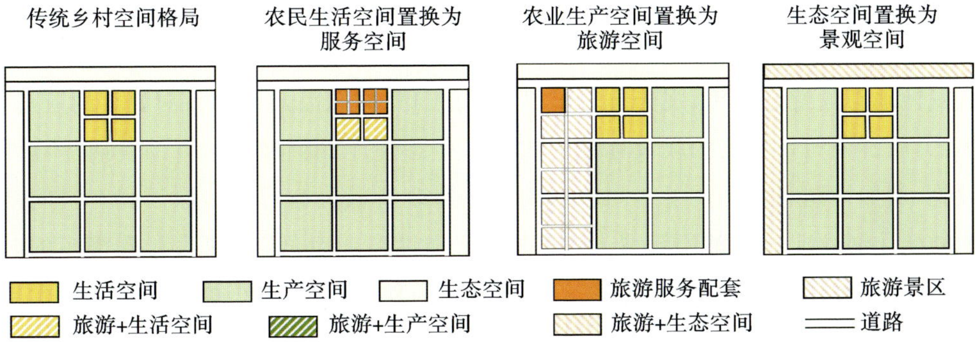

图 3-24　链接重组式融合下乡村空间“农转旅”的三种表现形式示意

（图片来源：作者自绘）

临时搭建建（构）筑物增多，农房现代化程度提高。因宅基地空间有限，为了增加游客接待空间，很多村民结合自家农房搭建简易的临时构筑物，这些构筑物大多对村庄风貌有一定影响，同时存在安全隐患。以石榴红村为例（见图 3-25），石榴红村的农房结构一般由前院、前室、后院、后室组成，大部分建筑为 2 层，前室一般包括客厅和卧室，后室为厨房和卫生间，二层一般为卧室。而农户为了从事旅游服务，对农房的改造主要包括前院围合、前院加设顶棚、后院加储藏间、前室改为餐饮接待区、二层房间改客房等内容。为了提高接待游客的竞争力，农户大多对自家农房进行一定改造，包括立面改造、就餐娱乐空间改造、卫浴空间改善、Wi-Fi 覆盖、电力和供水设施改善等，一定程度上促进农民生活的就地城镇化。

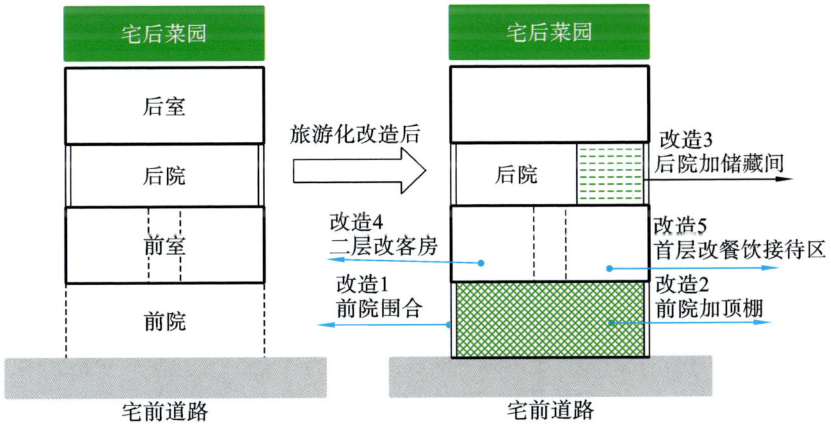

图 3-25　石榴红村农房旅游化改造内容示意图

（图片来源：作者自绘）

商业空间的扩张除了农户利用自家宅基地从事商业服务业外，还有三种表现形态：第一，村庄内原有商业设施不足以满足游客的需求，原经营商业的农户大多自发性地新增特产销售、观光自行车租赁、打气球、纪念品销售等面向游客的业态；第二，旅游公司在一定的政策标准内建设了生态餐厅、度假酒店、自助餐店等商业设施，例如梁湖农庄租赁了3间农户闲置住房改造成民宿；第三，除了固有空间功能的变化和商业设施的新建外，还出现了流动性商业空间，表现为在游客多的时段，农户自发性地集聚在中心广场等游客频繁活动的空间，以小推车的形式贩卖自家农产品。

（2）新增旅游服务设施，部分村民生活服务设施对外开放

部分依托村庄开发的景点在村内增设游客中心、公厕、停车场、票务服务设施等以游客为主要对象的服务设施；部分村庄如群益村舒谢湾、石榴红村出现旅游服务设施和村委办公室、警务室等设施合并共建的现象。

（3）交通空间外向化

交通空间的转变分为对外交通的便捷化和街巷空间的外向化，大多在村集体或企业主导下发生。村庄便捷通达的对外交通是满足游客到达需求的必要条件；以此为目标导向，企业或政府主导对村庄与外部或景区连接的道路进行硬化、拓宽、新建等改造建设；对村庄内部的道路进行了系统的规划和建设，新建道路串联多个游览功能区，并满足游览车、自行车的行驶要求，多在村庄入口处设置停车场，道路基础设施表现出村民和游客双重服务功能。旅游服务商铺在形成之初大多围绕在游客集聚区，受到餐饮旅店、物流交通等需求的集聚性增长，进而形成旅游服务带状街面，由于这种结构具有自组织性，缺乏合理的引导，因此给村庄内部生活性交通带来了一定干扰。

2）生产空间置换为旅游空间

生产空间功能由农业生产功能转变为旅游功能，产品类型由农产品市场价格决定转为由游客市场需求决定。旅游公司将农户用于农业生产的农用地流转后，根据种植条件、游客需求、盈利目标等因素来选择旅游产品的类型，如表3-7所示，群益村舒谢湾原有花生、水稻等粮食种植转变为蜜橘、枇杷、红桃、有机蔬菜、葡萄、杨梅等蔬果种植，发挥采摘和观光功能；刘家山村退耕还林，由原来的蔬菜种植转变为更具有景观观赏价值的林业种植；张家榨村则根据木兰草原景区的主题定位改变原水稻种植，同时利用部分荒地、闲置地，种植旅游价值更高的草地、枫杨和银杏。

表 3-7　链接重组式融合样本村景区建设前后农用地用途变化一览表

样本村名称	旅游开发前种植产品	旅游开发后种植产品	产品类型决定因素	功能变化特点
群益村舒谢湾	花生、水稻等粮油产品	葡萄、蜜橘等水果	由原来的农产品市场价格决定转为游客市场需求决定	农业生产功能转为旅游观光和娱乐功能
刘家山村	银杏、蔬菜等	银杏、竹、松、茶叶		
张家榨村	水稻、银杏等	草地、枫杨、银杏		
石榴红村	蔬菜	草莓、葡萄、花卉		

3）生态空间置换为景观空间

调研发现，景区内的原有生态空间被一定程度开发后呈现集生态功能和旅游服务功能于一体的双重功能性。企业对村庄周边的水域进行整治和景观处理，开展游船、垂钓等项目，挖掘了水域除生态功能之外的观光功能和娱乐功能。

借助 GIS 空间处理技术，依据遥感影像图，提取链接重组式融合 4 个样本村在旅游业开发前后的水域要素，对比其在旅游开发前后的空间形态变化和面积变化发现，4 个村的水域面积均有一定程度的缩减（见表 3-8）。群益村舒谢湾位于江夏区，由于地形原因水资源丰富，其旅游开发多包括渔业垂钓，对水域旅游功能的挖掘较深入，开发过程中常伴随着驳岸硬化、栈道修建等建设，因此江夏区链接重组式融合型样本村水域空间的缩减和破碎程度高于其他地区。

表 3-8　链接重组式融合样本村景区建设前后生态水域空间相关指标变化一览表

样本村	群益村舒谢湾	张家榨村	刘家山村	石榴红村
旅游开发前生态水域面积/hm^2	56.23	25.74	32.54	28.16
旅游开发后生态水域面积/hm^2	53.24	24.51	30.52	9.64
生态水域面积减幅/（%）	5.32	4.78	6.21	65.77
开发前生态水域斑块数量/个	25	18	10	12
开发后生态水域斑块数量/个	22	16	10	7
生态水域斑块变化值/个	−3	−2	0	−5
附加旅游功能的斑块个数/个	8	2	2	2

4）景观风貌乡村性逐渐流失

在旅游业的融入过程中，乡村空间的响应不仅体现在物质空间和内部功能的更新上，乡村景观风貌也发生了明显变化，乡村性代表着乡村空间在地方性和外来性、传统性和现代性、原真性和商业化、保护与发展之间的平衡度。在对链接重组式融合样本村的景观风貌进行对比分析后，将其归纳为建筑风貌、农耕风貌和景观特色三个方面的变迁，如表 3-9 所示。

表 3-9　链接重组式融合样本村旅游业融入前后景观风貌变化特征分析

	指　　标	变 化 特 征	典 型 代 表
建筑风貌	建筑年代	新建现代建筑增多	
	建筑造型	3 层以上建筑增多，立面设计风格有一定统一性，出现非当地的建筑风格	
	院落功能	由纯生活功能转变为面向游客开放	
农耕风貌	农耕景观	随着旅游业的发展，农耕景观丰富程度逐渐降低	
	农事生产	农事生产现代化、规模化，相较发展旅游业之前频率降低	
	农耕器械	传统的农耕器械被现代的农业生产机械代替	
景观特色	景观小品	出现标识系统、雕塑等城市化景观小品	
	植物树种	出现外来树种，旅游核心区树种种类更为丰富	
	生活景象	村民生活方式“去农化”和“城市化”	

城市游客携带着城市的生活方式和消费倾向介入农村，推进了乡村空间的革新，这是一种在游客消费偏好导向下的文化异质化对空间异质化的过程。景观风貌丧失了对当地自然、资源、景物的依赖，一味迎合城市游客的偏好，将一切吸引眼球的、宣传效果强的消费方式都移植到乡村空间中。随着旅游业向农业渗透愈加深入，样本村景观风貌的城市化特征也日益显著，乡村性则呈消退趋势。作为乡村旅游的独特卖点和核心竞争力，乡村性的消退影响了旅游业的可持续发展。可见旅游开发和乡村景观风貌及乡村性保护之间存在一定的冲突，对于链接重组式融合型乡村，维持乡村性保护和旅游特色化、城市化重构之间的平衡至关重要。

3.4　武汉市镇村建设风貌与文化特征

3.4.1　镇村聚落空间特征

1. 市域乡村建设用地由中心向外围扩展，耕地和裸地逐年增加

基于土地遥感影像监督分类，从 1987 年到 2005 年（见图 3-26），武汉市土地利用变化非常明显，呈现以耕地为主、林地减少外围分布、裸地增加、水体减少、人造地表，即乡村建设用地逐渐向外围扩展的特征。

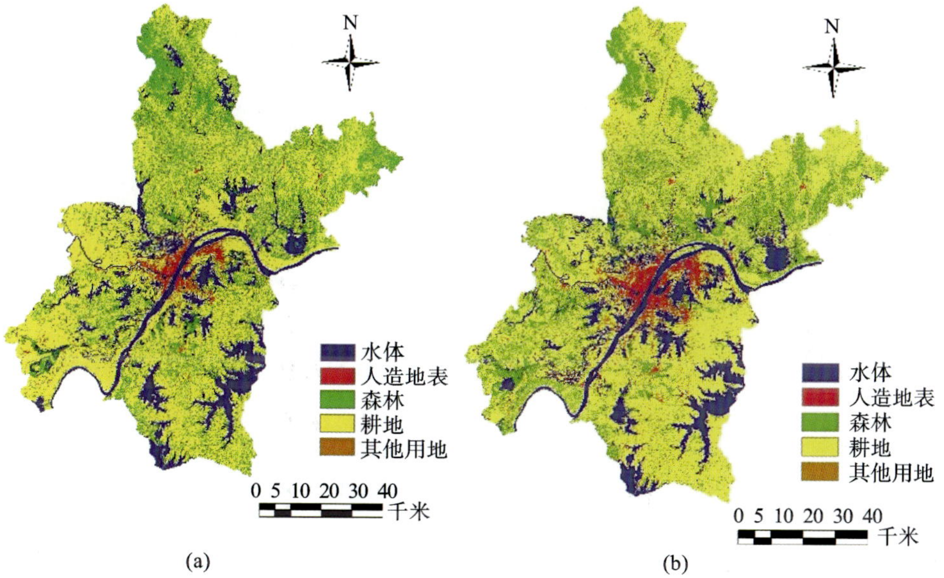

图 3-26　武汉市土地利用分类图

（a）1987 年；（b）2005 年

（图片来源：作者自绘）

耕地增加最多，增加区域主要分布在黄陂区的中部地区和新洲区的北部地区，相应的林地、水域面积不断减少；人造地表即建设用地呈圈层式增加，最为明显的是武汉市中心城区建设用地的向外扩张，以及各区的城关镇。相反地，农村居民点呈小规模、零星分散式增加，主要集中在江夏、黄陂、新洲等区；其他用地以裸地为

主，包含抛荒的耕地。

主城区不断扩张的同时，周边的裸地也增加了不少，黄陂区和新洲区北部、江夏区鲁湖周边的耕地抛荒较为严重。

2. 乡村居民点体系结构不合理，建设用地不集约，乡村衰败、空心化现象明显

根据武汉市国土中心的资料统计(见图 3-27)，武汉市新城区居民点人均建设用地最多的区是江夏区，为 204 m^2/人，最少的区是汉南区，为 134 m^2/人。每个行政村的平均建设用地量为 22.19 hm^2，人均建设用地为 166 m^2，远超过了《湖北省新农村建设村庄规划编制技术导则(试行)》中“村庄用地规模宜按人均 90～120 m^2 控制”的规范要求。

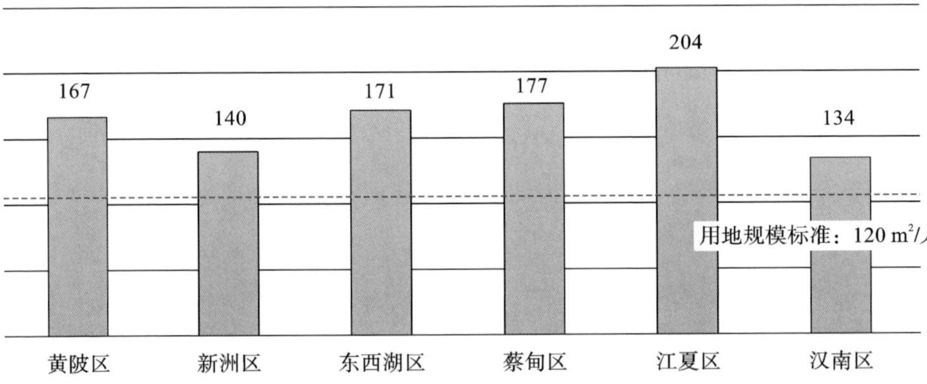

图 3-27 武汉市新城区居民点人均建设用地面积(m^2/人)

(图片来源：作者自绘)

武汉市新城区行政村平均人口规模为 1337.7 人。平均每个居民点人口 120 人，大部分居民点规模在 200 人以下，占 77%；规模在 200～400 人的居民点占 16%；规模在 400～1000 人的居民点只占 6%；规模在 1000 人以上的大型居民点，仅占 1%(见图 3-28)。

从农村居民点的用地规模来看，居民点用地的平均规模只有 2.10 hm^2。居民点用地规模相差非常悬殊，其中最大的 221.7 hm^2，最小的只有 0.08 hm^2。其中，用地规模小于平均水平的居民点占到总数的 69%，用地规模不足 10 hm^2 的居民点占到 29%，用地规模在 10～100 hm^2 的居民点占 2%(见图 3-29)[1]。

[1] 数据来源：农村建设用地评价专题及《武汉市新城区区域城镇体系规划(2012—2020)》。

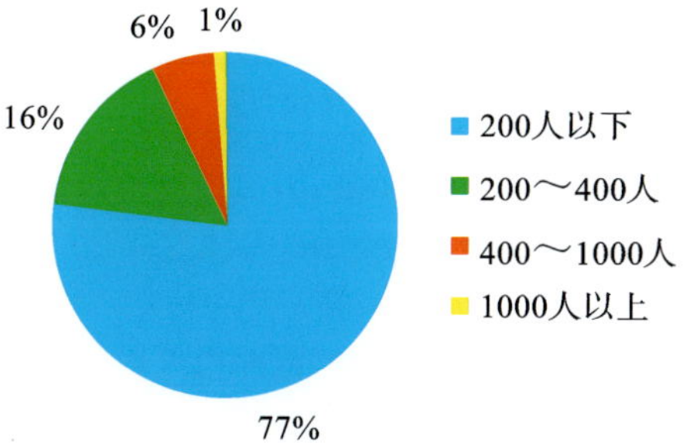

图 3-28　2017 年居民点人口规模

（图片来源：作者自绘）

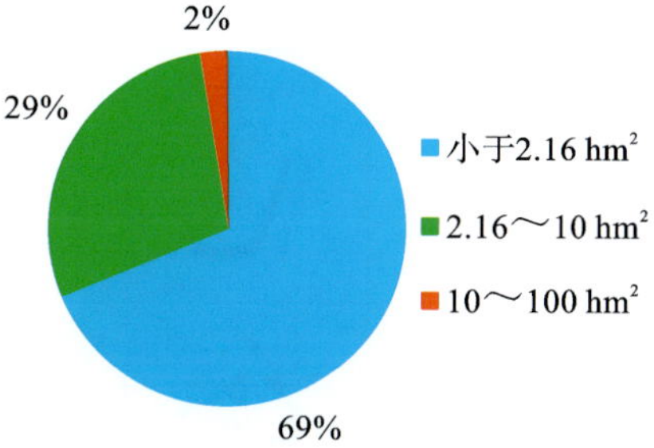

图 3-29　2017 年居民点用地规模

（图片来源：作者自绘）

在对乡村的调研中发现，乡村的衰败、空心化现象非常突出。比如，黄陂区李集镇户籍总人口 9.8 万人，在外务工人口达 3.5 万人，空心村空壳率 70%；新洲区同心村是生态农业带上的典型村，户籍人口 2500 多人，外出人口在 900 人左右；蔡甸区五姓口村是偏远村，户籍人口 1060 人，20～50 岁外出务工者多，人口回流少，空心化严重；江夏区英雄村全村共 1328 人，常住人口 580 人，外出劳动力 470 人，空心化突出。

3. 多因素影响下形成的团块型、条块型、点簇型等不同村落形态特征

由于受地理位置、地貌特点、空间要素、住宅与耕地的距离、乡村建设的管理体制、风水等要素的影响，武汉的乡村形成了非常丰富的村落形态（见表 3-10）：团块型，包括块状式、团状式，其主要特征为聚居规模大，布局紧凑，聚落边界明显，内部分工较明确；条块型，包括弧线式、干枝式、棋盘式和一字式等，其主要特征为沿道路、沟渠河扩展，内部构成均质化，布局较分散，规模大小不一；点簇型，包括满天星式和星簇式，其主要特征为密度小，布局高度离散，村落边界模糊。地理位置与地貌特点对村落形态的形成影响最大。

表 3-10　武汉市村落形态

类型	形式	图底关系	遥感影像	主要特征
团块型	块状式			聚居规模大 布局紧凑 聚落边界明显 内部分工较明确
	团状式			聚居规模大 布局紧凑 聚落边界明显 内部分工较明确

续表

类型	形式	图底关系	遥感影像	主要特征
条块型	弧线式			沿道路、沟渠河扩展，内部构成均质化，布局较分散，规模大小不一
	干枝式			沿道路、沟渠河扩展，内部构成均质化，布局较分散，规模大小不一
	棋盘式			沿道路、沟渠河扩展，内部构成均质化，布局较分散，规模大小不一
	一字式			沿道路、沟渠河扩展，内部构成均质化，布局较分散，规模大小不一
点簇型	满天星式	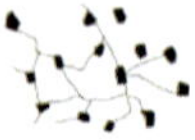		密度小，布局高度离散，村落边界模糊
	星簇式			密度小，布局高度离散，村落边界模糊

3.4.2　公共服务配套特征

随着新型城镇化的发展与建设，武汉市推行农村“家园建设行动计划”。以创建国家卫生城市、全国文明城市为契机，武汉市一直坚持农村环境卫生综合整治，不断深化“美丽乡村”行动，农村生活垃圾治理体系不断完善，农村环境卫生面貌持续改善。这使得武汉市的乡村面貌有了一定改观，道路、公共绿地、市政等基础设施的数量和质量不断提升，农村居民及新建房屋的质量和数量也不断提升。

当前武汉市小城镇基本达到公路和城乡公交全覆盖，至中心城区基本实现“1小时交通圈”；镇区道路建设基本达到要求，但都市发展区内外道路建设水平存在明显差异，都市发展区外部小城镇干道较少，交通网密度低。

义务教育、医疗卫生、社会福利等基础性公共服务设施基本配套，但服务能力和设施质量尚不能满足居民需求；文体设施、公园绿地等提升城镇品质的公共服务设施欠缺，与居民日益增长的精神需求相矛盾。都市发展区内部的小城镇，其市政基础设施正逐步同中心城区接轨，但外围小城镇市政基础设施仍存在较大缺口。以武汉市镇村医疗服务设施配置为重点研究对象，总结大都市地区镇村公共服务设施配置特征与问题如下。

1. 武汉市小城镇医疗服务设施资源与服务

截至 2019 年，武汉市拥有各类医疗卫生机构共计 6497 家，其中，医院 407 家，社区卫生服务中心 133 家，卫生院 72 家（含中心卫生院），社区卫生服务站 245 家（见表 3-11），村卫生室 267 家。2019 年，全市实际开放病床 96357 张，每千人口医院床位数达 7.39 张，超过全国平均水平（约 7 张）；全市总住院 325.10 万人次，各类医疗机构完成门诊 9113.8 万人次；全市卫技人员总数 141724 人，其中执业医师 38689 人，每千人口医生数 3.69 人，超过全国平均水平（2.36 人）。武汉市总体医疗资源较为丰富，医疗水平不断提升。

表 3-11　2019 年武汉市主要医疗设施分类统计表

名　　称	机构数	实有床位数	卫技人员数	诊疗人次（千次）	入院人数（千人）	病床使用率（%）
医院	407	82836	102689	59499.61	2930.69	94.88
社区卫生服务中心（站）	378	6168	10357	10849.59	81.35	43.21
卫生院	72	4658	5393	3828.07	121.60	62.00

注：表中数据根据《2020 武汉统计年鉴》整理所得。

武汉市全域的卫生院，数量从 2008 年的 84 个下降到 2019 年的 72 个；执业/助理医师数量也有所下降；而床位数则从 2008 年的 2920 张增加到 2019 年的 4658 张，增加了 59.5%；诊疗人次和入院人数基本持平，病床使用率有所下降（见图 3-30）。该数据表明，虽然卫生院经过升级与整合，硬件条件有所提升，但其服务半径增大，服务人口增加，服务能力没有显著提升，居民对其的认可度没有大幅度增长。

截至 2018 年，武汉市小城镇常住人口占城市常住人口的 19.6%，但小城镇住院量和门诊量分别仅占全市总住院量和门诊量的 4.44%和 6.62%（见图 3-31），同时市级医院向基层机构转诊率几乎为 0，由此可见卫生院的使用效率低下，居民仍倾向于到大医院就医。

武汉市各乡镇均拥有 1～2 所卫生院，满足基本覆盖需求，但按照《乡镇卫生院建设标准》（建标〔2008〕142 号），每千人床位数的小康值为 1.2～1.5 张，由此判断，大约有 41%（24 个）的乡镇没有达到小康水平（见图 3-32）。

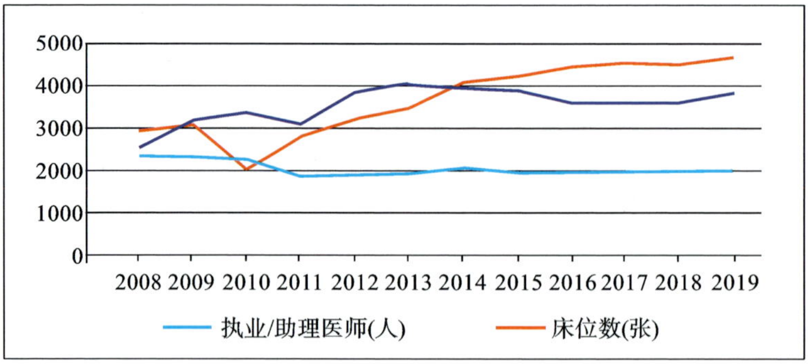

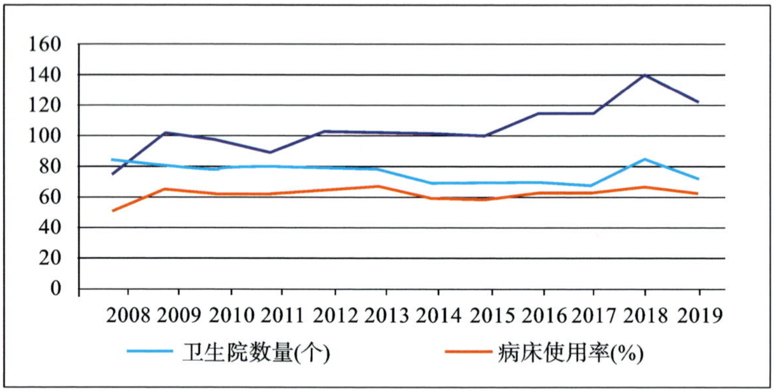

图 3-30　2008—2019 年武汉市小城镇医疗设施相关数据变化情况

（图表来源：根据 2009—2020 年的《武汉统计年鉴》整理绘制）

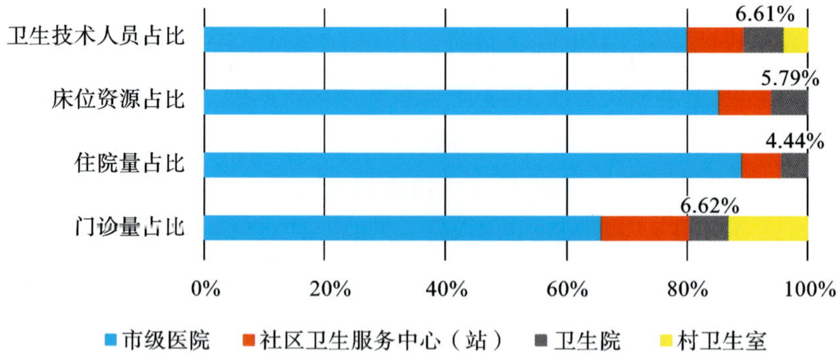

图 3-31　2018 年武汉市各医疗设施主要指标占比

（图表来源：根据《武汉卫生健康年鉴 2019》整理绘制）

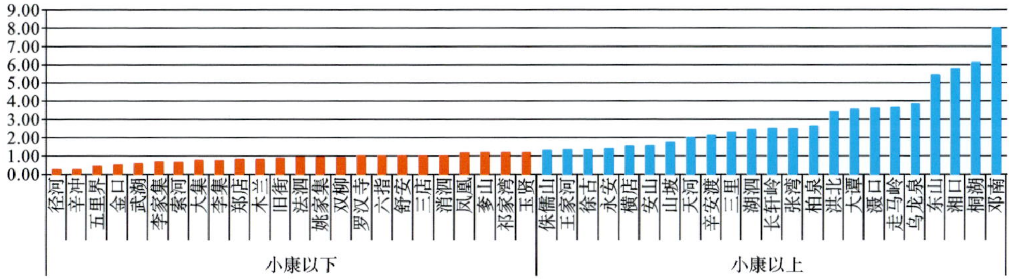

图 3-32 各卫生院病床数千人指标

（图表来源：《武汉市小城镇规划建设调研评估》，2016）

从卫生技术人员的学历上来看，2019 年城市各医疗设施的卫生技术人员中，有 37.2%达到大学本科以上学历，而同期卫生院仅为 6.3%；同时，城乡医护人员在职称级别上的差距也很明显，2019 年城市中级及中级以上职称比例达到了 56%，而卫生院的职称结构以助理医师及以下职称为主，超过约 80%。❶ 调研过程中还发现，由于小城镇卫生技术人员的薪水和福利待遇较差，卫生院难以招揽和留住优秀人才。这一现象在偏远地区的小城镇尤为严重。卫生院越偏远，卫生技术人员的年龄结构明显偏老龄化，学历也较低。

武汉市大部分卫生院为门诊住院一体，公卫部门单独设置，科室较齐全，设施配置较好，环境干净整洁，窗口流线分明，且设有专门的中医诊室。仅有部分卫生院建筑较陈旧，环境较差。

2. 武汉市小城镇医疗服务设施等级体系与空间分布

1）圈层分布特征

根据前文对武汉市小城镇发展特征的分析可知，武汉市呈现出一种经济密度、人口密度、城镇化水平自中心城区向外围城镇递减的圈层式“中心—边缘”结构。同时各区内部形成嵌套的沿“城关镇—外围城镇”序列递减的单核心圈层式结构。❷

与此相对应，医疗服务设施的空间分布表现为基于中心扩散的圈层衰变特征，其空间布局以成熟的城市空间为依托，主要表现在都市发展区内小城镇卫生院床位数充足和科室设置齐全，卫生技术人员水平更高，区域合作、等级合作、专家就诊的机会更多。

然而都市发展区内部的小城镇卫生院服务人群更多，居民对设施水平的高要

❶ 数据来源：《2020 中国卫生健康统计年鉴》。

❷ 武汉市规划研究院，《武汉市小城镇规划建设调研评估》，2016。

求，反而造成了更为明显的卫生院人均指标不足的局面。从图 3-33 中可以看出，都市发展区内部的阳逻、武湖、径河、五里界等小城镇卫生院病床更为短缺，需要多种供给方式进行补充。

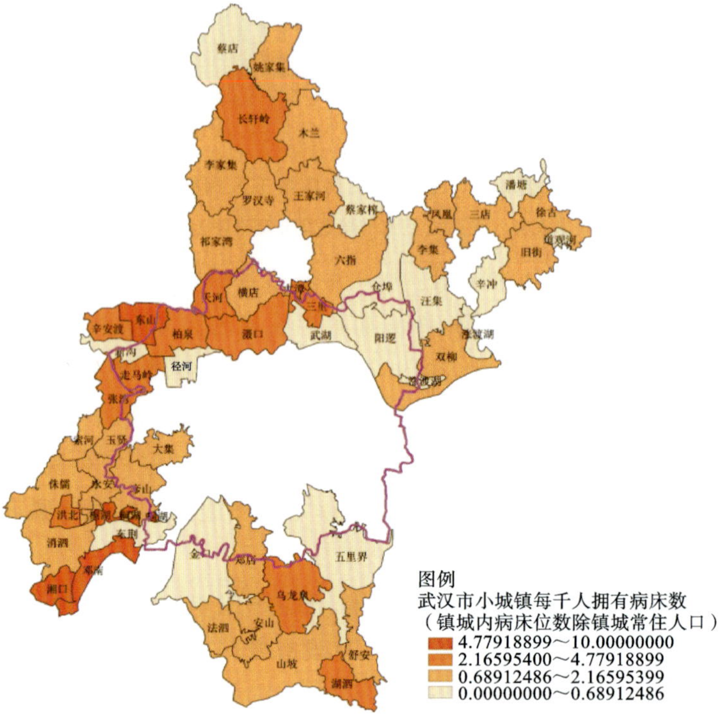

图 3-33　武汉市小城镇卫生院每千人拥有病床数

（图片来源：根据相关资料自绘）

2）等级体系特征

当前武汉市的医疗体系可以分为“市区级医院—乡镇卫生院（社区卫生服务中心）—村卫生室（社区卫生服务站）”三级服务体系。其中市区级医院不仅服务于本市，也服务于武汉市周边的其他城市，其综合服务能力强，可满足各类人群多元化、多层次、高标准的医疗服务需求；乡镇卫生院（社区卫生服务中心）主要负责本区域的基本医疗服务、公共卫生服务以及危重急症病人的抢救，又可分为中心卫生院和一般卫生院两个层级；村卫生室（社区卫生服务站）负责行政村或社区的公共卫生服务及一般疾病的治疗。上级医疗部门承担着对下级医疗部门的技术指导和卫生人员培训职能。武汉市目前已形成 122 个基层医疗卫生设施、28 家医院参与的医疗联合体，有利于推广区域医疗服务一体化，提高医疗服务供给连续性和基层医疗服务能力，改善小城镇的医疗环境。

从图 3-34 中可以看出，武汉市小城镇卫生院的等级结构并不合理。首先，从数量上来看，研究范围内的 58 个卫生院中仅有 14 所中心卫生院，没有达到各规划中所要求的 1/3 的比例标准。以蔡甸区为例，其 11 个小城镇的 11 所卫生院中，只设有侏儒山街道卫生院 1 所中心卫生院，服务能力和覆盖范围远不能满足需求。其次，中心卫生院与各中心镇在等级分布上并不匹配。以东西湖区为例，上位规划中的中心镇为新沟镇街道，但中心卫生院却设在走马岭街道，在实地调研走访中发现，走马岭街道的医疗需求也确实大于新沟镇街道，反映出了不同规划中信息的不对称，在小城镇未来的发展规划上应进行适当调整。最后，部分中心卫生院在设施配置上没有达到中心卫生院的水准，这些中心卫生院在床位数设置、科室与医护人员的设置上与一般卫生院没有差别，没有起到作为中心卫生院的集聚和引导作用。

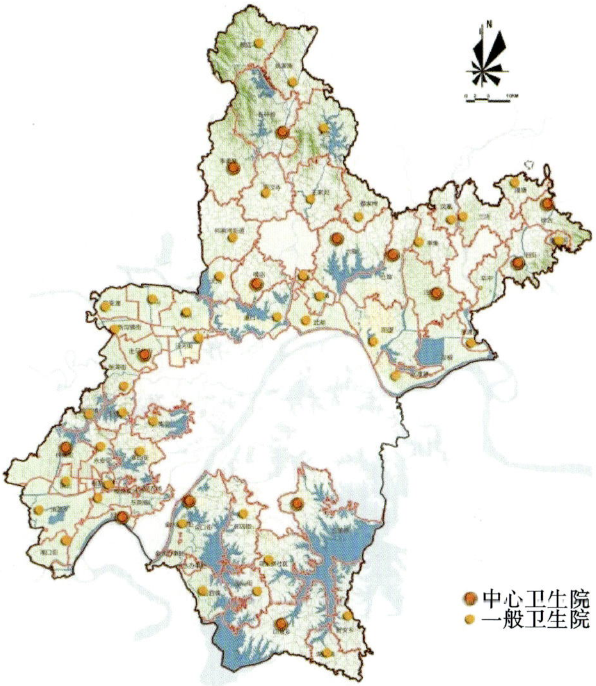

图 3-34　小城镇卫生院等级现状图

（图片来源：根据相关资料自绘）

为了便于建设管理，我国公共服务设施的配置体制通常以行政等级和行政区划为基础。这种与行政匹配的配置体制固然有利于划分各地方政府权责，但也使得设施的发展受行政区划限制，行政导向压制功能导向的弊端长期存在。各卫生院之间应该进行横向的、区域间的长期合作，打破行政壁垒，进行区域间的资源共享，而不仅仅是拘泥于竖向的等级联系。

3）区域协同特征

为衡量小城镇居民跨镇就诊行为，判断区域协同程度，本书运用泰尔指数对武汉市各小城镇卫生院的总诊疗人次数进行测算，计算公式如下：

$$T_i = m_1[\ln(m_1/n_1)] + m_2[\ln(m_2/n_2)] + \cdots + m_i[\ln(m_i/n_i)] \qquad (3.1)$$

式(3.1)中，m_i 表示第 i 镇卫生院总诊疗人次数占全市卫生院总诊疗人次数总数的比重，n_i 表示第 i 镇人口占全市小城镇总人口的比重。当计算结果为 0 时，可视为各镇间跨镇诊疗人数较少；数值越大，说明居民的跨镇诊疗意愿和行为越强烈。

经计算，泰尔指数为 0.15328，说明武汉市小城镇居民存在一定的跨镇诊疗行为，但尚不普遍。从武湖街卫生院的调研数据也可以看出，在此住院的人 95% 为本镇居民，其他有一些就诊人群来自周边镇，如三里、横店、滠口等。

3. 武汉市小城镇就医可达性评价

医疗服务设施的可达性优劣直接影响到居民就医的方便程度，最终影响居民的健康水平和生活质量。可达性可分为个人可达性(personal accessibility)和地方可达性(place accessibility)。前者可以用来反映个人生活质量，后者是指某一区位“被接近”的能力。本章借鉴这一视角，将可达性研究分为两个部分：第一个部分是将小城镇视为个体，判断其接受医疗服务的数量和质量；第二个部分判断小城镇自身的医疗设施，即卫生院“被接近”的能力。

1）区域就医可达性

小城镇医疗服务的供给不仅来源于自身，而且涉及区域范围内上下级之间以及同级之间的资源共享与区域协作。随着武汉市轨道交通的迅速发展，都市发展区内部的小城镇基本可以通过轨道交通联系中心城区。都市发展区外部小城镇交通相对困难，但都至少有一条公交线路通往中心城区。交通条件的改善带来了区域就医可达性的改善。为了具体判断每一个小城镇的区域就医可达性，将运用两步移动搜寻法，从武汉市的区域层面来判断该镇居民的就医可达性。

两步移动搜寻法是一种用来衡量医疗服务设施空间可达性的常用方法。空间可达性是用时间或距离来衡量居民到达某一医疗设施能力的指标。两步移动搜寻法基于区域可用性方法，从供给和需求两个方面计算一定搜索半径范围内的供给和需求比例，不仅反映了时空距离，也突出了供给程度。

两步移动搜寻法用到的主要研究数据和研究方法包括以下各项。

①研究范围内医疗服务设施的空间位置坐标。考虑到相关数据获取的可能性，选取研究范围内 58 个乡镇（街道）卫生院和 35 个市区级医院，共计 93 个医疗点。主要使用百度地图 api 采集 poi 兴趣点，获取医疗设施位置并筛选需要的医疗点，通过 Google 地图位置坐标进行补充，将相应坐标导入 GIS 中并添加属性数据。

②各医疗设施的床位数和卫生人员数。主要通过实地调研，从卫健委和规划部门获得相关数据。

③研究范围内 58 个小城镇的人口数据和面积数据通过查阅相关年鉴获得。

④居民在不同交通方式下的出行距离。利用高德地图出行数据，将武汉市划分为网格，通过 GIS 制作交通等时圈获得。等时圈示例如图 3-35 所示。

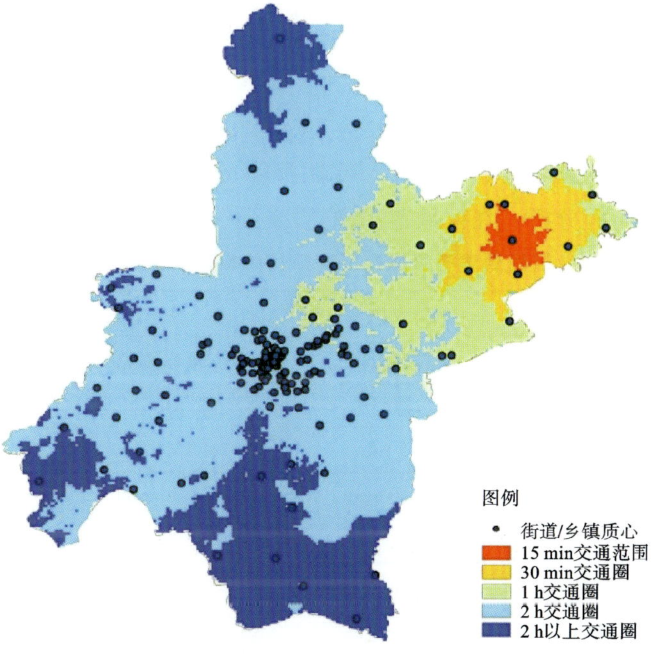

图 3-35　新洲区人民医院自驾等时圈

两步移动搜寻法的操作方法如下。

以任一医疗服务设施的位置 j 为中心，以可达性阈值 d_0 为半径（本节采用时间），建立搜寻区域 J，然后查找搜寻区域 J 内所有居民点的人口数 k（本节赋人口数于各小城镇质心上）作为总需求量，计算搜寻区域 J 内医疗设施总供给量与总需求量的比值 R_j，计算公式如下：

$$R_j = \frac{S_j}{\sum_{k \in \{d_{kj} \leqslant d_0\}} D_k} \tag{3.2}$$

式(3.2)中，d_{kj} 为居民点和医疗设施之间的距离；S_j 为医疗设施总供给量，本书采用床位数和卫生人员数之和代替；D_k 为搜索区域内消费者需求总和。

然后以任一人口位置 i 为中心，以可达性阈值 d_0 为半径，建立搜寻区域 I；查找搜寻区域 I 内所有的医疗设施位置 j，将上一步求得的这些位置的 R_j 汇总求和（原则上认为居民不会跨区就医，即区级医院仅服务于本区的居民）。计算公式如下：

$$A_I^F = \sum_{j \in \{d_{ij} \leqslant d_0\}} R_j = \sum_{j \in \{d_{ij} \leqslant d_0\}} \frac{S_j}{\sum_{k \in \{d_{kj} \leqslant d_0\}} D_k} \tag{3.3}$$

式(3.3)中，d_{ij} 为实际可达性（i 和 j 之间的距离或时间），A_I^F 为搜索区域 I 的医疗设施空间可达性，A_I^F 越大，表明该区域的医疗设施空间可达性越好。

根据调查问卷结果，小城镇居民认为前往卫生院用时在 15 min 以内为十分方便，15～30 min 为较方便，大于 30 min 为不方便；前往市区级医院用时在 30 min 以内为方便，30～60 min 为较方便，大于 60 min 为不方便（见表 3-12）。结合武汉市建设城市 15 min 医疗圈、乡村 30 min 医疗圈的要求，本文采用 15 min、30 min 和 60 min 作为阈值分析。在区域范围内，设置居民选择自驾方式前往各医疗点。

表 3-12　居民到达各级医疗设施采用的出行方式和可接受时间

医疗设施类型		市区级医院	卫　生　院	村卫生室
主要交通方式		自驾或公交	公交或骑行	步行或骑行
平均出行速度		40 km/h	12 km/h	6 km/h
出行时间	方便	≤30 min	≤15 min	≤15 min
	较方便	30～60 min	15～30 min	—
	不方便	≥60 min	≥30 min	—

注：表中数据是作者根据调查问卷结果整理所得。

运用 GIS 的空间表征功能，将分析结果用图 3-36 表示出来。从图 3-36 中可以看出，在三种阈值下，武汉市各小城镇的医疗设施空间可达性由中间向四周逐渐降低，随着阈值的增加更加明显。15 min 的阈值下，居民主要在本镇卫生院就医，可达性主要由本镇医疗水平决定；但当阈值为 30 min 时，居民可以前往周边卫生院、区医院乃至省、市级医院就医，此时靠近中心城区和城关镇的小城镇，由于交通和地域上的便利，会获得更好的可达性；当阈值为 60 min 时，这一趋势进一步强化，由于大型医疗设施在汉口区更为集中，靠近汉口的滠口、径河等小城镇的就医优势更为明显。总的来说，都市发展区内部的小城镇就医可达性要优于都市发展区外部的小城镇，呈现出中心向外的圈层递减特征。同时可达性还与人口密度相关，人口密度越大的小城镇，往往可达性也较好。

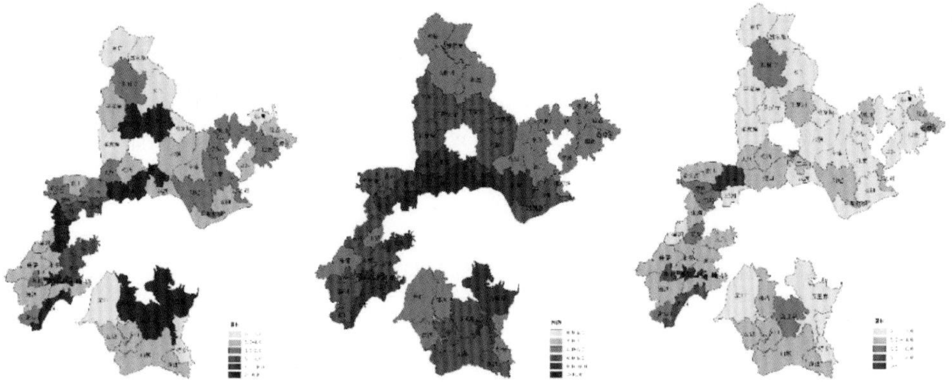

图 3-36　15 min、30 min、60 min 阈值下小城镇区域就医可达性

（图片来源：根据分析结果自绘）

2）卫生院就医可达性

分析卫生院的可达性，主要是分析各村村民到本镇卫生院就医的便捷程度。从当前小城镇内部的交通情况来看，多数村庄交通情况较好，可以通过公交小巴车前往镇区就医，但仍有部分村庄居民无法享受公交出行，只能通过骑行或步行。本节主要运用比例法，通过设定不同的时间阻抗，计算不同时间阻抗下卫生院就医可达性的范围变化。由于各村人数不同，不能简单用居民点个数来计算可达性，因此赋人口数于各个村庄质心上，结合调研结果，以骑行作为出行方式（公交线路无法覆盖全部村庄，自驾覆盖范围太大且不符合村民一般的出行能力，见图 3-37），制作每个卫生院的等时圈，计算 15 min、30 min 的时间阻抗下，卫生院服务范围覆盖人口占该小城镇总人口的比例，作为衡量卫生院就医可达性的标准。

卫生院就医可达性与该镇的镇域面积、城镇化水平、镇区人口聚集程度、城镇人口密度，以及卫生院所处的地理位置、地形条件、交通状况等因素息息相关。由图 3-38 可见，随着时间阈值的增加，新洲区、蔡甸区、东西湖区、汉南区的可达性增加得较为明显，这些地区城镇人口密度较大且镇区人口较为集中，交通条件较好；黄陂区和江夏区由于镇域面积较大，人口密度较小，交通覆盖范围有限，可达性增加不明显。总体来说，都市发展区内部小城镇的就医可达性较好，而偏远地区（如山坡镇）就医可达性较差。

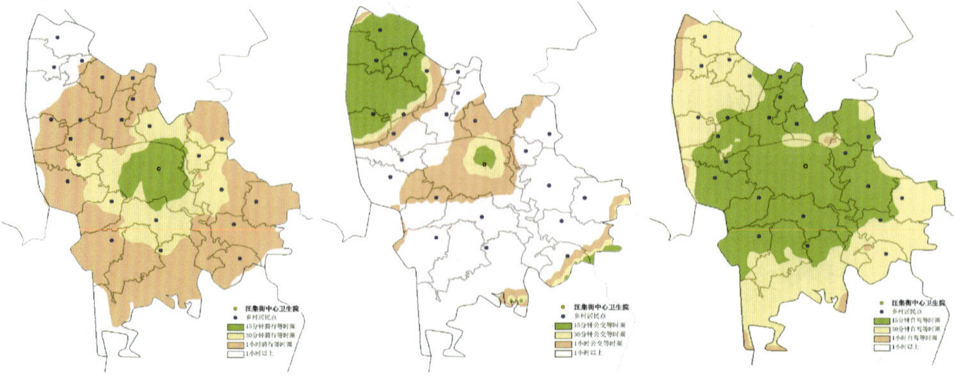

图 3-37　汪集街中心卫生院骑行、公交、自驾等时圈

（图片来源：根据分析结果自绘）

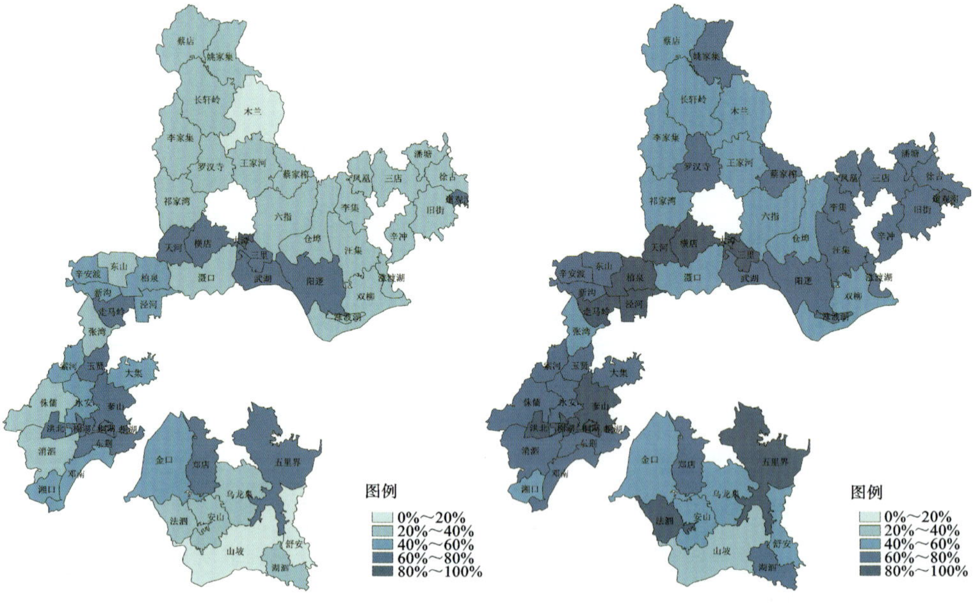

图 3-38　15 min、30 min 阈值下卫生院就医可达性

（图片来源：作者自绘）

3.4.3　建设风貌与历史文化

1. 传统的熟人社会和邻里关系造就了不同于城市的乡村聚落生活文化和乡村景观

随着城市化的加速发展，传统的以血缘、亲缘、地缘关系等为纽带的熟人社会在武汉市乡村仍有延续。武汉市的乡村居民点的规模虽小，但空间集聚特征较为明显，宗族关系社会特征意识强烈，内部已形成多年建立在宗族关系之上的熟人社会，形成了独特的乡村聚落生活的文化和邻里氛围，如黄陂区巴山寨等。

2. 居住建筑时代性明显，以开放型院落为主，由自建房向社区型住房转变

武汉市的村落一般在地势较高的缓坡进行建设，村落顺应等高线肌理统一，建筑朝向灵活，这与武汉市多岗丘的地貌特征有关。“前塘后林”的村落布局模式在武汉市随处可见，尤其是在湖泊河湖较多的江夏区；另外有一种逐村湾主要道路而建(垂直或平行)的，并且由于道路分割而形成“组团式＋鱼骨式”的村落布局。

武汉市从 2005 年至今，先后推出了“家园建设行动计划”、新农村建设、美丽乡村、乡村振兴等推进实施乡村建设的政策和制度，使得武汉市的乡村面貌有了很大改观，建筑更新换代特征明显，由原来自建房向社区化转变，民居建筑也从原来的封闭式向开放式转变，为邻里交往提供活动、交流空间。现在建设的新社区，其建筑风貌多采用坡面屋顶，青瓦、白墙辅以深红色装饰线条，与 20 世纪 50—70 年代的建筑风格迥异，缺乏地域特征。

3. 武汉市域内具有类型丰富、各有特色的乡村历史文化遗存

2012 年武汉市国土资源和规划局(现武汉市自然资源和规划局)组织编制了《武汉市历史镇村保护名录规划》，首次根据城市自身特点，借鉴国内外历史镇村保护的相关理念和做法，构建了武汉市历史文化名镇名村评价指标体系，并推荐了 51 个历史文化名镇名村列级保护，使得保存下来的历史文化村落有着丰富的类型和独特的特色，如表 3-13 所示。

表 3-13 武汉历史文化乡村类型一览表

类　型	历史文化名村特征	典型代表
建筑型	保留了一个或几个时期积淀下来的特色建筑群的乡村	罗家港湾民居群
遗址型	保存了较大规模或数量众多的墓群或遗址的乡村	江夏区龙泉街道营泉村，江夏区湖泗街道夏祠村、浮山村
革命型	在历史上因发生过重大政治事件或战役或出现过历史名人的乡村	黄陂区蔡店街道姚家山村、蔡甸区侏儒山街道杨沟村
景观型	自然生态环境的形成决定乡村特色或环境景观有突出特色	黄陂区木兰乡雨林村、黄陂区蔡店街道刘家山村

续表

类　型	历史文化名村特征	典型代表
其他型	保存能集中反映某一地区本土特色和风情或者体现价值的乡村	蔡甸区张湾街道四红村

3.5　武汉市乡村现状发展阶段评析

相对小城镇来说，大都市地区内乡村的发展现状判断更能够体现对于区域城镇化整体发展水平与阶段的认知。因此，通过对武汉市镇村发展多维特征的认知，总结出如下要点。

3.5.1　乡村地域生产要素的非农化外流

武汉市作为典型的大都市地区，是城镇化速度、规模和质量领先的区域。因此，武汉市的城乡关系相对一般地区更为复杂，要素互动也更为强烈。在快速城镇化的推动下，以区域交通关系网络为媒介，乡村地域生产要素的持续性外流、非农化转变现象都非常明显，主要表现在以下几个方面。

首先，乡村空间组织核心弱化，结构网络薄弱。武汉市乡村衰败、空心化现象明显（见图 3-39），因此乡村空间组织由于人口的大量和长期外流而出现核心弱化。城乡、镇村之间的结构网络关系出现苗头，但是结构仍然薄弱，各自独立，城乡交互关系不强。

图 3-39　武汉乡村老龄化、空心化现状（西湖村、大泊村等）

（图片来源：作者自摄）

其次，要素流动无序，对部分要素控制能力丧失。城乡发展差距大导致乡村要素的单向流动，乡村丧失了对于人口、劳动力、资本、技术等要素的控制能力，导致乡村的生产、生活、生态、社会空间出现重组和转型的趋势及需求。

再次，土地流转和新农村建设导致乡村空间功能分异。土地使用权的流转，促使农业生产空间与生活居住空间的分离，新农村建设也对乡村空间功能的分异起到“推波助澜”的作用。

最后，城乡公共服务均等化的发展处在中期向后期过渡阶段。城乡公共服务均等化具有不同的发展阶段，不同阶段实质上是“公平”与“效率”的权衡。目前武汉市乡村的公共服务设施配置效率不高，共享不足，关联性弱。但是经过新农村建设之后，基础设施和公共服务设施的建设都具有一定的基础，因此要避免过早地追求绝对的形式均等，而应追求“后果均等”。

3.5.2　农民依然不具备大规模进城条件

总体来看，虽然武汉市城镇化的水平相对领先，但是农民依然不具备大规模、快速、彻底进城的条件，这也意味着在很多城乡要素互动的体制、机制建设方面，仍需要稳妥前进。究其原因，首先，土地是农民进城最大的捆绑力。农民进城的首要条件是能够彻底抛弃土地对其的束缚，并且能够在城市具有高于从事农业生产的稳定收入。因此，当城乡差距过大，农民没有能力在城市稳定落户之后，土地对于农民仍然是生活的最基本、最后的保障，农民不会彻底抛弃土地。其次，紧张的人地关系是束缚力。人地关系紧张不利于实现农业现代化和规模化的进程。目前武汉市的人地关系正在通过土地的规模化流转得到缓解，但是释放束缚力的速度不应过快，要兼顾主城区和新城的吸纳能力以及农业现代化的发展程度。再次，主城区的首位度高是农民进城的压力，2018 年 6 个新城区人口城镇化率仅为56.91%，低于全国 59.58%的平均水平；同期，新城区劳动力非农化占比为 64.8%。“十三五”期间仍需转移 5 万农村剩余劳动力。武汉市作为特大城市，中心城区吸引力很强，吸引的劳动力除来自周边乡镇，还包括外地人员。因此虽然存量劳动力在理论上已经完成转移，但是增量劳动力的转移压力很大。最后，劳动力需求结构与剩余劳动力的矛盾是阻力。武汉市产业转型较快，高新产业逐渐增长，需要的专业技术型人才越来越多，且高校人才资源丰富，剩余劳动力一般教育程度较低，因此在武汉市就业转移存在一定困难。

3.5.3 大都市地区乡村发展的个性化特征

武汉市作为中部地区特大城市，兼具中部地区和都市区的双重城镇化和人口流动特征。因此，武汉市的乡村除了具备快速城镇化过程中所出现的乡村衰败的普遍性问题，同时还存在都市区周边乡村的个性化问题。

1. 人口高输出，主城区极化效应，人口流动不确定性大

中部地区是典型的人口高输出地区。《2019 年农民工监测调查报告》中数据显示，2019 年中部地区输出农民工 9619 万人，比 2018 年增加 81 万人，增长0.8%，占农民工总量的 33.1%。以武汉市自身来说，2019 年约 35%的乡村人口进入主城区，另有 30%的乡村人口流出省外，因此人口及要素的流动性强，且流动方向、流动周期、流动结构均不确定。

2. 城乡差距大，城乡要素越级流动，造成镇塌陷、村萎缩

都市区城乡居民收入差距较非都市区城乡居民收入差距大，例如，2018 年湖北省枝江市城乡居民收入比为 1.62∶1（武汉市城乡居民收入比为 2.71∶1）。乡村人口、技术、资本等要素越过小城镇层级向城市流动，甚至向省外流动的情况更多，从而造成小城镇发展乏力，乡村资源要素外流，乡村出现空心化。

3. 自上而下的政策、规划执行力强，乡村发展机会多

武汉市作为中部地区特大城市，规划、政策的执行力度强，经过 5 年的“家园建设行动计划”，基本上完成了市域 2053 个村庄的基础设施普及，随后的新农村建设和美丽乡村又对示范点（如新洲区西湖村、江夏区怡山湾社区）进行了完善和提升，效果明显。

4. 都市区量大面广，自下而上的自组织与示范带动效应受限

武汉市市域乡村数量众多，都市区范围量广面大，虽然自上而下的政策引领效应非常显著，但同时尾大不掉的特点也会导致乡村自下而上的自组织与示范带动的效应受到限制。

第4章　武汉市乡村振兴与镇村发展的瓶颈

破解乡村发展用地难题。坚守耕地和永久基本农田保护红线。完善乡村产业发展用地政策体系，明确用地类型和供地方式，实行分类管理。在符合国土空间规划前提下，通过村庄整治、土地整理等方式节余的农村集体建设用地优先用于发展乡村产业项目。

——2020年中央一号文件

4.1　武汉市镇村发展的现状模式

4.1.1　“大分散、小集中”的空间布局模式

从武汉市区域城乡空间布局来看，由于受到自然经济、交通区位等的影响，武汉市乡村空间布局仍然以传统的分散型布局形态为主（见图4-1）。农业发展仍然在武汉市占有较为重要的地位，土地的规模化流转也在不断地推动农村空间功能的分异，农村土地在一定程度上呈现集中的态势。但是从宏观角度看，乡村的空间发展模式仍然呈现大分散的态势，相互独立，各自为政，较为明显的集聚趋势还未体现。即使呈现出一定的集聚趋势，也多是迁村并点、新农村建设、增减挂钩等政策引导的自上而下带来的空间建设上的集聚，而非人口的自愿自发的流动型集聚。

4.1.2　“小镇区、大乡村”的扁平化镇村模式

小城镇是连接城乡发展的重要纽带，是乡村发展之首，承担着带动广大农村腹地的职能。武汉市都市发展区目前处于特大城市的发展阶段，其要素集聚过程表

图 4-1　2019 年武汉市全域土地利用现状图

（图片来源：《武汉市新型城镇化暨全域城乡统筹规划（2014—2030 年）》）

现为正效应最大化。空前的城市繁荣与跨越式经济发展推动资本、人才和其他要素资源不断地向都市区集聚，都市区内完善的医疗、教育等公共服务设施与配套基础设施建设为外来务工人员提供了良好的生活保障。在定居成本可承受范围内，选择在武汉市内定居的人群越来越多，导致流动人口不返乡，创新企业不下沉，从而出现"农村凋敝"与"故乡沦陷"现象。镇村资源大量流入都市区，传统资源互补、生态共存的镇村共融异变为城市依托行政力量对农村进行单向剥夺和榨取的"掠夺性"城镇化，进一步加剧城乡二元差异，镇村发展更加困难。

因此，目前武汉市外围小城镇总体呈现出制造业衰退、人口外流、活力缺失的现象，尤其是都市发展区外围的中心镇没有发挥一定区域内的极化作用。加之受制于资源分配，小城镇自主发展能力受限，呈现出经济增长与社会发展动力不足的态势。虽然在调研中发现（见图 4-2），以家庭为决策迁居基本单位的武汉市乡村居民更能接受就地、就近城镇化的方式，但是以目前武汉市小城镇发展的态势来看，其并不具有足够的牵引力和集聚力来带动乡村的发展。因此目前所呈现出的镇村模式是一种“小镇区、大乡村”的现状（见图 4-3），彼此以行政区划的层级性作为联系的主要方式。

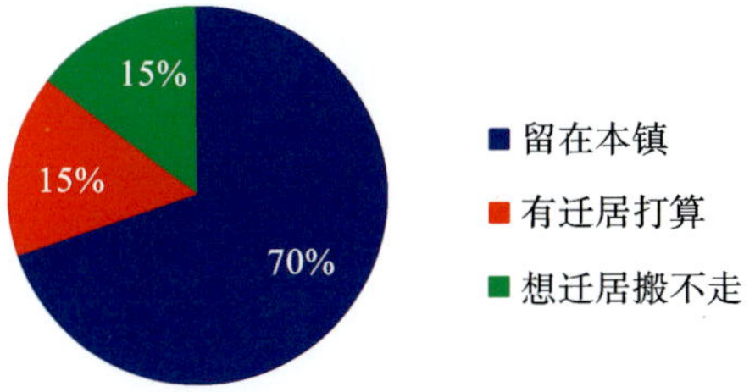

图 4-2　调研武汉市乡村居民总体迁居意向

（图片来源：作者自绘）

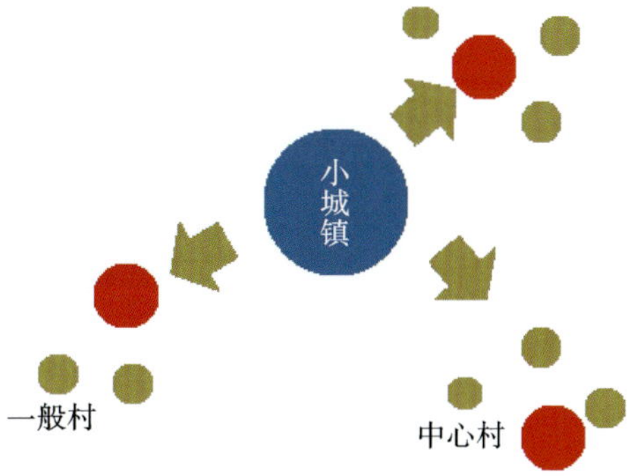

图 4-3　“小镇区、大乡村”的扁平化镇村模式

（图片来源：作者自绘）

4.1.3　“产村半分离”的生产模式

武汉市乡村的社会结构呈现明显的“以代际分工为基础的半工半耕”现象，与之相匹配的是出现“产村半分离”的生产模式（见图 4-4）。村民的生产行为有一半已经脱离了乡村的原生空间，脱离了以农田为主的生产资料和地域空间，去城市地区追寻经济效益更高的生产行为，导致了“产村半分离”的生产模式，同时也导致了乡村生产、生活空间的闲置。

生产是乡村的根本职能，也是乡村居民最直接的生活来源。目前“产村半分离”的生产模式导致武汉市乡村劳动力大量外流，乡村的建设空间随着代际的更替而不断增长，但其实内部空间与资源的相对平衡在不断被“产村半分离”的生产模式打破。空间上承载的劳动力资源、生产资源越来越少，呈现萎缩状态。

4.1.4　“个体理性、总体无序”的乡村社会模式

武汉市乡村人口的迁移以家庭为基本单元，其迁居决策是建立在家庭整体的综合理性判断基础之上的。武汉市都市区外围乡村家庭的迁居意愿总体较低，多

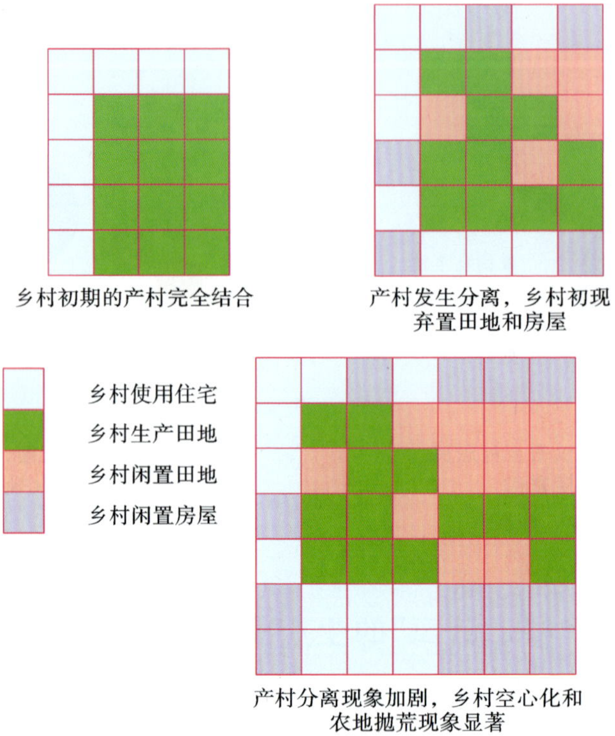

图 4-4 “产村半分离”的生产模式

（图片来源：作者自绘）

数家庭通过代际间或夫妻间分工、劳动力近距离流动维持城乡二元兼业模式，家庭成员选择相互补偿，共同追求家庭发展的均衡稳定，半城镇化模式是乡村人口长期理性选择下的均衡模式。但个体理性的人口迁移结果的宏观表现是人口外流迁移的不确定性和复杂性，具体表现在迁移方向、迁移意愿、迁移周期的不确定性上。同时，个体理性其实是在家庭发展过程中被迫作出的迁移选择。因此，物质空间上的强制集聚和乡村居民行为上的自愿选择在武汉市乡村发展的现阶段仍然具有较大的差距。要达到合理引导乡村人口的集聚，真正从“人”的角度实现乡村地区的城镇化，需要从源头解决问题，从集聚力的核心出发，引导个体的理性选择和空间的集聚方向达成一致，形成“个体理性、总体有序”的乡村社会模式，进而乡村的空间发展、镇村关系、生产模式才能够相应形成基于农民自由意志选择下的合理的、科学的武汉市乡村发展模式。

4.2　武汉市镇村互动中的社会问题

4.2.1　人口流动的尴尬

1. 收入结构影响了乡村人口的流动，导致劳动力缺失，乡村空心化和土地抛荒现象严重

武汉市有绝大多数的农业人口以及近半数的乡村劳动力人口未从事第一产业，均已转移到非农部门就业，导致农村劳动力缺失。同时，受自然条件约束以及缺乏规范化的操作流程与政策保证等因素的影响，武汉市外围近 50%的农地未能有效推行土地流转以实现农业规模种植，农地抛荒的现象比较突出。

通过对江夏区和新洲区部分乡村的调研发现，务农收入远远比不上务工收入，因此乡村中青年劳动力均选择外出打工，去获得 5 万～10 万的年收入。农民总收入中将近 45%的收入来自外出打工，农业收入占农民总收入的比例大约为 30%。农民的消费多集中于吃穿用度、子女上学和看病就医等。这种单一的收入结构影响了乡村人口的流动，导致劳动力缺失，乡村空心化和土地抛荒现象严重。

2. 不同土地流转方式的背后，农民具有不同程度的收益和风险

武汉市乡村地区土地流转情况较为复杂。由于各地的耕地面积、资源禀赋、村民意愿、政策扶持条件各不相同，因此土地流转的方式也不同，土地流转后农民具有不同程度的收益和风险，情况较为复杂。且生活方式、收入结构、年龄特征、土地流转收入等原因，也影响了土地流转后农民的去向和农民对土地流转的态度。

一方面，土地对于农民来说，仍然是唯一的生产资料。但在土地流转的过程中，农民和村社集体并没有参与分享农地非农使用的增值收益。另一方面，对于务工的农民，并没有很高产出效率的土地又变成了累赘和捆绑。这种唯一性和捆绑性造成了农民钟摆式的流动和对土地流转的态度难以统一。

目前，武汉市乡村土地流转价格约为 9000 元/公顷，渔地流转价格为 1500 元/公顷。对比土地与渔地在流转前后收益发现，流转后的土地的收益是成倍增加的。

调研中发现，不同的土地流转模式给农民带来的利益和造成的问题是不同的。

例如，新洲区西湖村以农村合作社作为接盘手，流转土地 666.7 hm^2 左右。这种模式的优点是部分农民能够参与分红，能够解决部分农民的就业问题。缺点是需要有能人组织，只适用于部分具有一定资本积累的农民股东。陶咀村的流转模式以内部小范围流转为主，其优点是在一定程度上进行了土地确权，避免了一定的社会问题，但同时存在的问题是难以机械化和规模化，难以实现较高、较稳定的流转收益。冯铺村的流转模式是由能人集中承包，土地获得了好的收益，但不一定能解决乡村居民就业问题。调研的大部分村庄的土地流转以企业为主导，这在一定程度上可以解决农民就业问题，但经营不善可能引起更多的社会问题。

4.2.2 城乡互动的变革

1. 农村户籍含金量提高，武汉市乡村人口呈现“逆城市化”的表象，城乡差距仍然较大

2014 年，国务院发布《国务院关于进一步推进户籍制度改革的意见》(国发〔2014〕25 号)，决定建立城乡统一的户口登记制度，取消非农户口，切实保障农业转移人口的合法权益。武汉市也已建立户籍改革的试点。然而根据中国社会科学院调研报告，有近 8 成农民不愿意变成市民，因为农业户籍的含金量在逐步提高。

2018 年末，武汉市农民人均纯收入已达到 26846 元，超出同期全国农民平均收入水平 12246 元(全国农民人均纯收入 14600 元)。但武汉市农民收入水平与上海市农民收入水平差距较大，因此可以看出武汉市“城”对“乡”的带动作用较为有限，仍然有较大的发展空间。武汉市非农产业占比大，但与上海市仍有差距，工业化仍然是主要发展动力。

比较上海、成都、武汉三个城市农业人口变化趋势及变化率趋势的情况可以发现(见图 4-5)，武汉市对周边乡村的带动作用有限。虽然通过调研发现，武汉市的大多数乡村居民愿意迁往新城区和主城区，但是从目前农业人口变化的趋势来看，农业人口城镇化的速率呈波动性下降，并在 2018 年出现农业人口增长的“逆城市化”现象。

2. 镇村关系逐渐弱化，但乡村居民对设施完善的镇区配置仍有一定需求

城镇与乡村的关系主要表现在人口向镇区集中、镇区提供服务两方面。然而随着要素网络化流动的加强和小城镇的发展动力不足，镇村关系逐渐弱化，无论是在人口吸纳方面还是在公共服务能力方面，武汉市的小城镇均未发挥应有的职能，

没有依照传统的层级体系提供相匹配的就业和服务。而农村在公共服务设施的投入与建设上更加依赖于县镇与城市，自身投入不足，服务水平较低（见图 4-6）。

图 4-5　2008—2018 年武汉、上海、成都农业人口变化比较

（图片来源：根据武汉、上海、成都统计年鉴绘制）

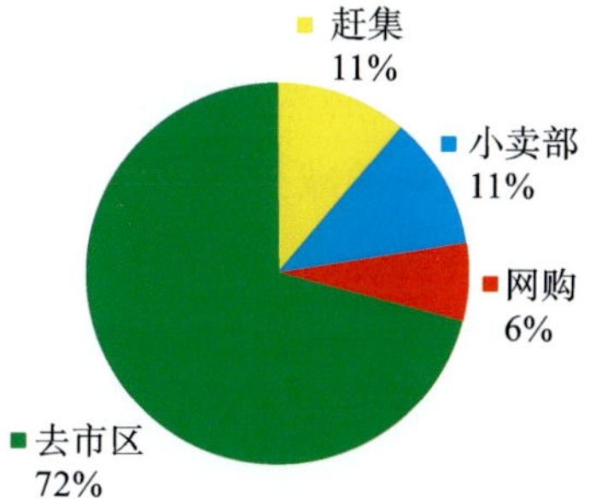

图 4-6　江夏区杨湖村村民公共服务设施使用意愿抽样调查

（图片来源：作者自绘）

3. 传统层级体系的镇村关系已被打破，网络化趋现

新兴产业的出现与技术革命的兴起，导致传统意义上局限于行政区划的城镇（及镇村）体系的层级关系在某些功效关系领域已经被突破，要素流动和能量传递的网络化特征更加明显，镇村关系出现了明显的网络化趋势。尤其是随着交通条件的改善和政策的改变，乡村最重要的公共设施使用生活圈发生了不局限于层级性的改变。

另外，公共服务政策的调整也影响了乡村居民公共服务设施使用的生活圈，打破了传统层级体系的镇村关系。如湖北省宜城市的新农合门诊统筹基金执行“县级统筹管理、乡镇独立核算”的管理模式，门诊补偿标准虽然大幅提升，但门诊补偿医疗点由最初的全是自主选择改为限制选择本镇、街道内的定点医疗服务机构，因此对各镇基本医疗生活圈的影响较大。

4.2.3　文化与社会的解构

1. 乡村居住的社区化和新农村建设对传统村落风貌造成一定冲击

随着武汉市新型城镇化的不断加快和新农村建设的全面推开，城乡差距逐步缩小，城乡互动趋势愈加明显。但同时，城乡一体化难以避免地使得闭塞的传统村落受到现代文化的冲击，间接导致传统村落自身所承载的优秀传统风貌和地域特色缓慢流失，村落文脉断层明显。

武汉市是一个荆楚文化底蕴非常浓厚的地区，其荆楚风格的传统村落的营建经历了漫长的历史过程，形成了适合当地自然条件和文化特征的营造经验，蕴含着巨大的潜能。然而，由于武汉市是中部地区突破城镇化数量与质量瓶颈的关键性城市，其发展必然对武汉市乡村的建设造成一定的影响，必然导致具有民族特色的村落和民居的减少。

另外，武汉市新农村建设和部分乡村旅游开发对传统以及历史村落风貌造成极大的冲击，传统村落和现代人居需求发生冲突，村落的原始性、文化性、传统民俗正在逐步凋零甚至消亡。

2. 乡村文化及传统民俗日渐凋零，熟人社会的宗族关系一定程度被打破

目前武汉市乡村公共文化设施建设不够完善，农村文化阵地建设很薄弱，发展很不平衡；村级文化活动室建设还不够全面，普及率不高。近年来，武汉市对乡村文化建设的资金投入有所增加，但还很有限，农村群众的基本文化权益无法得到根本保障。

通过对江夏区英雄村的调研发现，除部分异地重建、集中居住外，其他多是合并，村际空间及地缘距离较远，关系较为陌生。行政村内部缺乏公共生活，缺少能联系宗族的祠堂，使得村村关系渐行渐远。

4.3 武汉市镇村发展的产业问题

4.3.1 乡村产业的现代化转型亟待推进

1. 农业规模化程度不高，生产组织形式仍以分散式为主

目前武汉市乡村地区农业生产仍以一家一户的分散经营为主，农业规模化、组织化的程度不高。2017 年，武汉已建成蔬菜常年园约 270 km^2、水生菜约 200 km^2，精养鱼池约 307 km^2，规模化畜禽养殖小区约 254 个，林业花卉产业基地约 833 km^2。市级以上农业龙头企业发展到 249 家，其中国家级 9 家，农产品加工业年产值达到 1230 亿元，农民专业合作社发展到 1087 家，农业产业化农户覆盖率达到 63.3%。农村土地流转成效显著，累计流转土地约 783 km^2，占武汉市耕地总面

积（1995 km^2）的 39.2%。2017 年，武汉市经营规模 0.03 km^2 以上的各类经营主体共经营耕地面积约 913 km^2，占武汉市耕地总面积的 45.8%，土地适度规模经营比重与农业农村部规定的现代化目标值（简称目标值，下同，70%）相比，低 24.2%。[1]

2. 设施农业配套体系亟待健全，现代农业支撑体系不强

设施农业是一项高投入、高标准、高产出、高效益、低消耗的产业，加之水、电、路等基础设施建设，一次性投入资金较多，技术要求高。由于投入多，投资回收周期较长，农业生产经营单位（或农户）自筹资金难度大。目前，政府对设施农业的扶持主要集中在基础设施建设阶段，对生产过程中的技术指导、生产后期的产销指导、生产过程中的风险补偿机制等方面仍然有缺失，抑制了武汉市设施农业发展的步伐。

从农业机械化水平看，武汉市农业机械化保障水平相对偏低，农业机械化强度也偏低。从信息化基础支撑水平看，至 2017 年底，武汉市每百户农户计算机拥有率仅为 40 多台，与农业现代化目标值 80 台相比，低 30 多台。在江夏区英雄村调研中发现，虽然目前有机器可以代替人工插秧和部分劳作，但由于耕地条件不允许，机器无法下田操作，因此依然需要人工插秧。

3. 基本农田的严格管控与农业产业化发展需求不相适应

当前休闲农业、观光农业、特色农业等，需要在设施农用地之外安排餐饮、住宿、停车场、展销、农家乐等配套设施，很难避让基本农田，而基本农田管理政策又禁止占用基本农田。位于农业生态区的乡镇在保护基本农田的同时，一定程度上限制了现代农业的发展。基本农田红线范围内实行用地全局严控，但这种“洁癖式”、非精细化的管控方式导致规模农业发展所必需的设施用地指标难以获取，乡镇发展受到极大限制。

一方面，配套设施用地不够；另一方面，武汉市小城镇地区农用地大部分为基本农田，各类休闲场所选址无法在基本农田中进行，导致相关配套建设无法开展。

4. 农业产业化发展与全域乡村旅游不相匹配

1）“农转旅”的“去农化”问题

在“农转旅”的过程中，产业、产品、就业、空间等方面都存在过度的“去农化”现象。“皮之不存，毛将焉附”，追求绝对的旅游价值提升从而过度地“去农化”，将会导致旅游业生命周期加速走向衰退，难以为继。

---

[1] 资料来源：武汉市统计局官网和《武汉市现代都市农业发展空间布局规划（2012—2020 年）》。

(1) 产业"去农化"造成产业结构单一,存在产业链断裂风险

因土地资源、劳动力等农业要素和旅游业重组后,一些传统农业被摒弃。例如江夏区群益村舒谢湾彻底抛弃了原来的粮油种植,全力发展旅游业,但是终将走向旅游业生命周期的末端。任何地方发展单一的产业结构,都会面临产业链断裂的危险。

(2) 产品"去农化"导致旅游产品层次较低、同质化现象突显

武汉市城区居民消费升级速度快,旅游产品大多层次较低,未能同步升级;同质化严重,缺乏特色化和主题化引导,未形成有效合力。目前武汉市链接重组式融合衍生的旅游产品大多处于基础层次,以农家乐、村庄观光、农业观光采摘为主,缺乏具有乐趣性、创意性、体验性的产品类型;由于链接重组式融合型乡村大多围绕在木兰山和梁子湖等大型景区周边,集聚度较高,因此旅游产品结构的同质化容易导致各村陷入混乱竞争的困境。究其原因有两点:①因资金、技术投入有限,农户主导开发的旅游产品普遍较为低端、重复,未能随游客消费升级而升级;②各旅游公司进行景点开发时各自为政,未能达成协调合作关系,追求景点内旅游产品"五脏俱全"而造成重复建设,导致低水平比拼、价格竞争等问题。

以东西湖区石榴红村为例。如图 4-7 所示,2011 年是石榴红村游客量的顶峰,2011 年后,游客量呈回落趋势;如图 4-8 所示,2005 年发展旅游业后农民人均纯收入增长率远高于 2005 年之前,2006—2010 年是农民收入增速最快的时段,2010 年后农民收入增长呈疲软态势。在访谈调研中,针对这一问题,石榴红村村书记和农户认为原因有:①2010 年后,东西湖区内与石榴红村定位相似的景点数量开始暴增,而石榴红村因旅游产品低端、缺乏特色等,区域竞争力不足,造成游客流失;②石榴红村旅游产品较为低端、单一,导致到此旅游的游客绝大多为"一次游"。

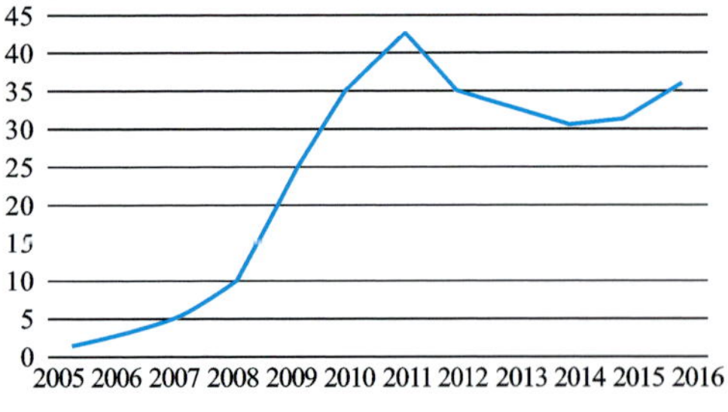

图 4-7　2005—2016 年石榴红村年接待游客量变化(万人/年)

(数据来源:石榴红村村委)

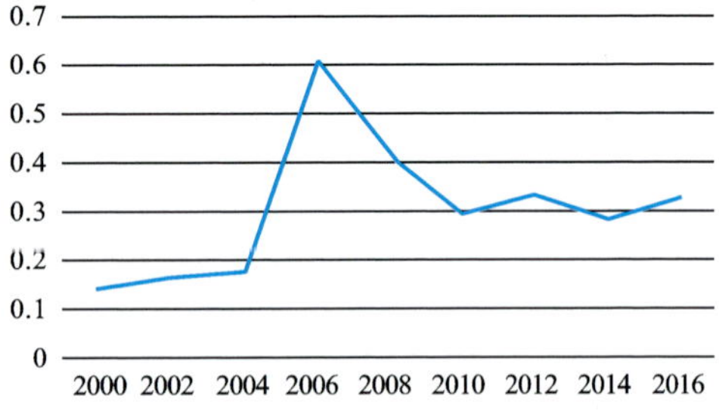

图 4-8　2000—2016 年石榴红村农民纯收入增长率变化(%)

(数据来源:石榴红村村委)

(3) 就业“去农化”,资方“一家独大”,村民增收受到局限

多数旅游地游客量有限,每个村能参与到旅游服务的村民有限,利益分配不均,只有农房区位外向性强、资本充足的农户才能自主从事旅游服务,而另一部分资力微弱的村民则被边缘化,这部分村民无法公平分享旅游产业的收益,却承担了更多的社会成本;甚至出现如江夏区群益村舒谢湾这样完全由企业提供旅游服务,企业将大部分收益收入囊中,村民丧失主观能动性、被彻底驱离主体地位的情况,从而使村民安居乐业的家园变成城市资本占位所有的平台,这是本末倒置、难以为继的做法。

(4) 空间“去农化”导致原真空间被重组异化,旅游核心吸引力流失

在乡村空间消费者和所有者的竞争关系下,乡村原真生活空间消退。外来游客反客为主,村民生活空间受到强势挤压。作为消费者的游客和作为所有者的村民对空间的需求有差异甚至相反,而乡村空间资源有限,两者形成一定的竞争关系,影响空间资源再分配。根据对样本村调研结果的分析发现,随着旅游业的发展和游客数量的增长,有限的居住空间无法满足扩大再生产的要求,生产、居住、销售、仓储等功能的混合也暴露出诸多安全隐患。而链接重组式融合形成的景点大多以利益为开发导向,其受到游客需求的支配,营造出的生活空间表现出受游客偏好的特征,而作为乡村空间所有者的村民需求被置于后位,村民自住空间遭到压缩,村民的日常生活方式逐渐以服务游客为主,失去了自身的生活品质。此外,为了巩固空间资源竞争的结果,旅游企业或政府等有力主体会进一步加强空间标签化,形成强烈的身份区隔和空间排他性。

①外部环境冲击下景观格局乡村性减弱,文化特色模糊。乡村标准化建设痕迹明显,丧失本土性。都市区周边乡村都面临着主城区城市文化的入侵,出现建筑风貌同质化、城市化特点,景观格局乡村性减弱,文化意象愈加模糊,乡村内在文化特色的消失也导致了乡村旅游吸引力的消耗。

②不以参与主体需求为导向的空间规划造成空间浪费。在调研时发现,东西湖区石榴红村按规划建设的菜市场长期处于闲置状态,村民普遍自发在自家临街摆摊贩卖,这反映了规划对农民商业活动规律调研不充分,将城市的空间规划方法用在乡村空间规划中存在一定程度的不适应性。

③景区集聚发展模式下生态空间的缩减和破碎。因旅游景区的粗放式开发建设导致的生态空间遭到一定的侵占和破坏,主要分为两种情况:第一,游客低素质行为带来垃圾横陈、生态环境破坏等问题;第二,在绝对利益导向下,企业或村民对乡村生态空间的隐性转用或过度开发行为缺乏管束,导致生态空间的缩减。

④违规的隐性用地旅游化转用现象缺乏管制。链接重组式融合的乡村空间转变方式即为农村集体土地转变为旅游产业用地的几种方式(见图 4-9),包含合法的经营性转用和违规的隐性转用,而在 4 个链接重组融合样本村的实地调研中,笔者发现隐性的用地旅游化流转普遍存在,例如未经正规程序批准,在荒地上搭建旅游服务设施,将集体建设用地用作经营性酒店用地等,对隐性转用的管制不力导致村集体和村民利益受损。

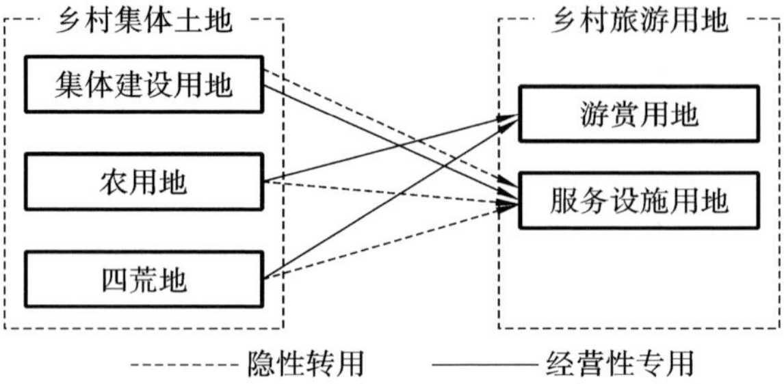

图 4-9　乡村集体土地旅游化流转的几种形式

(图片来源:作者自绘)

2)“农+旅”的融点不足问题

(1) 农业产业链较短,和旅游产业链的交叉融点不足

因为农业的多功能性,农业产业链的每一个环节都可以被附加旅游价值,从而成为旅游产品,交叉点越多,农旅融合的程度越深,农旅产业边界也就越模糊,而这种交叉点往往又是非常活跃的经济增长因子。但是,目前武汉市农旅交叉互促式融合的农业产业链短,导致旅游功能的融入不足、农业功能挖掘的广度和深度不足等问题,具体如下。

①农业产前环节的现代农业技术渗透不足,设施农业和农业现代化发展不足,武汉市仍以分散小农户为主要农业经营主体,农业机械化和现代化程度较低、劳动产出低、科技素质整体水平不高、融资能力弱;转型投向农业旅游的合作社存在盲目性、随意性租赁转包土地,绝大多数合作社习惯复制传统种植模式,导致设施基地投入高、产出低,旅游业融入后催生的旅游产品科技含量低,缺乏特色和吸引力。

②大部分农产品加工环节和销售环节都流向武汉市近郊工业园区,导致可开发的旅游产品大多局限在产中环节的农业观光、农业体验,产品类型较为单一。

(2) 旅游功能复合需求下农业生产空间缺乏适应性重构

无论是规模农业生产基地还是高效现代农业园区,都采用侧重于发挥农业生产功能的空间组织模式,对于发展旅游产业而言布局不尽合理。在生产空间中植入旅游功能要求其兼顾游客的行为需求，一般应包括较开敞的集散空间、游憩节点空间、连续的游览空间、综合服务空间（包括餐饮、购物、购票、如厕等）等空间，而农业生产空间一般以提升生产效率为目的对农用地进行简单区划，主要由农田和道路要素构成，具有紧凑和均质特征，游客在这样的空间中行为活动一般呈无序性，从而影响正常的农业生产和交通组织。在实际建设中，各类基础设施空间在生产和旅游功能复合使用需求下暴露出不适应性。因农业生产区中基础设施是按照农业生产需求所建设的，在旅游功能和要素融入后出现不适应性，生产功能和旅游功能双重复合使用下，基础设施承载力不足，例如道路硬化程度低、水电设施建设不足等，同时影响园区农业生产正常运作和游客旅游体验。

3）“农旅＋”的延伸乏力问题

（1）专业技术人才吸引力微弱，新兴产业创新发展缺乏动力

文创产业、摄影产业、电商产业等新型产业的专业性和技术性较强，对于这一类新兴产业，好创意、好点子是核心竞争力，而受教育程度普遍偏低的农民可参与的生产环节非常有限。目前关联延伸式融合衍生的新兴产业过于依赖政策层面的扶持，乡村基础设施建设和各方面设施配套不足，延伸条件不充分，对高素质专业人才的吸引力有限。

（2）乡村现状空间供给无法满足新兴产业的多元空间需求

对 3 个关联延伸式融合样本村的“新住民”进行访谈和问卷调查（见图 4-10）后发现，“新住民”对乡村空间的改善需求度最高的是道路设施和农房居住条件，其次

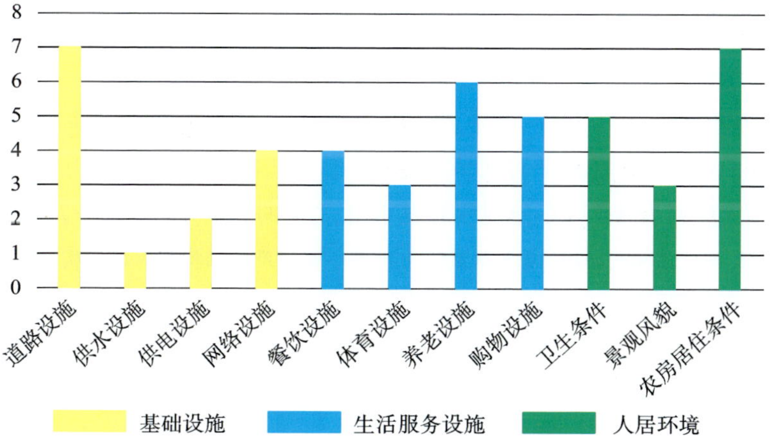

图 4-10　“新住民”对乡村空间改善需求度调查结果

（图片来源：作者自绘）

是养老设施、购物设施和卫生条件。在新洲区汉子山村进行访谈调查时，在此养老的 64 岁退休职工谌爷爷说："如果能办个养老院，把养老设施搞好，就好些，不然年纪再大点我在这也待不久。"汉子山村距离道观河风景旅游区卫生院 6 km，村卫生室医疗服务仅能满足最基本的看病需求。另外，多位下乡养老的老年人都反映，村内缺乏老年人活动场所、老年人医疗设施、老年人健身设施等养老设施，再加上购物设施缺乏，往返城区交通不便利等，这些因素严重限制了养老产业的发展。江夏区程家河村道士湾和童周岭村小朱湾的创业者则均反映，村内餐饮、休闲、娱乐等生活性服务设施较为缺乏，农房内部设施现代化程度低，与城区办公条件相比相差过大；并且文化空间创新力不足，创作氛围不够浓厚，影响创作工作和业务拓展。

4.3.2 小城镇产业功能结构性失衡

武汉市小城镇的产业发展呈现出明显的圈层分化特征。其中，近郊小城镇具有更多承接核心区产业外溢的机会，同时也会存在更多类型和维度的冲突与问题。而远郊小城镇则本身并不具有明显突出的良性产业结构，部分小城镇的工业化水平依旧较低，仍处于第一产业为主、第三产业尚在培育的阶段，因此它们更多地承担对周边乡村的基层公共服务职能，而非局部区域的小型增长极功能。具体来说，对于已经具有较为清晰的主导产业与结构格局的近郊小城镇，其产业发展存在一定的结构性失衡问题。

1. 工业用地效率低，产业空间亟须优化调整

1）产业用地大量扩张的同时，产值比重增长缓慢

2005—2015 年十年间，武汉市近郊小城镇的空间有着明显的扩张，选取 2005 年、2010 年以及 2015 年三个时间节点，分别测算武汉市近郊小城镇的产业结构与用地结构比重（见表 4-1），并分别测算其彼此之间的偏离度（见表 4-2）。

表 4-1 2005、2010、2015 年武汉市近郊小城镇产业结构与用地结构数据

年份	第二产业		第三产业	
	产值比重/(%)	用地比重/(%)	产值比重/(%)	用地比重/(%)
2005	34	28	20	72
2010	40.85	35.4	23.5	64.6
2015	46.9	47	26.2	53

表 4-2 2005、2010、2015 年武汉市近郊小城镇产业结构与用地结构偏离度

年份	第二产业结构偏离度	第三产业结构偏离度
2005	0.214285714	−0.722222222
2010	0.153954802	−0.63622291
2015	−0.00212766	−0.505660377

从测算的结果分析来看，2005 年以来，第二产业结构偏离度的绝对值不断逼近 0 附近，说明第二产业产值结构与产业用地的比例渐趋合理，处于均衡的状态。第二产业结构的偏离度在 2015 年前为正值，且呈下降的趋势。即第二产业用地效率相对较高，保持着较好的发展势头，并有进一步扩展的潜力，但这一潜力值呈逐年下降的趋势。2015 年，第二产业结构偏离度出现负值，产业用地比重逐渐大于产值比重，用地效率出现下降的趋势，第二产业用地存在退出的压力。第三产业结构偏离度一直保持为负值，且绝对值逐年降低，但降低幅度较小。说明武汉市近郊小城镇这十年间第三产业的用地效率较低，但也逐年保持低幅度上升，趋向于低水平均衡的态势。

2）各近郊小城镇产业用地效率差别明显

为进一步揭示武汉市近郊小城镇的产业结构与用地结构协调发展的状况，统计计算各个小城镇产业结构与用地结构协调的比重状况（见图 4-11、图 4-12），并相应计算其偏离度，计算结果如图 4-13、图 4-14 所示。

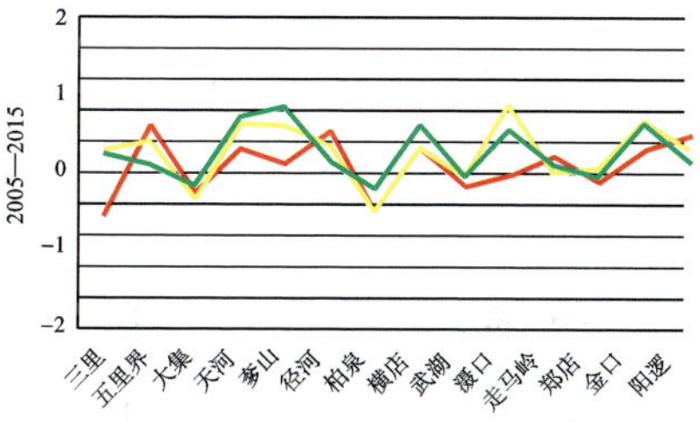

图 4-11 各近郊小城镇第二产业结构与用地结构偏离度

（图片来源：作者自绘）

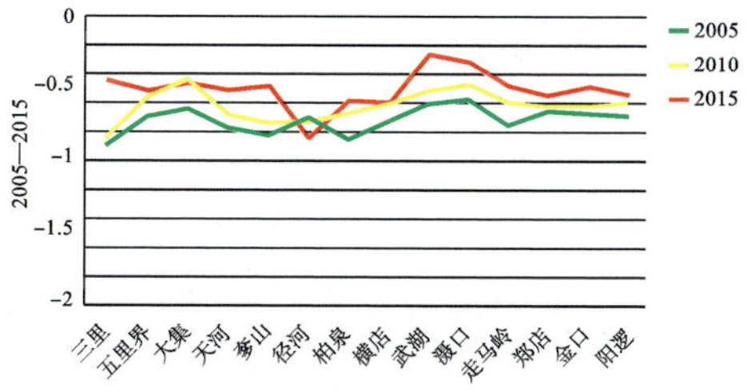

图 4-12 各近郊小城镇第三产业结构与用地结构偏离度

（图片来源：作者自绘）

一方面，从第二产业结构与用地结构的偏离程度来看，武湖、走马岭、郑店、滠口等 4 个近郊小城镇的结构偏离度接近 0，说明上述 4 个近郊小城镇的第二产业发展与第二产业用地是相对较为均衡的。五里界、天河、奓山、径河、横店、金口、阳逻等 7 个近郊小城镇的结构偏离度的值大于 0，其中五里界、径河、阳逻等小城镇呈逐

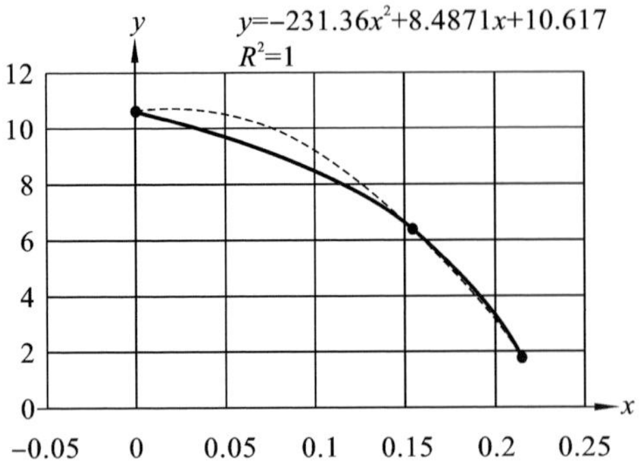

图 4-13　第二产业结构偏离度与经济发展水平拟合

（图片来源：作者自绘）

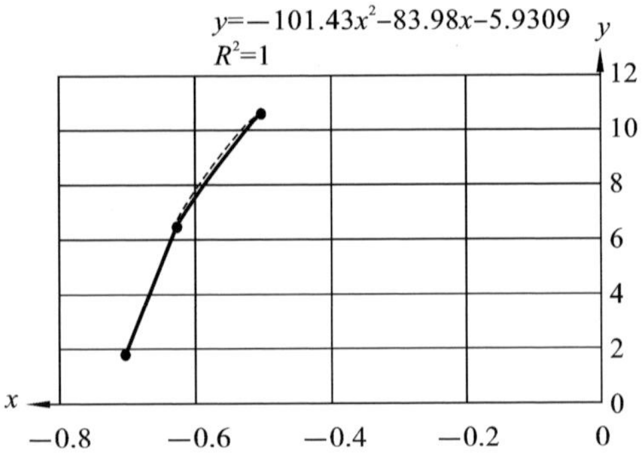

图 4-14　第三产业结构偏离度与经济发展水平拟合

（图片来源：作者自绘）

年上升的趋势，说明这 7 个近郊小城镇第二产业用地效率较高，工业用地存在进一步扩张的可能性，尤其是五里界、径河、阳逻等小城镇有着更为明显的增长潜力。三里、大集、柏泉等 3 个近郊小城镇的第二产业偏离度为负值，说明第二产业用地比重相对较高，随着产业结构的不断升级，工业用地将逐步被第三产业用地替换，工业用地比例逐渐下降。

另一方面，从各近郊小城镇第三产业的结构偏离度数值来看，整体均为负值，说明整个近郊小城镇第三产业用地效率较低，这与我们的实际调研基本相吻合。目前近郊小城镇普遍呈现出基础设施落后、文化体育设施缺乏、集中建设的公共绿地缺失，以及主要商业沿街分布，并且商业以五金日杂类为主导的第三产业用地发展特征。因而就未来近郊小城镇而言，第三产业存在着较大的增值空间。

就整个近郊小城镇来说，整体呈现出第二产业用地效率高于第三产业用地效率、城镇基本服务职能较弱、工业化带动城镇化发展的趋势。其中，三里、柏泉、大集等 3 个近郊小城镇的产业结构与用地结构较为不协调，仍需不断调整优化。相比较而言，阳逻、滠口、武湖、径河、横店等 5 个近郊小城镇处于较为均衡的状态。

3）产业空间有待进一步的优化调整

进一步将产业结构偏离度与近郊小城镇的经济发展水平（人均 GDP）做拟合关系分析，发现两者之间也存在着明显的互动。第二产业、第三产业的结构偏离度与经济发展水平之间均呈倒 U 形变化的趋势，只是两者呈现出的演变关系不同。第二产业的结构偏离度随着经济发展水平的提升不断降低，且往负值区域延伸。第三产业的结构偏离度在负值区域随着经济发展水平的提升不断增大，且趋近于 0。

整体上来说，随着经济发展水平的不断提升，第二产业发展与用地结构之间不平衡、不协调的发展趋势会进一步扩大。而第三产业发展与用地结构之间则逐渐趋向于平衡协调的态势。

2. 内部用地不断调整，空间结构性失衡

城市建设用地布局是城镇功能在空间上的平面投影，随着投入要素的不断调整与完善，城镇用地功能结构也随之发生相应变化，主要反映在用地类型、区位特征两个方面。

1）用地类型逐渐多元，用地比例关系不断调整

城镇功能由最初的基本生活消费品供给，到生产服务供给，最后到服务网络化的形成，功能不断发生转变，城镇空间载体也变得逐渐多元。纵观整个近郊小城镇用地结构的演变过程可以发现，工业用地以及居住用地一直占据着主导地位，其他类用地与工业化的阶段保持着不同的增长重点（见图 4-15）。

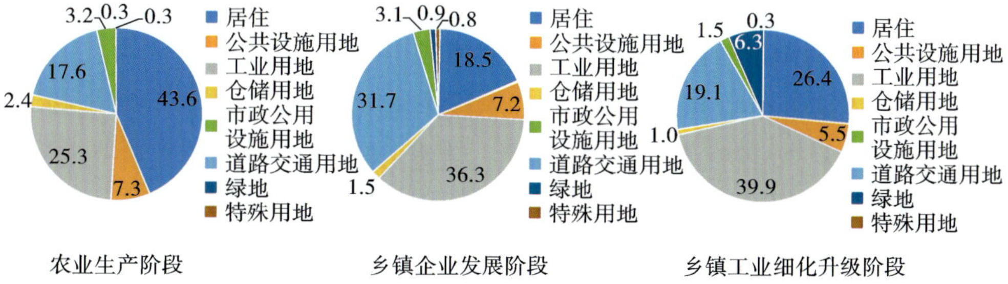

图 4-15　近郊小城镇用地结构变迁示意

（图片来源：作者自绘）

农业生产时期，为满足对于基本生活消费品的交换需求，集市贸易等成为承载城乡商贸服务的重要节点，城乡空间开始有了初步的分异。这一时期村社工业企业零散布局，居住用地占据绝对的比重。

乡镇企业发展阶段，城镇围绕生产要素的壮大而服务，乡镇企业积极呼应市场需求，纺织、建材、服装、机械等轻工业逐渐发展。部分城镇更是在此基础上，延伸上下游产业链，或者进行地域的分工协作，形成专业化小城镇，如滠口服装小商品市场和阳逻经济开发区的钢铁、化工等产业特色化发展。这一时期的小城镇迎来发展的高潮，为满足工业生产，推动产业落地的工业用地被划分出来，以工业组团、工业园区的形式存在，工业用地的比例快速提升。

此外，为推动生产效率的提升，推动要素的集聚，降低生产要素空间移动的成本，城乡之间、区域间的流通网络逐渐建立，以三环线、四环线、外环线及多条放射

状主干道为骨架的道路交通网将近郊小城镇纳入区域一体化的节点网络之中，带动近郊小城镇道路交通用地比例提升。部分处于重要节点位置的城镇，更是借助产业分工的细化，发展成为专门型城镇，推动城镇职能的特色化、专一化，如金口中山舰旅游休闲区、阳逻港口物流园区、滠口小商品交易市场群等。与此相应的物流仓储用地、集贸市场用地、消费类的居住用地、商业金融用地等逐步扩大。

同时，人均收入水平的提升，带动对服务需求由最初的个人服务、家庭服务转向社会服务的提升。为了维持社会生产关系的延续以及生产要素的持续投入，以政府投入为主导的城镇综合服务职能开始完善，城镇公共服务类用地、公园绿地比例有所提升。

此外，这一阶段的小城镇更多地参与到区域的产业分工之中，依托信息、技术的投入，提升在产业竞争中的区位优势，生产附加值更高的产品。为此提供依托的创意产业园区、生态办公园区等空间载体则逐步脱离出原有的以生产、加工为主的工业园区，如滠口的卓尔生态办公园、武湖的科技信息技术中心等。

2）用地布局随产业转型升级不断置换、迁移

根据级差地租理论，由于土地价值先天性分级的存在，各类要素必然往具备优势区位的中心集聚，带来城镇的初步发展。工业化阶段，随着城镇经济的不断发展，土地价值分级更为显著。各类被生产出来的城镇空间，因剩余价值生产能力不同导致对地租承受能力的不同，各类城镇空间在地租的制约引导下，不断地进行调整、再布局。

而就近郊小城镇来说，其与大城市的土地租金分布格局又有着本质的区别。结合上文中对于产业结构与用地结构的分析可以得知，近郊小城镇第三产业以基本生活类的沿街小商业为主，城镇基本服务职能缺乏。因而就空间的剩余价值生产而言，工业空间或者工业用地在小城镇中占据着绝对的优势，其布局选址也往往是在交通条件优越、临近主城区大型工业园区的位置，替换掉原有的农业用地或者居住用地，形成工业组团，其次才是为生产配套服务的商业、居住等空间单元的布局。因而近郊小城镇普遍呈现出“未进镇区、先入园区”的空间感知序列（见图4-16）。

随着都市发展区内一体化发展的推进，部分近郊小城镇如阳逻、滠口开始由最初的工业成长阶段，进入到成熟发展阶段，形成功能综合的新城区。第二产业发展渐趋稳定，第三产业快速发展，空间增长由最初的数量扩张转为追求内部效率的提升，工业功能内部逐渐发生分异，工业空间被现代服务业、房地产业所取代。

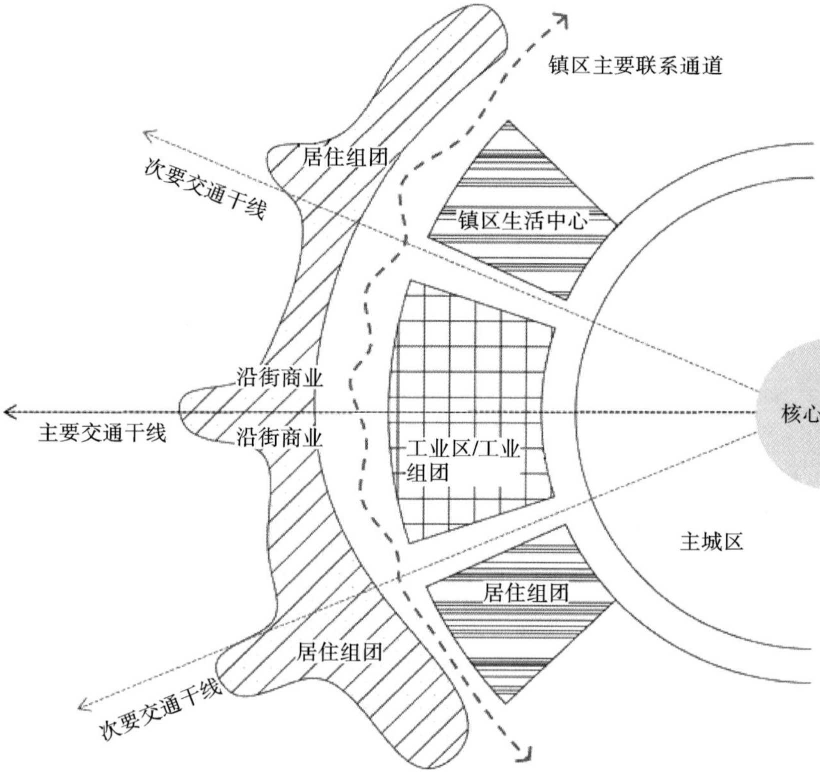

图 4-16　武汉市近郊小城镇各类用地布局选址

（图片来源：根据王磊《城市产业结构调整与城市空间结构演化——以武汉市为例》改绘）

结合武汉市都市发展区内新房价格分布（见图 4-17）可以看出，北部新城组群内的滠口、天河以及东南新城组群内的五里界，新房价格在近郊小城镇中均处于领先位置，与主城区三环附近房价持平，房地产经济有了初步的发展，出现以居住功能为主导、生活配套较为齐全的居住组团，如滠口的盘龙城、径河的远洋世界等。

但值得注意的一点是，随着产业结构的“服务化”，以及技术、信息、金融服务等要素投入比例的增加，创新型、技术密集型产业的发展成为主导方向。这类产业的布局，由于投入要素对于时空约束的超越性，城镇空间布局并不严格遵循“中心—边缘”的规律，就近扩散、等级扩散强度减弱，依托于网络产生跳跃性扩散的可能性增加。一些偏向于技术发明和创新的产业业态、地方特色产业倾向于进入中心区以外的周边城镇。如蔡甸区大集街道利用生态资源优势，引入合众人寿、亢龙太子等项目，逐步替换掉原有的工业用地，置换成商业商务办公用地。滠口承担汉口北十大市场群的七大专业市场群，沿巨龙大道替换掉原有的沿街小商业，形成小商品

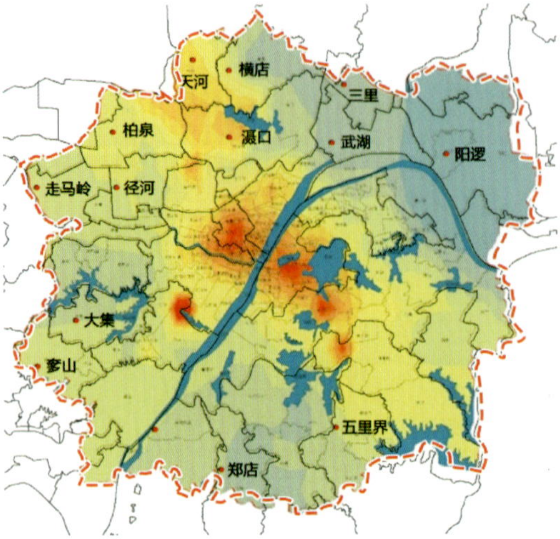

图 4-17　武汉市近郊小城镇新房价格 IDW 插值分析

（数据来源:《武汉市新型城镇化暨全域城乡统筹规划(2014—2030 年)》）

交易中心等大型商务办公、物流仓储用地。

3）飞地式园区发展,带来近郊城镇空间的结构性失衡

随着产业结构升级对城镇用地功能结构带来的变化,城镇内部空间结构及空间组织关系发生着转变。就近郊小城镇来说,主要存在如下几种类型。

（1）单中心同心圆式扩张模式

农业社会时期与工业化初期阶段,农业要素逐步往非农要素转移,城镇空间围绕某一主要干道的商业设施或者原有村社行政中心布局。随着村社企业的逐步发展,这一特征得以不断强化。居住、小型商业活动均围绕现有的城镇中心,以河流、交通等要素为引导,进行功能的延伸布局,这就是单中心同心圆式扩张模式(见图 4-18)。

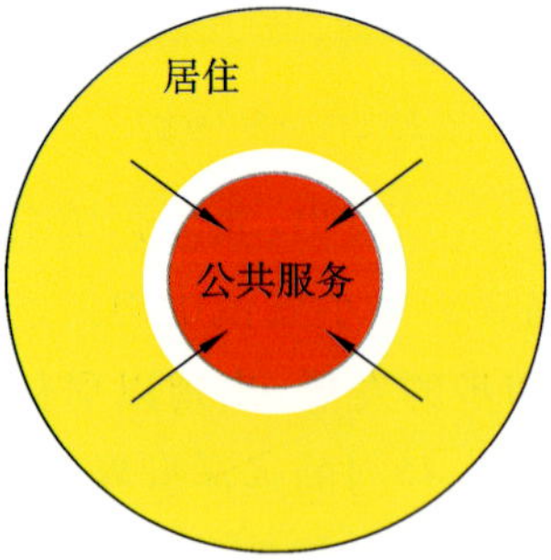

图 4-18　单中心同心圆式扩张模式

（图片来源:作者自绘）

（2）扇形结构模式

大多数近郊小城镇经历了单中心同心圆式扩张阶段后,往镇区集聚形成工业组团。与之相配套的居住、日常商业服务用地,在服务工业园区的同时,兼顾与原有镇区生活中心的联系。因而整体空间模式仍以原有镇区生活中心为核心,工业用地、居住用地穿插在外围地区,以道路为放射轴往外延伸,这就是扇形结构模式(见图 4-19)。

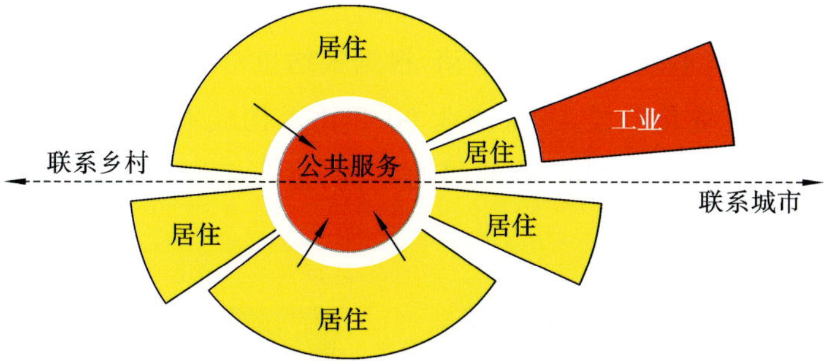

图 4-19　扇形结构模式

（图片来源：作者自绘）

（3）多中心组团式发展模式

城镇工业化初步积累的完成，推动产业结构的不断升级，各类要素的集聚需要以城镇空间为依托。而针对原有城镇空间进行置换改造的难度较大，因而大多选择开辟新的工业园区以形成新的产业活动中心，与原有城镇中心保持一定距离的同时，通过城镇主要交通干道进行联系，这就是多中心组团式发展模式（见图 4-20）。正是在这样一种以工业企业生产为主导的空间组织模式下，生产空间一头独大，而原有镇区生活空间则逐步萎缩，呈现出一种生产与生活彼此割裂分离的失衡状态。

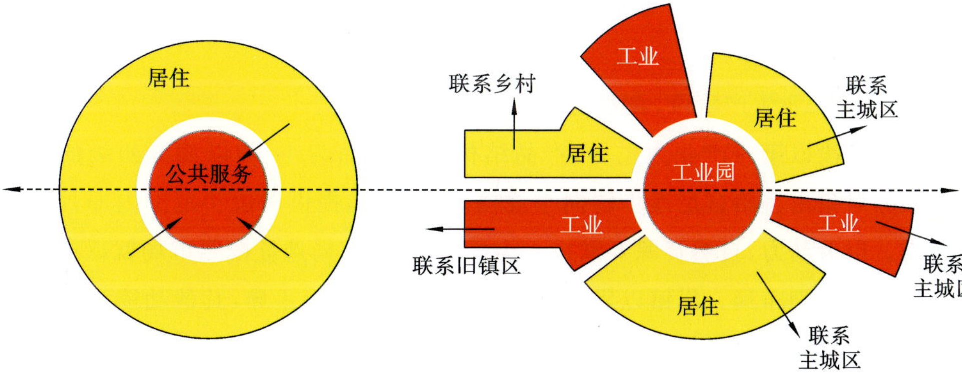

图 4-20　多中心组团式发展模式

（图片来源：作者自绘）

3. 产业结构趋向软化，城镇职能结构服务化

从主导产业发生变化来说，产业结构在完成每个阶段性的升级之后，必然伴随着劳动力在产业之间的再分配，以产业分工、劳动地域分工的形式呈现，并带来城

乡分离、城镇主导功能的转变。

小城镇的发展离不开工业化的带动，根据钱纳里对于工业化三个阶段、六个时期的划分，不同的工业化阶段，三次产业 GDP 比重构成不同。根据不同阶段三次产业产值的构成，也就是主导产业部门的不同，进一步分析城镇功能内涵的转变（见图 4-21），具体如下。

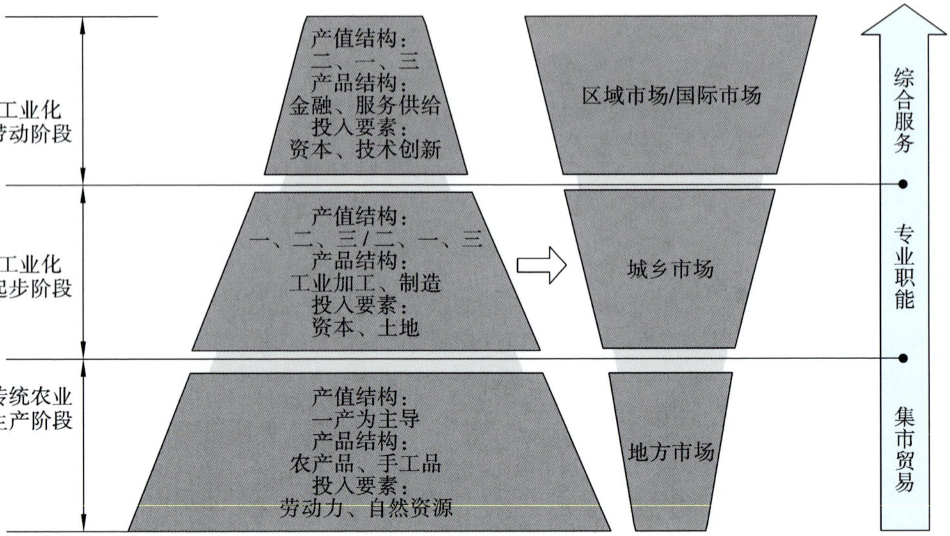

图 4-21　武汉市近郊小城镇产业转型升级带动功能演变特征

（图片来源：作者自绘）

1）传统农业生产阶段，农业型城镇

这一阶段以第一产业为主导，产品结构以农产品为主，辅以部分初级的手工品。服务对象由自给自足逐步转向小规模地方市场，提供周边小范围内的日常生活所需。以劳动力、自然资源要素投入为主导，产业布局选址按照市场就近或者资源产地就近原则布局。集镇以周期性的集市贸易功能为主导，其他功能设施围绕集市展开。

2）乡镇企业发展阶段，工业型城镇

这一阶段以第二产业为主导，产品生产由原料加工向以加工为中心的高度加工化转变。服务对象由地方市场逐步转向更大尺度规模的城乡市场。以资本、土地要素投入为主导，产业布局沿主要交通通道以及能源、资源产地展开。集镇功能逐步多样化，服务于生产的居住功能、商业金融功能逐步完善。

3）乡镇工业细化升级阶段，服务职能不断强化

这一阶段，从产业构成来说，产业结构不断高级化、服务化。服务经济、信息经济的比重不断提升，信息、技术与创新等要素投入占据主导地位，进而对原有的产业进行改造或者淘汰置换。信息经济的发展改变了以往的地理邻近的区位选择，城镇之间的联系由层级向网络化转变，置身于更为广阔的区域市场甚至国际市场之中。集镇功能由生产功能为主导，逐步向面向社会、个体的生活功能转变，各类公共服务设施、商业金融保险、企业生产服务等功能服务网络形成。

4. 生产空间园区化与都市化空间生产，镇村产业发展弱化

镇村产业由最初的自我生长向临水临路集聚、集约发展的态势转变，使得工业园区成为工业企业集聚发展的重要载体。改革开放初期，近郊小城镇产业自下而上地发展，产业布局大多结合自身资源优势，发展服务于农业生产的化工、机械、皮革等产业，产品附加值低，所需劳动力投入有限，因而产业空间呈分散、自我生长的态势。随着主城区退二进三、房产经济的发展，众多工业企业转移进入近郊小城镇，在推动原有工业企业更新发展的同时，带动近郊小城镇进入区域统筹发展之中。各类工业集聚园区成为近郊小城镇承接产业转移、推动内部产业转型升级的重要依托。

随着武汉市产业的不断发展，区域产业空间布局框架逐渐成形，围绕中心城区，以“四大板块”为空间载体，在大车都、大光谷、大临港、大临空板块分别形成了汽车及机电产业、光电子及生物医药产业、钢铁化工及环保产业和食品产业等四大集聚区。近郊小城镇受四大集聚区的辐射带动，在主导产业的引领下，尽管彼此之间仍然存在着一定的产业同构，但也有了初步的产业分工（见表 4-3）。从中可以看出，装备制造、食品加工、物流运输、电子机械、汽车零件及配件制造、钢铁加工是近郊小城镇重点布局的产业类型，但发展劲头弱于园区化与都市化产业发展。

表 4-3　武汉市近郊小城镇主导产业一览

行政区	街道	主导产业
黄陂区	天河	五金、物流、食品加工
	三里	农产品加工、机电
	武湖	食品加工、农产品加工、服装、机电、建材
	横店	农产品加工、建筑
	滠口	商贸物流、制药、精密仪器制造、食品、化工
新洲区	阳逻	现代农业、钢铁加工、机械设备、食品加工、建材

续表

行政区	街道	主导产业
东西湖区	柏泉	农业、机械制造
	径河	食品加工、机械
	走马岭	食品加工、物流、机械
蔡甸区	大集	化工、建材
	奓山	机械制造、汽车及零部件
江夏区	金口	港口运输、汽车零部件、机械制造
	郑店	物流运输、生物制药
	五里界	装备制造、金属制造、食品加工、建材化工及能源产业

4.4 武汉市镇村建设与管理问题

4.4.1 镇村公共服务设施配置低效

公共服务的基层稳定和上下传导是镇村层级重要的结构性功能。而大都市地区镇村发展较为突出的问题之一是公共服务设施配置问题。在各种类型的公共服务设施配置中，城乡医疗设施布局不均衡、服务能力不足以及资源浪费等问题相较于其他类型设施表现较为突出，也反映了对于基本健康需求的供给情况。

1. 城乡医疗设施布局不平衡

城乡发展不平衡的空间表征之一就是公共服务设施分布的不平衡。通过分析可以清楚地看到，相比教育设施和社会福利设施，大型医疗设施在市区的集中更为明显。全市大中型医疗设施仍集中于老城区，主要位于一环与二环之间，外围新城区和乡镇地区医疗设施不足。一方面，大型医疗设施集中于市区，导致了服务半径的重叠，也造成了乡村地区优质医疗资源严重缺乏，乡村居民跑外就医现象严重；另一方面，现行医保政策对于首诊的补贴又在一定程度上限制着乡村居民的跑外就医行为，这就导致乡村居民享有的基本医疗条件低于城市居民。

医疗设施的质量和数量也更多向城市倾斜，农村卫生资源相对不足。2018年，武汉市乡村居民每千人拥有床位2.55张，每千人拥有卫生技术人员4.61人，仅为城市千人指标的1/3;部分卫生院存在占地面积较小、设施设备落后、资金短缺、医护人员缺乏且质量不高等问题。

2. 小城镇间医疗服务能力不平衡

从前文分析的小城镇每千人口拥有病床数可以看出,不少小城镇没有达到基本的《乡镇卫生院建设标准》(建标〔2008〕142号)中要求的每千人拥有病床数0.6~1.2的水平。且小城镇的医疗服务能力存在着圈层差异,都市发展区内部小城镇医疗水平优于都市发展区外部小城镇;但由于都市发展区内部小城镇人口基数大,服务范围广,对医疗服务设施需求量大,标准高,反而导致了服务的不足,居民跑外就医现象严重。从地域来看,东西湖区和汉南区小城镇自身的医疗服务能力尚不能满足居民需求。

再者,医疗人力资源的配置上也存在着地区差异。经济发展水平较高的小城镇,卫生院经营状况较好,各种资源配置水平不断上升,人才待遇较好,能够吸引高素质卫生技术人员前来工作;但经济相对落后地区的卫生院经营状况不佳,设备、病房等硬件条件较差,难以留住人才。故而都市发展区外部的小城镇,其医疗人力资源水平上明显要弱于都市发展区内部的小城镇。

3. 供需错位下医疗资源不足与浪费并存

随着现代交通的变化、信息技术的发展、居民生活水平的提升,居民的就医习惯也在发生变化。经济较好、区域就医可达性较好或病情较严重的小城镇居民,考虑到大型医院医疗设备较好与人员质量较高,有直接到市级医院就医的倾向,部分卫生院则存在"小病看不到,大病看不了"的尴尬局面。各层级医疗设施之间分工不明确,卫生院没有发挥基层首诊作用,导致三级综合医院及大型专科医院超负荷运转,基层医疗资源空置和浪费,出现供需错位下的医疗资源不足与浪费并存的现象。根据实地调研统计,武汉市约58%的医疗服务设施病床使用率超过100%,部分大医院甚至高达138%,而卫生院仅为57.79%。卫生院之间也存在就医差异,一些硬件设施、服务水平较好的小城镇卫生院人满为患,而一些基础条件较差、无法提供多种医疗服务的卫生院则无人问津,导致了资源使用效率的严重不均。

4. 层级性未能凸显,区域设施共享尚未实现

中心卫生院和一般卫生院在规模上不存在明显的差别和对应关系,在床位设置、科室配置、技术水平、医护人员数量方面没有突出表现,对就医居民的吸纳和分流功能没有体现,设施配置的层级性尚未凸显。

同时基于医疗设施及政策的开放性，居民开始根据需要选择医疗设施，跨镇诊疗现象出现，医疗资源开始在镇域范围内共享和流通。但由于设施层级性不明显，小城镇之间的医疗服务能力差距不大，再加上相关政策条例限制，考虑到跨镇诊疗耗费的时间长，居民选择跨镇诊疗的人数较少，区域共享难以完全实现。

武汉市小城镇经历了曲折的发展历程，形成了较为明显的“中心—边缘”结构。医疗设施的布局也顺应这一趋势，形成了较为明显的圈层分布体系。总体而言，卫生院经过提档升级和资源整合，服务能力较以前有明显提升，但较城市的基层医疗服务仍有较大差距。都市发展区内外的小城镇在医疗资源配置、服务能力等方面存在差异，导致了城乡医疗设施布局不平衡，小城镇间医疗服务能力不平衡，供需错位下医疗资源不足与浪费并存，层级性未能凸显、区域设施共享尚未实现等问题。前两个问题涉及社会公平，而后两个问题则是设施使用的效率问题。也就是说，武汉市小城镇当前医疗服务的公平与效率都没有达到最佳状态。

当前武汉市医疗服务设施的布局体系是符合中心地理论的。各层级设施根据不同的服务人口规模和服务半径，参考不同的配置标准，就是包含门槛人口和等级序列概念的中心地理论的空间应用。但这种配置方式也存在着诸多问题，它忽略了区域不同导致的居民需求差异，也没有考虑到医疗服务供给的即时性和专业性，即居民无法自行判断病情，需要依赖专业的医生进行判断；该医疗服务也无法进行储存和运输，在无法确切了解自身需求时，居民更愿意去更高级的中心地接受服务，就出现了跑外就医行为，中心地体系没有得到系统有效的运用，首诊在基层没有实现。

4.4.2　镇村建设中的空间冲突问题

1. 乡村与生态保护底线的划定存在冲突，导了管控和建设的矛盾

武汉市乡村的分布与生态底线的控制存在巨大冲突，在生态控制线内，共涉及1033个行政村。其中黄陂区涉及的村最多，有421个；其次是新洲区，有342个(见图4-22)。另外，在控制线内存在相当数量的历史文化村落、新旧村庄、街道办事处和社区等，其乡村发展建设与空间管制同样存在相当大的矛盾。如果从村民的生存利益考虑，未来搬迁谁、改造谁、新建谁等都存在一定的社会矛盾。

根据对“绿中村”调查数据统计(见图4-23)，我们针对村民对生态绿楔保护的态度、村庄迁建的态度和安置补偿标准的意见以及对村庄设施建设的评价进行了

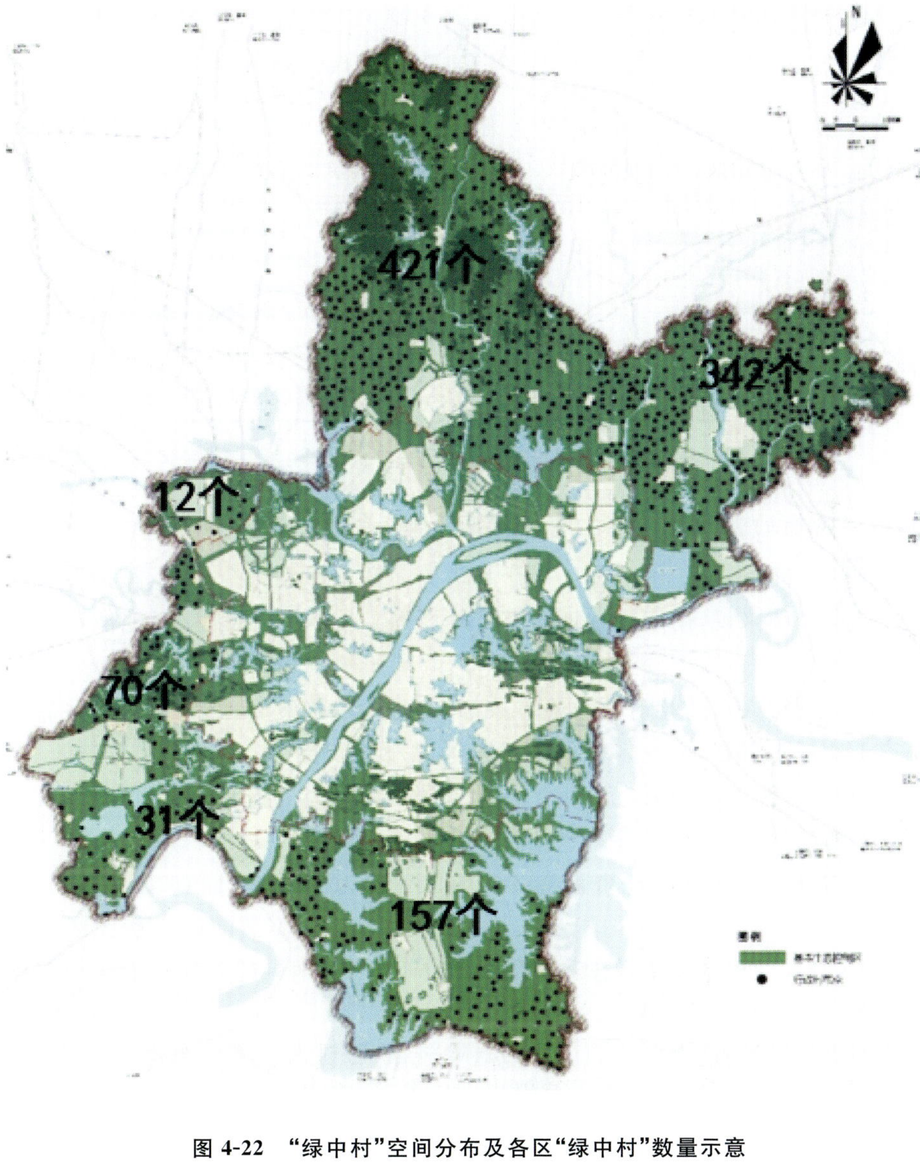

图 4-22　“绿中村”空间分布及各区“绿中村”数量示意

（资料来源：作者自绘）

分析，得知：95％的村民支持整治村庄，改善环境，最终恢复区域生态环境；85％的村民认为目前的拆迁政策不好，拆迁时矛盾冲突严重；60％的村民认为拆迁存在补偿标准低、政府行为公开透明度不够等问题；45％的村民认为农村建设最突出的问题就是生态环境污染较严重，生态遭受破坏。

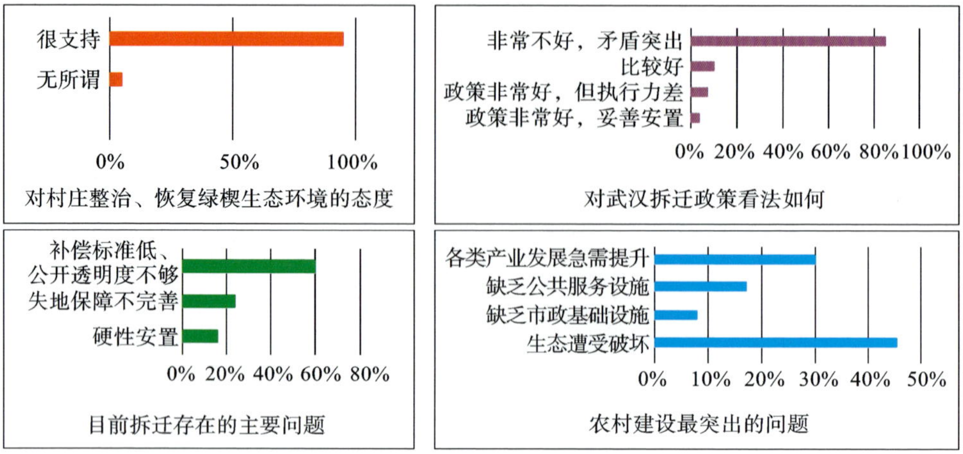

图 4-23 “绿中村”调查数据统计

2. 非均衡的耕地资源与人口的空间分布，导致乡村人地关系的矛盾突出

从地域空间看，人们的社会经济活动可分为城市和乡村。其中，农村经济的发展较之城市经济来说，由于受土地、资源、环境的直接制约，更能明显地体现出人地关系。

武汉市乡村人口的相对数与绝对数都较大，人均耕地资源拥有量少，大部分人口脱离土地外出打工，留在乡村的多是老人和小孩，导致农业劳动生产率低下，传统的耕种方式使得农产品商品率低下，引起农民实际生活水平下降，长此以往，人地比率不断降低，人地矛盾日益恶化。

2017 年末，武汉市耕地资源 1.9×10^5 hm^2，其中水田 1.7×10^4 hm^2，旱地 8.0×10^4 hm^2。新城区耕地面积与人均耕地面积成反比，黄陂区与新洲区的耕地面积最大，但人均耕地面积较少。相反，东西湖区与汉南区的人均耕地面积较黄陂区和新洲区多出 0.067 hm^2。

在调研中发现，江夏区法泗街道的石岭村、联盟村人均耕地面积 0.49 hm^2，比新洲区汪集街道湖西村人均耕地面积(0.047 hm^2)多出 0.443 hm^2，这种非均衡的耕地资源分布，必然导致乡村人地关系的矛盾凸显。

4.4.3 镇村建设中的管理矛盾凸显

1. 迁村并点、增减挂钩等政策取得了一定成效，改变了分散、低效的传统生活生产方式

2008—2015 年 11 月，武汉市通过实施城乡建设用地增减挂钩工作推动迁村

并点工作，全市获批周转指标 1559 hm^2，已经实施获得验收的有 267 hm^2，验收仅占获批的 17%。汉南区获批 309 hm^2，全域实施挂钩，实施 147 hm^2；东西湖区获批 264 hm^2，实施 58 hm^2；黄陂区获批 371 hm^2，实施 34 hm^2；江夏区获批 162 hm^2，实施 21 hm^2；新洲区和蔡甸区的实施最理想。按照这一政策推进，虽然有了一定的成就，改变了居民分散的、低效的、传统的生活和生产方式，但是离城乡建设用地增减挂钩规模的规划目标还有一定的距离。武汉市各区增减挂钩项目实施情况总结如表 4-4 所示。

表 4-4 武汉市各区增减挂钩项目实施情况总结

项目名称	项目区规模/hm^2	安置人数/人	需要资金/亿元	审批时间	实施情况
新洲区涨渡湖农场挂钩项目	108.47	9500	10	2012.10	缺乏资金，还建小区还未建设
黄陂区谦森岛第 2 批挂钩项目	111.23	5900	7.2	2012.12	还建小区还未建设
东湖新技术开发区花山一期挂钩项目	124.02	11000	16.5	2012.4	农民已入住新房，旧房正在复垦
汉南区(二期)挂钩项目	161.4	10580	4.5	2011.12	还建小区基本建成，农民未入住
东西湖区走马岭农场挂钩项目	45.49	3700	3.6	2012.11	还建小区正在建设

当前武汉市实施的“迁村并点”项目基本以政府或企业为主导、新建小区后居民整体搬迁入住的方式进行，由于前期工作不细致、农民意愿多变，资金需求压力大、解决有困难，还建小区建设参照经营性房地产项目办理相关手续，程序复杂、收费多、办理周期长等问题，村庄迁并难以在 3 年内实施完成。主要原因在于：政策缺乏便利性，导致实施积极性不高；资金返还标准偏低，成本转嫁给农民；规划缺乏稳定性，引起实施方案调整，以及存在农民权益保障不够等情况。

2. 农民对于“集并”的不同意愿受到多方面因素的影响

迁村并点可以节约土地，优化资源配置，节约基础设施和公共服务设施投资，而保护生态环境是未来农村空间结构变化的必然趋势。但是迁村并点在实践过程中障碍重重，受到包括观念、制度、资金、耕作距离、家庭收入、教育程度等多方面的因素影响。

农村有几千年形成的习惯和自然条件，村民形成了对传统生活方式的强烈依赖，受耕作半径和乡土留恋情结的影响，村民往往不愿意轻易离开生活了几十年的村庄。由于在实际生活中村民对农村宅基地所有权普遍存在着私有的观念，认为宅基地可以祖祖辈辈继承下来，是一种私有财产，可以无偿、无期限使用，加之传统的生产、生活方式使得村民习惯于单门独户，也习惯了宽敞的居住条件，从而制约了土地的利用、调整。

通过迁村并点等形式来实现村庄建设用地的整理，无疑是解决村庄建设集约化问题的有效途径，但由于还没有形成有效的筹资机制，进展十分缓慢。目前，武汉市村级集体经济大都比较薄弱，难以承担规划中基础设施建设的费用。大量农户刚刚脱贫，单靠农户自筹资金也不能满足需要，同时，不少农户不愿投入资金用于建设用地整理。如果片面加大治理力度，全面开展整理，势必导致损农伤农的事件发生，影响农村社会稳定。

在对武汉市部分村落调研时发现，目前武汉市对迁村并点的方法是实行“产权调换＋货币补偿”方式，安置房屋户型为 132 m^2，一个家庭一套，考虑分户要求，为 16 周岁以上未婚子女每人预留一套房屋。其建设原则是先还建，后拆迁，再复垦。

另外，黄陂区政府认为未来不应继续推行集体一次性搬迁计划，而应划定农民自建区，引导农民逐渐将新房建设在集聚点，并通过农民自建而非开发商建设的形式来降低农民以及政府成本。“迁村腾地”是一项长期性工作，不能完全依靠行政力量一蹴而就，而是应该逐步引导，循序渐进。

4.4.4 镇村发展中的制度隔离与约束

1. 城乡土地权利与市场存在明显的城乡分割，农民土地财产权利受到限制

在当前农村一系列涉及深层次矛盾和问题的改革中，土地制度的改革处于核心地位。现行农村土地制度存在着诸多弊端，对城乡一体化改革的发展构成严重的制约，土地制度是横亘在城乡关系面前的又一道壁垒。由于土地制度而产生的问题和弊端有三个不平等，分别为发展权不平等、流转权不平等、物权保护不平等。

1）发展权不平等

《中华人民共和国土地管理法》规定，农民集体所有的土地的使用权不得出让、转让或者出租用于非农业建设，需要使用土地的，必须依法申请使用国有土地；国家征收农民集体土地，按原有用途进行补偿。在这套制度安排下，国家垄断了城镇

建设用地的一级市场，土地从农业向非农产业、农村向城镇、集体向国有转换所产生的增值收益，被收归国家所有。所有制与用途管制交织在一起，不仅根据区位而且根据土地所有制性质确定土地用途，使集体土地的发展权受到严格限制。城镇设施建设等均对这种土地增值收益形成严重依赖。

2）流转权不平等

近年来，农村人口外流数量不断增多，由于受土地流转困难的限制，农业人口向非农产业转移受到制约，农业剩余劳动力一直得不到释放，也使城镇化进程受阻。土地不能有效流转，影响了土地的集中使用和规模化经营，对农村经济进一步发展造成阻碍。城乡土地二级市场发育程度差异较大。在国有土地使用权二级市场上，除以划拨方式取得的部分外，以招标、拍卖、协议等出让方式取得的部分可以租赁、转让、抵押。集体建设用地使用权只有在企业兼并、破产的情形下才能流转，宅基地使用权职能流转给本集体经济组织符合新申请宅基地条件的农户，土地承包经营权流转的限制条件也较多。

3）物权保护不平等

《中华人民共和国物权法》规定："建设用地使用权人依法对国家所有的土地享有占有、使用和收益的权利。"该法并没有把集体建设用地使用权视作用益物权进行保护，仅规定了"宅基地使用权人依法对集体所有的土地享有占有和使用的权利"，少了收益的权利，是一项不完整的用益物权。在担保物权方面，国有建设用地使用权大部分情况下可以抵押，而集体所有的土地使用权则不可抵押。农村土地所有权与经营管理权方面的实际情况是，农村集体组织对土地的所有权一直被空置化，农民对土地的主体权益缺乏实质有效的制度规定。

2. 劳动力市场"双重二元结构"依然明显，不利于农民工权益保障和劳动力再配置效应充分释放

在城乡二元结构向一体化转变的过程中，农村剩余劳动力转移到工业部门或非农产业是必由之路。我国的劳动力市场被非常严格地分割为城乡两个独立的部分，随着农村经济的发展，农村产生了大量剩余劳动力，劳动力市场的制度性分割使得农村剩余劳动力无法实现转移，导致农业生产效率低下，城乡差距进一步拉大，阻碍城乡关系的协调发展。劳动力市场"双重二元结构"依然明显，使得城乡居民表现出三个不平等，即就业机会不平等、社会保障不平等、合同保障不平等。

1）就业机会不平等

长期以来，城乡分离的户籍制度造成城乡居民的身份差别，如同在其他领域的

城乡差别一样，在就业方面，农民享受不到与城市居民同样的公平就业机会。对20万农村劳动力按季度进行的抽样调查数据表明，外出农民工人均月收入水平为2290元，即年工资约为27480元，而当年城镇单位在岗职工平均工资为47593元。二者之间的差距固然与户籍、非户籍的劳动力文化程度和职业技能因素有关，但更主要的是城镇用人单位对非户籍求职人员存在歧视工资定价现象，工资与本地户籍存在隐性挂钩现象，户籍歧视依然存在，就业机会并不平等。

2）社会保障不平等

目前，我国在扩大城乡基本社会保障覆盖面、提高基本社会保障水平方面都有一定的进展。但基本社会保障体系的重心仍在城镇，农村社会保障体系建设滞后。一方面，城镇的养老、医疗、失业、工伤等各项基本社会保障起步早于农村，已经初步建立了相对完善的体制和制度；另一方面，农村基本社会保障体制和制度仍在探索之中。从城乡居民社会保障的比较来看，城市居民的养老保险、失业保险、医疗保险、工伤保险、生育保险等社会保障都比农村居民高很多。总体而言，农村的基本社会保障距离实现农民“困有所救、病有所医、老有所养”等目标，仍有很大差距。

3）合同保障不平等

在“强资本、弱劳动”市场中，大多数农民工与招聘方不能平等谈判，而这种弱势地位在签订劳动合同时就表现为合同条款的不平等和不合理，加上农民工本来教育背景的限制，一些行业并不愿意与农民工签订长久的就业合同，使得农民工权益保障和劳动力在配置效应方面显得力单势薄。

3. 城乡之间公共资源配置失衡，不利于农民获得均等化的基本公共服务

我国城乡公共财政制度的主要问题是，公共财政用于各项事业建设方面表现为城乡差距悬殊，用于财政支农的比例相比城市偏低，远远无法满足农村发展的实际需要。

我国的财政政策长期向城市倾斜，导致城乡公共物品供给上的严重失衡，不利于农民获得均等化的基本公共服务。主要表现在三个方面，即公共财政城市偏向尚未根本改变、城乡公共服务制度框架和水平差距很大、农业农村基础设施建设和维护的筹资机制不健全。

1）公共财政城市偏向尚未根本改变

就我国的财政制度来看，尽管不同时期有不同的特点，但长期以来基本的特点是：从横向的角度来看，农村居民的税收负担远高于城市居民，而获得的财政转移支付远低于城市居民。也就是说，我国长期以来实施的是在农村居民税收负担（相

对水平)更重的条件下,政府财政支出高度偏向于城市居民的双偏型财政制度。

2）城乡公共服务制度框架和水平差距很大

目前,我国城市基本公共服务供给体系比较完备,城市的基本公共服务有多个供给主体,政府发挥着主导作用,城市的各项社会保障制度也都比较完善、健全。与之相反,农村的基本公共服务供给则相对落后,明显滞后于城市。其差距主要体现在四个方面:政府对城乡居民的转移支付差距巨大;城乡教育医疗保障差距较大;农村医疗保障起步晚,城乡医疗保障水平差距大;农村养老保障补助低、基数低、水平低,城乡养老保障差距巨大。

3）农业农村基础设施建设和维护的筹资机制不健全

国家在取消农业税后,不断采取措施加大对农村基础设施建设的投入,农村道路、电网、饮水、沼气等建设都取得了积极成果,但是由于过去国家对农村的欠账太多,农村基础设施建设依旧落后于城市。农业农村基础设施建设和维护的筹资机制不健全体现在:政府对农业农村基础设施建设投资力度逐年降低,金融机构参与农业农村基础设施建设投资面临很多困难。由于农业农村基础设施属于公共物品,因此投资周期长、风险高、收益低,且产权模糊,主体不清,投资有风险。村集体投资农业农村基础设施建设力不从心,取决于经济实力;社会资本投资农业农村基础设施建设尚未起步。而准公共物品的基建,如水利、科技教育、农技推广等带有经营性的基建可以吸收社会资本注入。

第5章 大都市地区镇村发展的他山之石

2019年日本出生人数为86.5234万人，首次不足90万人，为有统计以来的史上新低；2019年日本死亡人数超过138万人，人口自然减少数量达到历史最高水平。在日本47个都道府县中，出生人数超过死亡人数的只有冲绳县。统计显示，2019年日本生育率为1.36，比上一年下降0.06；东京都生育率最低，只有1.15。

——日本厚生劳动省发布的人口动态统计结果

镇村发展并非一个国家、一个地域所遇到的个性问题，而是在世界范围内普遍存在的城乡发展问题。虽然不同国家、不同区域都有特定的制度环境与经济发展背景，但是从镇村发展与建设的层面来看，依然有很多模式、路径与方法值得借鉴。尤其是欧洲乡村的精品化打造、应对老龄化与空心化的日本町村建设等，都在实际操作层面提供了很多的经验。而国内很多大都市地区，如成都、重庆等地，也在镇村建设的制度探索中具有一定的代表性和开创性，值得将其中的精华纳入镇村发展模式的创新研究中。

5.1 要素自由流动下的镇村振兴发展

5.1.1 英国：城乡区域一体的"多元化"乡村发展模式

1. 由"生产型"转向"消费型"的英国乡村发展

英国乡村发展与城市发展密切相关，通过对英国乡村发展历程的梳理和剖析发现，英国乡村目前已完成从"生产型"向"多元化"发展的过渡，由工业革命初期的"资源汲取地"逐渐转变为"城乡资源一体化"的休闲生活新单元。在这一过程中，英国在乡村发展及乡村问题上从政策及发展模式方面做了大量的探索，成功完成了乡村的转型发展，城乡关系相对协调。

18—19世纪，英国率先开始了工业革命，技术的革新开启了以机器代替手工业劳动的新时代。乡村手工业的衰败导致了大量农民失业，打破了传统的社会结构，乡村人口向城市转移，为工业发展提供了充足的劳动力，进一步推进了工业的飞速发展。工业化促使城市不断汲取乡村劳动力资源及环境资源，一方面粮食大量依靠进口，另一方面城市环境问题愈发严重。

随着第二次世界大战的爆发，逐渐暴露出来的粮食安全问题引起了英国政府的重视，政府为鼓励生产，通过立法保护农业用地免遭工业发展的侵蚀，同时颁布了《城乡规划法》严格保护用于耕种的“白地”，并且大力推行“绿隔（The Green Belt）”政策和“国家公园（National Parks）”政策，保护城乡接合部的农田及森林，颁布并大力推行《国家公园与乡村可达性法案》（National Parksand Accessto Countryside Act）用以保护乡村自然风光的可达性（见图5-1）。这一时期的英国乡

图5-1　英国乡村

（图片来源：网络图片整理）

村呈现出典型的“生产型”特征，乡村通过政府补贴农业生产为主导，但受国际农产品价格的冲击，英国国内农产品价格较低，乡村居民的农业生产积极性低，依旧有大量乡村人口涌入城市。在1945—1965年间，35%的乡村人口流失。在这一时期，英国乡村的发展主要依托政府对农业的扶持及政策介入，但在国际农业市场的冲击下，政府压力较大，乡村发展呈现高投入低成效的状态。

在20世纪60年代到80年代间，随着英国加入“欧洲农业联盟”，对外实施“农业保护政策”，政府的压力相对有所缓解，但效果不佳。在城市问题日益严重的情况下，“逆城市化”现象出现，城市人口向乡村转移。在这一时期，受城市转移人口冲击，乡村原有的社区形态及村落模式受到一定影响，但同时外溢的城市人口也推动了乡村地区基础设施建设。虽然这一时期英国农产品价格依旧下滑，但受第三次工业革命的影响，乡村产业逐渐分化重组，“消费型”特征初步显现。政府迫于财政压力减轻了对乡村发展的干预，乡村呈现“自治发展”的态势，“多样化乡村”雏形初现。

20世纪90年代以后，食品安全问题成为英国社会关心的主要问题，欧洲开展一系列变革以应对食品安全问题，英国政府逐渐转变政策，通过削减对大规模农场的补助，增加对有机农业的补贴，鼓励有机农业发展，而“地方食品运动”也进一步促进了城市周边乡村职能的转变。城市周边地区的乡村以精耕细作的有机农业生产方式满足周边城市食品需求，由大规模的“生产型”类型转变为小范围的“消费型”类型。在这一时期，随着全球化进程的不断加快，城乡之间的边界逐渐模糊，商务办公、家庭办公等经济行为部分向乡村转移，推进了乡村“多元化”发展的进程。乡村由以往单一的“生产型”聚落转换为集生产、办公、生活、休闲多种功能于一体的“多元化”聚落，并且以其独有的景观及文化环境，与城市丰富的就业机会及创新空间平等竞争，居民根据自身需求自由选择居住地，城乡在职能作用及竞争力方面实现了真正的“城乡一体”。

深入剖析英国乡村发展历程，通过对英国乡村发展历程的纵向分析可以发现，英国乡村手工业衰败是英国乡村衰败的根本动因，英国乡村人口流动的动因与武汉市存在一定的差别，前者是乡村手工业衰败导致的生计迫使，后者是城市快速发展带来的利益驱动，这就导致流动人口在行为选择上出现了根本的不同。生计迫使下的乡村人口转移是单向不可逆的，无论城市工作及生活条件好坏，乡村人口都会在城市定居，乡村成为城市的资源汲取地。而利益驱动下的人口流动是“钟摆式”的人口流动，农村承担着城市“蓄水池”的功能。生计迫使下的英国乡村人口向城市转移加速了城市环境的恶化，在这一前提下后续的“逆城市化”现象较为彻底与普遍；而在武汉，城乡关系在“钟摆式”的人口流动影响下，乡村具有“城市蓄水池”的功能，未来乡村吸引部分外溢劳动力回流存在着一定的可能性。

通过与英国乡村发展历程的横向比较可以发现，目前武汉市周边乡村发展阶段与英国 20 世纪 60 年代到 80 年代间的乡村发展阶段耦合度较高，乡村的“生产型”特征逐渐弱化，“消费型”特征初现，在政策及制度的引导下，乡村逐渐趋向多元化发展。但目前武汉市城乡一体化发展情况与英国还是存在很大的差距，英国乡村由城市资源汲取地，转变为生产、生活、休闲综合服务单元，并且凭借其生活、休闲职能，在区域中与城市共同发展、与城市平等竞争；而武汉市的乡村依旧承担着“城市蓄水池”的职能，与城市相比，在资源、环境、设施配比、建设情况方面均处于劣势地位，人口在空间选择上依旧趋向于城市，目前正处于“城乡二元”向“城乡一体”的过渡阶段，乡村职能转变并不彻底。

2. 乡村旅游与有机农业共同推动乡村发展

目前英国乡村主要通过乡村旅游及有机农业两种发展模式来重新激活乡村活力，推动乡村转型发展，两种模式间相互促进、相互补充，通过优质的景观资源、舒适的居住环境及乡村聚落文化内涵提升乡村竞争力，促进乡村多元化发展。

英国乡村旅游开发开始于 20 世纪 50 年代，通过 20 世纪 90 年代至今 30 多年间的不断研究和改进，已日趋成熟。以英国伦敦东南部地区为例，其于 2003 年成立了英国东南乡村旅游集团（Tourism South East，TSE），对英国伦敦东南部地区的乡村进行集中开发。TSE 是英国伦敦外最大的旅游公司，由东南部旅游总会（South East Tourism Board）和东南英格兰旅游总会（South East England Tourism Board）合并而成，集团的成立标志着英国结束了群雄逐鹿的局面和区域集团化的兴起。集团的资金主要来源于东南英格兰发展协会（South East England Development Agency，SEEDA），这也意味着大多数投资来源于地方政府，具有明显的国有性质。TSE 每年投资高达 700 万英镑，是以伦敦为核心的最大的乡村旅游集团，其开发的区域覆盖 19000 km^2。TSE 每年收入 115 亿英镑，并且可以提供 225000 个就业岗位，占该地区 GDP 总量的 7%。而通过企业统一开发，英国东南部乡村尽可能地保持了乡村原有的风貌，乡村中的古堡、酒馆、农舍房屋的外部结构保留了乡村原有风貌，但内部陈设已高度现代化，配有网络、传真机等基本办公设备，便于吸引外资，进而带动整个地区的发展。在旅游产品方面，伦敦东部乡村旅游产品不断丰富，增加游客逗留时间。当下体育活动是城市居民必不可少的休闲项目之一，但伦敦城区受环境及场地的局限，不利于开展需要大量空间的体育项目，如高尔夫、马球等运动项目，为此这些体育项目逐渐向城郊农村转移。根据Sky Sports统计，在英国伦敦有1/3的城市居民每周参加一种或多种体育运动。2006年TSE在伦敦东部乡村推出了以水上旅游为主的乡村旅游产品，具有高度的参与性与体验性，符合现代旅游的发展趋势。而英国所定义的乡村旅游（rural tourism）仅仅是一个地理位置的区别，包含其他可以融合的旅游形式。而水上乡村旅游项目的开发则提升了项目的重复旅游性，延长了乡村旅游度假的时间，弥补了城市地方小、旅游资源不丰富的现状。例如，TSE的夜访古堡（化装舞会）、海盗寻宝等项目既具有很强的表演性，又具有很强的娱乐性，深受年轻人喜爱。而此类旅游项目占地面积大，都适合在乡村开展。为了旅游需要，古堡和洞穴等资源在乡村也得到了很好的保护，在增加乡村"消费型"收入的同时，保存了乡村自然资源。在英国，度假旅游占整个旅游业的60%，瑞典则高达80%，而目前武汉市乡村旅游依旧以观光一日游为主，旅游产品不丰富，游客的参与性与体验性不高，乡村难以聚集人气，"消费型"收入较低。

1）乡村旅游发展模式

英国土地面积小，城市化程度高，各个乡村旅游区联系紧密，并且旅游资源有限，这造就了英国乡村旅游采取多景点联合互补开发模式。各村落地理位置不同，从而形成了各具特色的历史文化、民风民俗。每个村落都是独一无二的，在开发时突出各地的特色，形成鲜明的主题。目前在乡村旅游开发方面，英国逐渐形成了旅游规划复合系统（Tourist Planning Composite System，TPCS）。多景点联合开发模式是一个复合系统，这个系统由各个地理位置相互联系和旅游资源互补的村落旅游景点组成。而单个的旅游景点是由不同属性的子系统（如旅游者系统、旅游地居民系统、旅游景区及活动项目系统、旅游地经济发展系统、旅游接待设施与服务系统、旅游地经济发展系统等）相互关联、相互作用、相互渗透而构成的具有特定结构和功能的复杂动态系统。这一系统具有区域互补性、共生性和外向辐射性三大特点。

（1）区域互补性

TPCS是一定区域各村落发展联合旅游活动的现象，村落间相互关联并通过延伸和扩展形成一个完整的旅游地，具有相应的空间吸引范围和明确的界限。以伦敦东南乡村旅游区为例，该区域并不是简单的重复建设，而是各个村落与景点分别有各自的主题，如水上体育、古堡探险、酒馆文化等主题。以当地的旅游资源为基础，吸引比较专业的兴趣爱好者成为主题旅游的基础游客，而各个景点与伦敦不超过1 h车程，伦敦与各个景点都有高速公路连接，高速公路也能将更远距离的村落联系在一起。

（2）共生性

TPCS 的动态进化离不开竞争与合作，协同整合的系统必须以竞争为基础，而合作必然是以 TPCS 之间的差异性所形成的竞争为前提的。英国东南汉普郡就是以高质量的度假旅馆出名的，而肯特郡则以坎特伯雷大教堂闻名于世，还有著名的利兹城堡，这些资源为不断满足游客需求，通过专业化组合结合在一起共同开发，提升了区域的整体竞争力。

（3）外向辐射性

从供给角度看，旅游企业提供的产品对企业而言是终极产品，而对游客来说却是中间产品，只有将各个有差异的旅游企业的产品联合起来，才能满足游客消费的完整性要求。从需求角度看，由于旅游消费行为具有多重性和连续性的特点，旅游地各个经营单元的经营状况和相互间的协同性能够更好地提高游客的满意度。TPCS 的范围不断扩张，是旅游产品在原有产品基础上不断丰富的过程。

目前英国乡村旅游发展已经趋于成熟，采用联合开发模式，以区域内乡村一体化发展为主，区域内的乡村在一个大的宏观体系下差异化互补发展。旅游开发行为由公司统一经营，面向都市区内的客源，根据不同的资源禀赋开发差异化的旅游项目，丰富旅游链，增强乡村旅游的体验性，增加乡村居民的非农业收入。

2）有机农业发展模式

第二次世界大战后，英国的首要任务是大力发展农业，提高农业产量，维护国家粮食安全，因此这一时期政府通过资金补贴鼓励大规模农业生产。在 20 世纪 70 年代中后期，英国粮食安全及农产品不足的问题得到了缓解，并且在这一时期农产品过剩困扰着西方国家。随着 20 世纪末转基因食品的出现和几场严重的“食品安全危机”的爆发，人们对食品安全产生了强烈的不信任，引发了连锁的社会矛盾，促使政府及人民对农业生产模式进行反思。在产量竞争中处于劣势的欧洲地区首先破解了这个问题，基于“提供和运输健康而新鲜食品”的新观念来改变农业生产和销售模式。2003 年，欧盟的“共同农业政策”进行了一次重要的改革，核心内容包括：资金支持不再与产量挂钩，而是将“环保”和“质量”作为农业补助的首要条件；减少对大型农场的直接补贴；农民根据市场需求生产，但必须满足欧盟标准等。2004 年 6 月，欧盟实施“欧洲有机食品和农业行动计划”，通过信息促进、财政支持和检验标准三种手段支持“有机农业”的推广。这些政策的出台标志着欧洲农业生产模式和竞争策略发生了转变。

在欧盟的倡导和资金支持下，英国开始鼓励“有机农业”和“地方食品运动”，如

"通过有机食品达标条例"鼓励有机农业生产。根据英国环境、食品和农村事务部(Department for Environment Food & Rural Affairs，DEFRA)的数据显示，至2006年英国农业土地中有机农业比例已达3.6%，并且还在持续上升。有机农业的推广伴生了地方食品观念和相关直销策略，成为农业经济多样性的一种选择。地方食品观念是指生产者将农产品卖给生产地区附近的餐馆、杂货店或超市，或者直接进行"人对人"的交易，从而形成一个新的"地方食品网络"。该网络促进了消费双方的直接信息沟通与互动，让消费者能够追踪到产品的生产基地，从而拉近了消费者与生产过程的距离，重新建立起一种信任感。

"有机"和"地方"食品网络还成为地区合作对抗国际竞争的行动。直销的农产品减少了产品流通环节的价值损失，因而大大提高了生产者的直接收益。据统计，生产有机食品的并且进行直接销售的农场每英亩(0.4 hm^2)的利润比常规农场或大超市对口农场都要高。同时，随着人们对健康、新鲜食品理念的认同，这种生态的、高品质的产品也受到了消费者的青睐，在区域市场中处于竞争优势。这种基于"质量竞争"的价值网络，改变了地区农业在全球市场中竞争的筹码，促进了区域和地方经济增长，农业也重新回归到了根植于地方条件的发展模式。

政府对于大规模农庄的补贴减少，乡村向有机农业发展模式转变。都市区城市对本地农产品认可度增强，引起农业生产方式与生产空间发生变化，都市区范围内的农场以精细化经营为主，主要为区域内提供高质量的有机农产品，而乡村的"生产性"相比"农业革命"时期更加专精，乡村朝着精细农业模式发展。

在当下"自下而上"的多样化发展理念的引导下，"乡村旅游发展模式"与"有机农业模式"在英国乡村地区是共存的，乡村旅游是乡村消费性的重要体现，而有机农业则是生产性的具体显现。"生产性"保留的乡村耕种文化吸引消费者，促进了乡村的"消费性"；而"消费性"则增加了农民的收入，保留了"生产性"的原动力。

5.1.2 成都：大城市带动大郊区的城乡统筹模式

1. 成都城乡统筹的整体格局

成都作为一个人口大省的省会城市和国家中心城市，不仅是中国城镇化的重要承载地，也凭借其自身优势哺育着数以千万计的农民。自2003年开始城乡统筹发展运动以来，成都不仅开创了享誉全国的"成都模式"，其城乡一体化之路也从古代的质朴思想跃升成为共产党施政的科学理念。因改革开放所带来的城乡差距拉大，真正起到城乡发展的龙头统领作用，成都的城市规划工作在十余年的时间里先后经历了“从城市到城乡”“从分区到全域”“从全域到全球”三大转变。而“城乡一体化”正是贯彻三个阶段始终的核心理念之一，其具体内涵为：推进城乡一体化，坚持城乡一盘棋，建立城乡一体化规划体系，兼顾空间布局、产业发展规划、基础设施与社会事业建设、生态环境建设。

在经历了以规划为龙头的十余年的城乡统筹发展和重大的行政区划调整后，成都的城乡差距有了显著的缩小，乡村规划建设的理论和实践都取得了令全国瞩目的成绩（见图 5-2）。同时也需要看到，以“国家中心城市”和“国际区域中心城市”为新目标定位的成都，仍然持续性地面临着“大城市带大郊区”的典型特征。这一特征不仅是成都城乡二元关系的空间分布属性，也是城乡社会结构的真实写照。

图 5-2 成都美丽乡村

（图片来源：网络图片整理）

十多年来，成都的乡村在城乡统筹的大背景下，农业的规模化、都市化和景观化都有了显著的提升，农民收入有了结构性的变化和增长，村庄环境与配套设施日渐齐备。更重要的是，伴随着“农村推力”的精准化和城镇“吸力”的多元化，成都的新型城镇化在这一城乡统筹发展的进程中探索出了具有地方特色的可行之路。以成都全域城镇体系构架为目的地的“梯度城镇化”，辅之以农村新型社区为目的地的“就地城镇化”，农民“流”或“留”的人生选择丰富多元，从而为广大农民的“中国梦”提供了承载的平台和保障。可以说，成都乡村的发展不仅仅是在城镇端助力了城镇化，也在乡村端减轻了城镇化的压力。

2. 成都城乡统筹发展理念

生产、生活、生态的融合发展是乡村地区规划建设的总体目标。成都乡村在其规划建设的实践过程中为解决各个具体问题，统一科学合理的指导思想，已逐步形成包括四性原则、产村相融、“小、组、微、生”、成片连线等在内的一系列优秀乡村规划理念，这些理念有序、及时地解决了成都乡村地区在不同历史时期、不同层级面临的问题，在不同层次的乡村规划中发挥了指导作用，持续保持着乡村规划水平的前瞻性和科学性。

1）四性原则

在“5・12”汶川特大地震后，成都以统筹城乡思想深入灾后重建工作，总结并提炼包括发展性、相融性、多样性和共享性等在内的“四性”原则理念，要求乡村规划应体现经济的发展性，重视与环境的相融性，体现乡村建设的多样性，提高文明的共享性，全面提升乡村地区生产、生活、生态的融合发展。经实践检验证明，“四性”原则是符合当时广大农村地区新形势的规划要求，并向当时市域内所有村镇规划编制进行推广。

（1）发展性

发展性是指将产业支撑作为规划编制的重点核心内容，通过强化产业支撑，体现经济的发展性，为乡村发展指明道路。要求乡村规划建设既要方便生产、生活，同时也要利于产业发展。新建村庄要利用产业资源，发展特色产业。同时要统筹产业布局，促进产业协作。在新村规划中还要强化产业策划，推动项目实施。

（2）相融性

相融性要求新村应尤其注重与环境相融，跟周边环境和地形地貌相融，注重顺应自然、显山露水，与自然生态和历史文脉和谐共融，延续乡村原有传统肌理及空间格局，显现出顺乎自然、浑然天成的和谐气息。

（3）多样性

避免将城市小区简单克隆到乡村，充分体现乡村规划建设的多样性。而成都广大乡村地区丰富多样的自然条件和地域文化为多样性的落实提供了丰富的养分。在充分梳理自然要素和文化要素的基础上，在规划布局、环境营造以及建筑形态、材质、色彩等方面，充分体现乡村规划建设的多样性。

(4) 共享性

改善乡村居民的生活质量，使其共享城市文明是乡村规划关注的又一重点。共享性是指推动城市基础设施向乡村延伸，推动城市社会服务向乡村覆盖，强调公共服务设施和基础设施的均衡配置，从而提高文明的共享性。

2) 产村相融

经历灾后重建，成都地区的新村建设进入快速增长阶段，点多量大，建设速度不断加快。与此同时，新村建设产业规模小、基础薄弱、布局散乱、组织化和市场化程度低，不能适应现代农村发展的需求，致使乡村空心化问题日趋严峻。传统遵从行政区划的空间规划方法在统筹区域资源、协同产业发展等方面显示出一定的局限性。为了促进产村相融的理念有效实施，成都在实践中摸索出关于产业与新村的空间布局模式——产村单元(见图 5-3)。一般来说，产村单元由一个或多个村域构成，以“1＋N”(1 个中心聚居点＋N 个一般聚居点)的形式构建“镇—中心聚居点—一般聚居点”三级镇村体系，实现镇村统筹、村村统筹、协同发展。成都的“产村单元”一般包括现状 3～4 个村域范围，同时，平原、丘陵及山地地区村庄具有不同的特点，村民出行距离存在一定的差异，由此分别形成不同规模大小的产村单元。

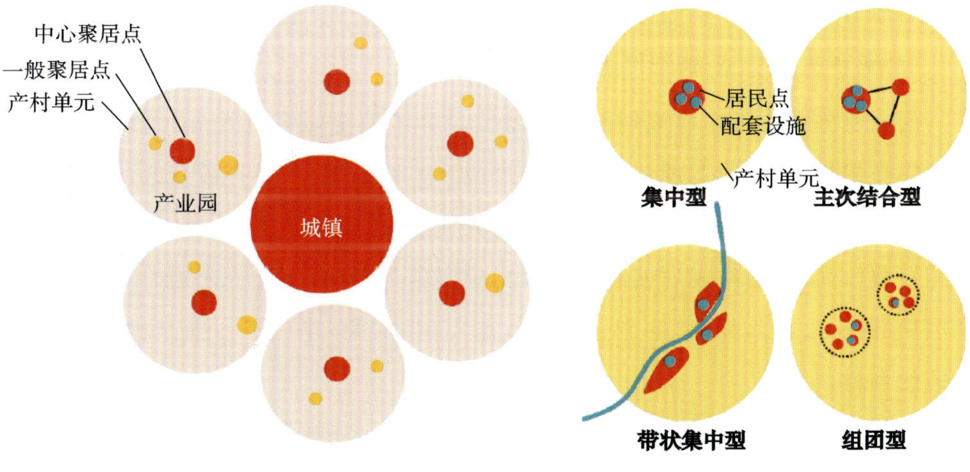

图 5-3　产村单元空间结构示意图

(图片来源：作者自绘)

依据产村单元主导产业、功能的不同，又可以将产村单元划分为农业型、旅游型、综合型三类。其中，农业型产村单元适宜土地资源丰富、农业产业基础较好的区域，通过土地流转和农田设施建设，实现农业生产的产业化、规模化和现代化。旅游型产村单元应兼顾农业与休闲旅游业的发展，充分挖掘地方自然与文化资源，将农业发展与休闲娱乐观光结合起来。综合型产村单元一般位于靠近城区、自身具有一定基础、经济实力较强的地区，既有较大规模的现代农业经济，同时兼有商贸、休闲、旅游的职能。

3）“小、组、微、生”

“小、组、微、生”理念是指在规划农村新型社区时，强调“小规模聚居”“组团式布局”“微田园风光”“生态化建设”，进一步指导成都市域内农村新型社区从选址、规划布局到建筑及环境设计的方法。对村庄聚落的规模、建设模式及选址等问题，结合生产与生活的需要提出了具体的要求。

4）成片连线

“成片连线”是指对“地缘相邻、业缘相融、资源相近”的镇村进行整体规划，实现镇村资源的有效调配和共享，在空间上表现为以主要交通路径为依托，串联沿线资源，带动周边区域联动发展，是以点串线、以线带面、连片发展的镇村协同发展理念。“成片连线”的核心在于，在整合区域内自然生态、产业、文化、区位交通等资源的基础之上，探索镇村长效发展机制，形成发展合力，提升造血功能，最终实现协同发展、特色发展、快速发展。

3. 城乡统筹下成都乡村建设模式新探索

面向实施是成都乡村规划的重要特征。为统筹全域乡村发展一盘棋，制定全域村庄布局规划；为协调现状农业经济带成片连线发展，开展打破行政边界的次区域成片连线实施规划，自上而下协调村庄产业发展与新村建设。乡村由于要素构成相对城市简单，各村规划编制要求以指导实施为导向，整合了宏观、中观、微观三个层面的核心内容，强化“生产、生活、生态”三生共荣，建成了一批产村相融、景村一体的乡村。

宏观层面，通过编制《全域村庄布局总体规划》《邛崃西部单元统筹规划》《“成新蒲”都市现代农业示范带建设总体规划》等规划，实现乡村区域统筹发展，由“域”到“区”指导乡村区域协同发展，合理确定乡村类型、规模及产业业态，区域层面乡村“成片连线”，次区域层面产业协同发展，打破传统以行政村为单位组织生产和生活的组织模式，转变成以规模化的产业基地为基础，构建“产业园＋新农村聚居点”的产村单元。在新一轮乡村建设中，重点突出产业发展作用，通过区域统一规划协调，使得次区域间差异化发展，以旅游等非农产业形态的引入增加农民非农收入，使村庄生态休闲职能更加明显。

微观层面，与宏观规划相衔接，注重村庄产业的打造及风貌的整治和提升，实现乡村生产特色化、生活品质化、生态景观化。以成都市金堂县赵家镇平水桥村为例，平水桥村位于成都市金堂县远郊，面积 5.2 km^2，户籍人口约 4500 人。由于地理位置偏僻，基础设施落后，该村居民收入低，生活和生产水平均亟待改善。新一轮规划建设重点关注“生产、生活、生态”的综合转变，深入三项专题针对性地展开研究，以经济发展与扶贫增收为本，以产村相融与空间规划为纲，以生态保护与乡愁文化筑魂，保障“生产特色化、生活品质化、生态景观化”三生共荣。在明晰以循环农业为主的产业发展路径的基础上，整合平水桥村原有产业种类，建立互动联系，完善产业链条。另外，规划形成“一带四区”、以“循环轮作”为特色的产业空间布局结构。依据平水桥村自身特色，构建“猪—沼—菜（果）、菌—稻—菜”水旱轮作，“莲—柚”种植观光，水肥一体“葡萄—蔬菜”种植示范区，实现种植空间、时间、材料的全方位循环利用，由此平水桥村成为成都市首个循环轮作满覆盖示范村。在此基础上，运用创意民宿引领乡村旅游，将传统农家乐升级为集“吃住行、游购娱”于一体的特色民宿，针对每处民宿定制创意游乐主题；将游憩活动、特色美食与特色景点组合策划，令平水桥村乡村旅游竞争力在成都地区脱颖而出。产村相融，营造便捷的生活新空间。以种养项目为基础，以家庭农场为单位，划分为 12 个新农村综合体；每个新农村综合体包含 2～4 个家庭农场，提高生产效率，实现产村相融。

考虑农村人口梯度转移及生产资源就业承载力，判定单个新农村综合体合理人口规模；对各综合体分级分类配套设施，实现村民乐享生活。通过精准整治，实现低额投入大效果。避免纯粹建筑风貌整治带来的资金浪费，确保扶贫资金的精准使用；遵循“小整治大效果”的原则，为每座保留林盘量身打造风貌优化方案；将扶贫资金精准用于“刀刃”上，采取最简单可行的措施对各林盘关键部位“开刀”。乡村生态基建保障建设开发低影响。将全村污水处理、固废处理、面源污染等方面纳入综合生态循环体系统一考量；以生物处理池、湿地等低成本生态基础设施支撑

口老龄化问题严重，这些因素都在制约和阻碍着韩国农村经济的发展，使得农村经济停滞不前。构建城乡均衡发展、留住农村人口、发展农业成为韩国政府重要的战略需要。

这一时期韩国经济非均衡发展，政府主要发展工业，虽然政府通过对粮食进行双重价格机制来缓解通货膨胀的压力，但是农产品的大量进口依然来自美国，韩国国内的粮价依然低迷，粮食的低价格削减了农民种植水稻和大麦以及生产农产品的积极性，造成农业效益持续低下，并且双重价格机制给政府财政带来巨大的负担。

20 世纪 60 年代末，韩国已经具备了工业反哺农业的基础，这一时期韩国经济受世界经济不景气的影响，生产过剩。为了缓解经济压力，韩国政府扩大内需，建设新农村，通过对农村实施大量的公共投资政策，刺激农民扩大购买力，对国内经济采取补救措施。如把生产过剩的水泥无偿向农村发放，每村发放 335 袋用在修路和建桥等项目上。

2. “自上而下”的新村建设运动

韩国早期的新村建设运动主要是以政府为主导的“自上而下”的乡村生活环境的改善，即利用城市生产过剩的建筑材料补贴乡村建设，并且通过增加财政投入激发村民对乡村建设的积极性。1970—1980 年，韩国政府在新村建设运动上的财政投入增长了 7 倍，投资合计达 24.8 亿美元。这一时期韩国乡村发展依靠政府政策的扶持，主要通过以下三种手段激发乡村活力。

1）农产品“双轨制”

韩国政府以高价格收购农民生产的粮食，收购的粮食与进口的粮食作为“政府米”，再以低价格投放到市场，通过高价格收购、低价格销售的双重价格政策解决粮食价格过低引发的国家粮食安全问题，促进粮食生产，使大米总产量增加了近 1 倍，增加农民的生产积极性，同时提高了农民收入，韩国农民的收入在 20 世纪 70—80 年代初这一时期超过城市居民的收入。

2）政府投资基础设施建设

新村建设运动初期，韩国政府给予村庄大量的物资与资金以鼓励村民乡村自建，完善乡村的基础设施，美化乡村环境，同时制定一系列的奖励制度，建立村庄间的竞争机制。政府对每个村庄参与建设的程度作出评估，根据参与情况的高低划为自立村、自助村和基础村。到 1976 年，基础村比例由 53%减少到 0.9%，自立村比例由 6.7%增加到 44.5%，这说明 20 世纪 70 年代中期新村建设运动得到全面实施。

3）培训新村领导人

韩国新村建设运动成功的另一个重要因素就是培训新村领导人，新村领导人是引导村民参与新村建设运动的重要影响因素。培训教育是以非正式的方式开始的，之后成立新村领导研修院，从生产技术、国家安全、经济发展方向、基础设施建设的基本技能等方面开展培训，培训效果显著。

“自上而下”的新村建设运动的最大贡献是通过政府的投入改善了乡村面貌，为以后乡村发展提供了物质空间基础。具体包括：①改善了乡村生活环境，自实施新村建设运动以来。韩国乡村居民的生活环境得到改善，农户基本都已住进设计新颖、舒适方便的瓦房，98%的农户用上电灯，乡村饮水条件得到改善，随着电气化的推进，家电在乡村得到普及。②提升了基础设施建设。新村建设运动开始以后，大部分乡村组织实施了拓宽农村道路、修建桥梁的举措，达到乡村基础设施与城市没有根本差别的效果，村民生活质量与城市居民类似。③增加了乡村居民收入。乡村居民收入水平有了较大幅度的提高，城乡差距明显缩小，到1993年，乡村居民的收入已达到城市居民收入的95.5%。④提高村民生活伦理精神。韩国新村建设运动激发了村民的自立精神，倡导以“勤劳、自助、合作”的精神建设新乡村，构建了自立、勤劳、自助、合作的生活伦理精神，激发村民的乡村自治意愿，调动村民建设乡村的积极性。

韩国早期新村建设运动在“自上而下”的政策引导下取得了巨大成功的同时，也存在着一定的不足，在政策干预下，乡村基础设施建设速度过快，但与当时乡村居民向城市转移的城乡关系不相符，与村民的切实需求不一致，乡村经济结构依旧单一，乡村的产业发展速度与设施建设速度契合度不高。政府干预性过强，导致村民对政府过度依赖，中央政府主导推进的方式虽然有利于政策的执行，但也容易出现与地方具体情况不相符的问题。在乡村建设方面，村民过度依赖地方政府，地方政府财政过度依赖中央政府财政，导致中央政府财政负担较重。过度关注乡村环境与设施建设，而甚少关注产业结构，村民收入结构单一。在发达国家，乡村居民的非农业收入一般约占80%，而韩国只有50%，在另外50%的农业收入中，很大程度来源于“农产品双轨制”的政府财政支出，为此不但政府财政压力大，乡村居民的经济收入也难以维持稳定。全面铺开的乡村建设与乡村“空心化”间的矛盾导致资源浪费。早期的新村建设运动过于关注乡村面貌的改善，重点在于基础设施的建设，乡村居民收入以农业收入为主。随着新村建设运动的进行，工业化程度不断发展，为乡村劳动力提供了就业岗位，人口向城市转移，乡村设施资源浪费。

韩国早期新村建设运动在政策引导方面与建设目标方面同武汉市乡村建设发展有很多相似之处，但目前武汉市乡村建设并没有达到韩国早期新村建设运动的效果。在政策方面，韩国通过政府的政策和财政引导乡村建设活动，政府通过资金和物资补贴乡村，而乡村建设行为主要由村民自发组织，建立乡村间竞争机制，提高乡村建设速度与村民建设积极性。而武汉市乡村建设则是政府选取示范点给予政策扶持和资金帮助开展乡村建设，美化提升乡村居住环境，乡村建设活动的开展完全由政府主导，示范点独享财政经费，没有乡村在财政分配上构成竞争关系。基础设施建设方面，与韩国类似，武汉市乡村通过"村村通"工程实现乡村道路的全覆盖，改进乡村饮用水供给系统，实现自来水全覆盖。在农业生产效率方面，韩国新村建设运动过程中通过推进农业现代化进程提升农业生产效率，改进农业生产力，增加乡村居民收入。目前武汉市乡村正在通过"土地流转"制度推进农业现代化进程，推进乡村"四化同步"建设。

武汉市当下的乡村发展也是一种"自上而下"的发展建设模式，乡村建设活动完全由政府主导，村民的参与性很低，同韩国早期乡村建设相比，对政府的依赖更大。乡村建设的关注点同样在乡村设施及环境建设，但与韩国全面铺开的乡村建设不同，武汉市乡村建设是以示范点的形式推进，设施配置标准距离城市还有一定的差距，示范带动效果不明显，难以满足未来人口回流的需求。两者对乡村产业结构关注度较低，村民收入结构简单，乡村居民进城现象显著，设施空置浪费现象依旧存在。

目前韩国乡村(见图 5-4)的发展由"自上而下"的模式转变成了"自下而上"的模式，乡村的产业结构更加丰富，乡村居民非农收入增加，其生活水平真正意义上接近城市居民的生活水平。由于早期的新村建设运动奠定了良好的环境设施本底，新时期的乡村能够吸引城市居民前来居住，乡村的"休闲居住"职能逐渐显现。乡村建设正逐渐由政府主导转向民间主导，随着国民意识的增强，政府把新村建设运动的宣传工作、培训与信息工作改由民间主导完成，政府的职能重在调整农业结构，制定规划，提供技术支持。政府通过鼓励农民发展经营多元化，使乡村经济发展更加迅速，村民收入大幅提高。在 1988 年以后，传统的新村建设运动走出乡村，政府提出"共同和谐生活"新理念，推动乡村由民间主导自主发展，并且大力发展乡村旅游，增加乡村居民收入，缩短城乡居民收入差距。随着经济的发展，韩国逐渐转变为中等发达国家，随着收入的增长，城市居民对休闲娱乐的要求提高，与此同时韩国政府为增加农民收入而丰富乡村经济产业结构，注重乡村旅游开发，农业部开始推广"绿色农村体验村庄"建设，开发将自然生态、旅游、信息化和农业培训结合的高端乡村旅游项目，增加村民收入。当下韩国乡村充分利用早期新村建设运动的基础设施来吸引城市居民定居，韩国城市居民逗留乡村的意愿逐渐上涨，城市居民对乡村旅游的需求也不断增大，“逗留型”与“定居型”居民逐渐增多。所谓逗留型，即“5 都 2 村”形式，即主要定居在城市，一周只有 1～2 天住在乡村；而定居型指“5 村 2 都”形式，与“逗留型”正好相反，一周除了有 1～2 天住在城市之外，其他时间都定居在乡村。乡村逐渐变成城市居民和村民构成的新的共同体。

图 5-4　韩国乡村

（图片来源：网络图片整理）

5.2.2　重庆：村民自治为原则的乡村社会治理体系建构

在大量村民涌入城市、城市建设指标不足而农村建设用地大量闲置的背景下，重庆在严格执行“占补平衡”的耕地保护制度的基础上，创新性地推出了“地票”制度，在政策层面对城乡建设用地市场一体化做出了探讨与尝试。

2006 年，重庆市江津区对全区用地情况进行了调查摸底后发现，39 万农户中，有 23%完全放弃了承包地，60%的农户以非农收入为主，大量的农村房屋空闲和废置。调查研究显示，江津区农村居民人均宅基地面积高达 198 m^2，比国家标准

《镇规划标准》(GB 50188—2007)中规定的人均建设用地的上限 140 m^2 还高了 58 m^2。2008 年 11 月 17 日,重庆市第三届人民政府第 22 次常务会议通过了《重庆农村土地交易所管理暂行办法》(渝府发〔2008〕127 号),标志着显化农村土地资产、实现城乡土地资源空间流转的工具——“地票”制度的诞生。2008 年 12 月 4 日,重庆农村土地交易所宣布挂牌成立。

按照重庆市政府印发的《重庆农村土地交易所管理暂行办法》第十八条的规定,“建设用地挂钩指标,特指农村宅基地及其附属设施用地、乡镇企业用地、农村公共设施和公益事业建设用地等农村集体建设用地复垦为耕地后,可用于建设的用地指标”。可见,地票是数据化的“建设用地挂钩指标”(下称“指标”),地票的交易即是通过购买该指标获得新增等量城镇建设用地指标的过程。

地票的产生与交易程序:农民在复垦申请立项批准后,以个人或农村集体经济组织为单位,对农村宅基地或公共建设用地进行复垦,复垦土地验收合格后由国土资源行政主管部门核发城乡建设用地挂钩指标凭证,凭此凭证向农村土地交易所提出交易申请;各地的指标被农村土地交易所打包成为不同规格大小的地票,在政府制定的基准交易价格下进行公开交易,并将交易价款返还给农民;竞购方(以土地储备机构和房地产开发商为主)通过竞购获得地票,在重庆主城区内选择符合城市规划和土地规划的相应面积宗地作为拟开发新增城市建设用地,并进一步凭地票参加该宗地的招拍挂,获得宗地使用权,实现指标落地,至此交易结束。

长期以来,农村集体建设用地“经营性”地权的市场化流转由于受土地固定区位空间的限制,难以实现建设用地的“级差地租”,难以形成要素集聚和产业协同的优势,更面临着城乡规划冲突、产权冲突及城乡土地价格“双轨制”下福利和利益分配的损失。重庆地票制度的主要功能与作用在于有效地协调了土地市场和管理秩序;完善了耕地占补平衡制度;通过农村建设用地的“空间转移”,优化了区域建设用地布局,同时提高了农村建设用地利用效率;更在一定程度上缩小了城乡收入差距,实现多赢。其制度设计的出发点与思路均有较多的借鉴之处。

在城乡统筹的背景下,重庆的地票交易模式属于城乡建设用地市场一体化的初步探索。重庆地票制度实施十多年以来亦出现了一些问题。首先,地票来源于农村集体建设用地复垦,但显然这个用地总量是有限的,绝不可能无止境地供给;其次,复垦耕地的质量也是一个不能忽视的问题;此外,还有学者提出制度供给地票集体经济组织所有权如何保障、地票增值收益分配不够合理、地票落地使用制度存在缺陷等问题。可见重庆地票体系从制度设计到细节操作都还有待完善。

5.3 传统与现代共融的乡村文化体系建构

5.3.1 日本:一村一品、乡村兼业的“消费型”乡村

1. 三次市町村大合并引导的日本乡村发展历程

日本在实现农村社会管理与经济发展的现代化过程中,为增强区域经济实力,降低政府管理成本,提高行政管理的规模效应,扩大社会公共设施的覆盖面与使用效益,适应经济发展的阶段性环境变化,拓展市町村区域范围,减少市町村数目,多次运用“市町村合并”的手段。与此同时,“市町村合并”也使日本的农村城市化水平不断得到提升。

1)明治大合并

日本自江户时代起,作为地缘共同体,自然地形成了大量町村,这些自然村落是人们生活与劳动的场所。明治维新后,新规划划定的行政区域与原地缘共同体无关,政令实施阻力较大,政府拟改变传统町村格局。日本于1878年制定《郡区町村编制法》后,町村才被明确为行政区划的基本单位。1886年日本首次明确提出要在全国范围内普及小学4年义务教育制,因此,当时日本对町村规模的设想就与在每一地区建立一所小学需要的人口规模相联,从而制定了每一町村户数为300～500户的规模标准,在全国范围内实施町村合并,使町村数量由1888年的71314个迅速减少到1889年的15820个,合并后的町村数约为原先的五分之一。日本此次町村合并时间短、数量多、影响大。

2)昭和大合并

第二次世界大战后,日本民主化进程加快,许多行政事务需作为地方公共团体的市町村政府承担,如要设置与管理新制的初级中学,要承担市町村的消防工作,要开展社会福利、卫生保健等。为了提高处理效率,如何使市町村规模更合理成了最主要的问题。日本于1956年又实施了《新市町村建设促进法》,继续推进市町村合并。日本此次合并再次以学校为基准,即根据建1所初级中学最有效的区域人口规模为8000人的设想,为町村制定人口规模标准。

3）平成大合并

日本受经济危机的影响，财政状况堪忧，政府开始进一步推进地方分权改革，同时人们日常生活圈不断扩大，产生许多跨越市町村行政区划界线的行政服务需求。随着乡村人口流动，市町村呈城市化、混住化发展，市町村中“村”的数量依然在减少。这段时期，日本町村的减少基本上有两种原因：其一，因规模小、人口少，被相邻“市”所吸收；其二，町村经合并后，扩大规模，集聚人口，符合条件的改“町村制”为“市制”，从而使“市”的个数由1970年的564个上升为2000年的671个，增加了107个。

在日本的三次町村合并中，前两次合并打破了行政区划界线，在制定町村规模标准时，以学校为主要参考因子，即先后明确要求按照一地一小学、一地一初级中学正常运作所需要的人口规模来加以确定，并实质性地推动了市町村合并。这也从一个侧面反映了日本在经济赶超与起飞阶段对国民教育、农村教育的重视。而第三次“平成大合并”则是受人口减少的影响，出于行政管理及公共服务效率的考虑，对现代日本乡村建设影响深远。

4）洞爷湖町——一个町、村合并的案例

洞爷湖町位于北海道南部，由洞爷村和虻田町于2006年3月27日合并而成。洞爷村和虻田町是洞爷湖畔的2个町村，长期以来人口总体呈持续下降状。洞爷村面积113.69 km^2，以农业为主，是一个有名的蔬菜、水果产地，同时，因有火山口和温泉，自然景观十分美丽。然而，2005年12月底，洞爷村的人口仅1963人，人口密度仅为17.3人/平方千米。

虻田町面积66.85 km^2，20世纪后半期以来，人口持续减少，进入21世纪后人口才略有回升。2005年12月底，虻田町人口为9325人，人口密度为139.5人/平方千米。虻田町因町东方耸立着日本近代最活跃的火山之一——“有珠火山”，是观察火山的最佳地点，故产业结构主要以温泉沐浴、旅游观光、零售服务等第三产业为主。据2000年调查资料，就业人口中从事第一产业的仅占8.1%，从事第二产业的占23.1%，从事第三产业的占68.8%。虻田町农业、畜牧业、渔业的品种很多，但规模很小，产出量少。洞爷村和虻田町在资源、人口、产业结构方面具有一定的互补性。

北海道洞爷湖町的合并，源于2003年2月丰浦町、虻田町、洞爷村的一次町村长会议。在这次会议中，丰浦町、虻田町、洞爷村的町村长们就3町村的合并问题做了探讨。此后，经过对各町村村民的调查研究和时间长达一年半的多次协商，于2004年6月建立了法定的2町1村“合并协议会”。后因丰浦町、虻田町居民提出要求，希望各自对“是否参与合并”做全体居民的投票表决，2005 年 2 月的表决结果是丰浦町选择放弃。

此后 2 町 1 村的“合并协议会”转变为虻田町、洞爷村 1 町 1 村的“合并协议会”。2006 年 3 月 27 日，虻田町、洞爷村正式宣布合并，因 2 町村居民共同环洞爷湖而居，并因洞爷湖连成一体，故合并后新町名为“洞爷湖町”。洞爷湖町诞生时人口为 11221 人，共 5323 户，全町面积 180.54 km^2，人口密度为 62.2 人/平方千米。

合并后的洞爷湖町议会按全町居民人数计算，依《地方自治法》规定，议员定员的上限人数为 22 人。为顺利过渡，合并时洞爷湖町议会按《合并特例法》规定，采取了将原有町村议员（虻田町 17 名、洞爷村 10 名）全部转为新町议员的做法，但任期仅一年。洞爷湖町位于北海道南部，气候温暖，有湖有山又面海，适宜发展农业，也是北海道有名的旅游胜地。

合并后的洞爷湖町将洞爷湖周边的 2 个环湖町村连成一体，运用大自然恩赐的山、海、湖泊资源，在发展农业、渔业的同时，重点发展旅游观光业。

2. 日本乡村兼业的“消费型”乡村

1）日本乡村发展面临的主要问题

（1）町村“过疏化”

“过疏化”现象是日本经济高速发展过程中地区间社会经济发展不平衡的一种表现，突出反映在人口分布上，是农村人口流动尤其是农业劳动力快速转移中产生的现象。以东京都远郊村桧原村为例，在 1947—1990 年间，该村人口受城市工业化的影响急速减少；在 1990—2006 年间，随着城市稳步发展，该村人口结构趋于稳定。

（2）人口“高龄化”

东京都地区乡村人口老龄化现象明显，农业生产由销售为目的转为自给为目的。如 1975—2005 年的 30 年间，东京都骨干劳动人数由 25329 人减为 12476 人，减少 50.7％。骨干农业劳动者中 15～29 岁、30～59 岁人群占总人数的比例分别由 1975 年的 4.7％、62.3％下降为 2005 年的 1.8％和 35.0％；而 60 岁以上人群占总人数的比例由 1975 年的 33.0％提高到 2005 年的 63.1％。对东京都而言，如何使农业劳动者后继有人，成为重要问题。

（3）小规模农业经营

日本东京都地区农业经营依旧以农户小规模经营为主，在 1995—2005 年间，东京都的农户数虽然呈减少趋势，但同日本全国的农地经营规模的变化趋势不同，东京都农户经营以小规模经营为主的特点没有发生很大变化，如经营规模在0.5 hm²以下农户所占比例长期维持在27%左右。

2）新时期日本乡村发展的主要特征

新时期日本乡村（见图5-5）同城市一体化发展，城乡之间和谐共生，特别是都市圈范围内的乡村，农业生产功能弱化，乡村的休闲职能与居住职能突出，成为城市生活的调节剂，为居民提供另外一种不同于城市的生活状态。

图5-5　日本乡村

（图片来源：网络图片整理）

（1）乡村兼业化

在城乡社会一体化的背景下，绝大多数农家采取了兼业化策略，即除农业经营外，兼营农业以外的经济活动。作为农民非农化的重要途径，兼业化在增加农民收入的同时，也改变了其传统的生活方式，出现了一大批游走于城乡之间的流动人群。毫无疑问，兼业化增强了城乡之间的内在联系，但也使得农民收入出现差异，从而逐渐丧失了作为农业从业者所特有的职业特点。

（2）城乡生活模式趋同

伴随着城市化进程的迅速推进，城市生活模式必然对乡村产生巨大影响。在现实中，乡村生活方式趋同于城市的过程，往往是通过城乡混住化和农民兼业化逐步实现的。以城市生活为模板，乡村发生了剧烈变迁，结果必然导致城乡间生活样式趋于划一，从生活基础层面消解了城乡分立存在的缘由。

（3）城乡混住化

在城市郊区化的发展过程中，由于轿车、地铁、城铁等交通工具的普遍使用，加之城市中心地价飙升和环境恶化，大量城市人口开始移住郊区。伴随着通勤圈的扩大，前往乡村寻求住宅的人越来越多，出现了城乡混住化倾向。所谓混住化社会，主要是指在城郊和一般乡村空间范围内，农户和非农户同时存在的社会。混住化并不仅仅是指一种简单的人口混杂，而是一种特殊的社会存在。

3）日本乡村“都市农业”发展模式

（1）旅游观光模式

对于过疏化市町村，注重消除区域发展差异，走共同发展的道路，促进过疏化地区市町村的社会经济发展，丰富乡村经济结构，完善轨道交通和公共交通，增强远郊区市町村的可达性，依法实施基础设施建设，提升过疏化市町村居民的生活水平，美化村庄环境。针对乡村当下的“高龄少子”现象，乡村建设偏向于服务儿童与老年人，并充分利用当地良好的山川资源、农地风光及森林资源，发展观光旅游业，复兴乡村文化，塑造乡村品牌，构建“一村一品”的发展模式。

（2）吸引居住的“两地居住”模式

日本为进一步解决城市和乡村之间的平衡发展问题，提出了促进与发展“两地居住”的对策。经济与社会的发展扩大了人们活动的地域范围，城市与乡村之间的交流相对频繁，城市居民周末在乡村居住的意愿逐渐上升。日本政府首先通过基础设施建设改善乡村居住环境，其次通过政策奖励制度吸引城市居民前来乡村购买住宅，迁入定居，激发乡村活力，促进城乡间要素交流。

(3) 市民农园模式

日本促进城乡交流除发展纯粹的观光农业、农业旅游,开办农家餐厅来吸引城市居民定居外,市民农园的发展模式也是促进城乡交流、谋求城乡共生发展的重要载体。所谓市民农园,就是工薪阶层等城市居民以休闲等为目的,利用农村小面积农地,栽培自用蔬菜、花卉的农园,通过市民农园促进城乡协调与交流,增进市民教育和保健休养,增加农户稳定收入源,推动国土保全和环境保护。

5.3.2 台湾:精细中见高端,传统未曾流失

1. 台湾"自下而上"的乡村发展政策

台湾乡村建设在政策导向上经历了"农业生产"导向到"三生(生产、生活、生态)农业"导向的转变,在推动模式上,经历了"自上而下"向"自下而上"的转变。

1)"农业生产"导向的乡村建设政策

(1)"以农补工"阶段

1945—1971年,为了迅速实行工业化,台湾当局实行了"以农补工"的农业发展政策。为了恢复农业生产力,台湾当局围绕农业生产,"自上而下"地出台了一系列农业政策,其中包含兴建水利设施、道路工程等乡村建设内容,其目的是较快地恢复农业生产及获取农业剩余。随着农地改革、租税改革等政策的推进,农业生产实现了快速恢复及大幅度的增产,农民收入有所提高,生产性的乡村建设对于农业发展是有效的。但在这期间的乡村建设政策仅作为农业生产性公共设施的投入,是为农业生产服务的。

(2)"以工补农"阶段

台湾农业GDP比重在1971年已经降到15%,按照钱纳里和赛尔昆等设计的指标,台湾具备了"以工补农"的条件。然而,乡村"去农业化"现象渐显,导致了乡村人口外流、基本设施落后、乡村文化特色逐渐丧失,乡村建设秩序近于解体,乡村边缘化发展已成为政治与社会问题。尽管台湾当局提出改变农业掠夺式的开发,实行"以工补农",但农业发展仍旧从属于工业的发展议题,乡村仅作为农业生产空间,使得乡村建设政策也只是附带性的。因此,乡村建设政策仅从加强乡村基础设施、营造乡村小区等方面进行考虑。总的来看,无论"以工补农"时期还是"以农补工"时期,乡村建设政策均依靠台湾当局"自上而下"地推动。尽管"以工补农"时期较"以农补工"时期提出了更多的乡村建设政策,同时也兼顾了农民经济福利及乡

村环境改善，但这些政策都是为“农业生产”服务，是工具性的而非目的性的。

2）“三生农业”导向的乡村建设政策

20 世纪 90 年代初，台湾的经济形态进一步发生变化，由工业为主导转变为由服务业为主导，农业发展也由外销型转为三生型发展。台湾出台“三生农业”政策，开始审视过去的乡村建设政策，通过运用整合性规划概念，以乡村为中心、农民为主体，从寻求目标与需求、整合乡村组织、挖掘乡村价值、培育在地人力等方面重构乡村建设秩序，“自下而上”地推动乡村建设。主要做法与内容如下。

首先，重新定义乡村价值及农民的作用，不仅把乡村作为生产空间，而且配合地方产业特色，拓展生态、休闲等乡村多功能，建构乡村作为集“生产、生活、生态”于一体的“有尊严和活力的农民生活圈”。农民不能仅作为农业生产的工具，应为农业生产、产业文化、自然生态及闲置空间再利用整体规划建设的主体。如 1991 年的“农业综合调整方案”提出建立富丽农村，增进农民福祉，建立区域性农业主体特色生活圈。1997 年的“跨世纪农业建设方案”指出，农渔村的硬件建设、小区规划及人文活动，应结合实质建设、景观维护等方面推动乡村建设。2005 年的“乡村新风貌计划”提出，应融合“健康、效率、永续经营”的农业施政理念，推动乡村再生计划，实施整合性的规划及建设。2010 年的《农村再生条例》指出，应恢复乡村居民在地居住尊严，强调农民主体地位，以达到建设富丽新农村的目标。

其次，重视乡村农民的需求与目标。台湾过去在乡村建设方面的工作多为生产性服务工作，未能有效地满足乡村在地组织或农民对乡村建设实际的需求。这一阶段，台湾乡村建设政策从农民需求出发，构建乡村建设的目标。

再次，重视乡村社区组织整合。台湾乡村社区组织以其存在和意识作为前提和目标，重视农民自主参与地方公共事务、自下而上提出发展愿景，使生活空间获得美化、生活品质得以提升，进而促进社区活力再现。

最后，重视挖掘乡村文化。台湾在乡村建设政策中，注重维护与挖掘乡村文化，寻求共同价值、目标的认同制度。

台湾在“三生农业”的理念下，通过对乡村作用及农民功能的重新定义，从乡村建设需求与目标出发，通过在地组织整合、乡村文化挖掘及在地人才培育的乡村建设秩序的重构，“自下而上”地推动乡村建设。“自下而上”的推动模式有别于以往乡村发展的政策逻辑，它重新定位了乡村的基础性作用和农民的功能角色，重视乡村价值，强调基层民意，以乡村为中心、农民为主体，运用整合性规划概念，“自下而上”地推动乡村整体再生活化。“自下而上”的乡村建设政策触动了农民的内在需求，使得其利益诉求得以体现，建构了乡村社会，有效地协调了乡村产业、乡村文化、自然生态与生活环境,对乡村可持续发展起到了促进作用。

2. 台湾乡村旅游开发模式

台湾依托农业发展起来的农业旅游与休闲产业的范围相当广泛,如农园体验、森林旅游、乡野畜牧、教育农园、农庄民家、乡土民俗、生态保育、渔业风情等休闲活动项目。历经多年的发展,目前台湾农业旅游与休闲产业呈现多元化发展的现象,主要有乡村花园、乡村民宿、观光农园、休闲农场、教育农园、市民农园、休闲牧场等几种类型。

1) 乡村花园

乡村花园的设计和建造盛行于英国,最初的乡村花园主要种植本土植物,且多数是可为餐桌提供食物的瓜果蔬菜类。如今的乡村花园建设已是包罗万象,摆脱了最初以实用性为主的特点。随着人们生活方式的不断变化,追求环境优美、景观独特、地域性强的乡村花园开始出现。

2) 乡村民宿

民宿,最初的概念来自台湾,通俗地讲就是农家乐的升级换代,体现农庄及乡村特色,有一定品位及星级标准的民间居家体验,除了台湾,在欧美等地也比较流行。民宿最初的经营理念是解决旅行者的“2B”问题,即 bed(床)、breakfast(早餐),让旅行者“饱尝家的温暖”。台湾的民宿都有独特的建筑造型和气质,民宿主人都很健谈,非常有亲和力,房间布置精致舒适,有纯粹田园式的居住环境和美味的餐点。台湾民宿这些独特的个性,使其自身成为旅游吸引力的一部分,很多游客,尤其是“回头客”来民宿纯粹是为了体验民宿氛围,而非为了到该地区旅游。

3) 观光农园

观光农园是指具有农业特产的地区,通过规划建设使其具有观光休闲与教育价值的农业园区。观光农园内提供观光游客所需的各种服务设施,以便利游客体验采收农特产的乐趣并了解农特产的生产过程,以增长游客知识,寓教于乐,满足游客休闲娱乐需求的目的。历经 30 多年的发展,台湾观光农园已经进入普及阶段,各项工作已步入正轨,管理也逐步走向规范化、制度化,管理体制已相当健全。另外,文化因素的渗透也在不断提升观光农园的层次和水平。

4) 休闲农场

休闲农场是台湾农业类型中最具代表性的,是一种综合性的休闲农业、渔业区。休闲农业可发展的活动项目较其他类型的休闲农业更具多样性。活动项目包括农园体验、童玩活动、自然教室、农庄民宿、乡土民俗活动、垂钓等。休闲农场是由数个农民或多个农民团体联合兴办的,规模比观光农园要大,面积一般在50 hm^2

以上，经营的项目比较多元。

5）教育农园

教育农园是农场经营者以农业生产、自然生态、农村生活文化等资源为内涵，为中小学生或一般游客设计体验活动，经由翔实的解说服务方式，满足游客知识性的需求，完成自然生态教育，同时促进城乡交流的一种休闲农业经营形态。教育农园首先在我国台湾地区发展起来，1986 年南投县埔里镇设置完成第一处教育农园，获得各界好评。

6）市民农园

市民农园是指经营者将都市地区及其近郊的农地划分成若干小块供市民承租耕种的一种休闲农业经营形态，其以自给为目的，同时可让市民享受农耕乐趣，体验田园生活。台湾地区的都市农业效法德国，因而与德国极为相似，也以市民农园为主要形式。台湾的市民农园面积高达 100 hm^2，主要分布在城郊或都市化地区。但从总体发展情况来看，台湾市民农园的规划建设远没有其他园区形态好。

7）休闲牧场

休闲牧场以名、特、优、新的农作物，以较好的设施和高科技含量进行生产，并以此吸引游客，向人们展示先进的生产技术和多姿多彩的产品。

乡村旅游发展在很大程度上要靠政府的引导和组织协调，政府在乡村旅游发展过程中应充分发挥自己的作用。各级政府要结合新农村建设中的农民培训工程开展有关乡村旅游服务内容的培训，建立地方乡村旅游行业协会，提高乡村旅游发展地区劳动力的素质，将乡村旅游作为发展区域农村经济、增加农民收入、促进新农村建设的重要产业。

在进行项目具体选址时应考虑可进入性问题和核算交通成本。对可进入性的评价取决于自然条件(植被、地形等)以及人工条件(交通方式、道路状况等)。游客进入景区的线路在景观上被称作“廊道”。为了将游客吸引到旅游区，廊道的景观也同样能够增加可进入性。

此外，资料显示，根据景源与廊道的空间关系，景源可分为尽端式和过境式两种。乡村旅游结构松散，它们之间存在相当长的距离。为延长游客的停留时间，一般应尽量选择尽端式，避免过境式。因此，大多数区域旅游呈现放射状结构。台湾的实践表明，这种“尽端式＋放射状”的结构有利于同一区域不同旅游地在内容上和经营模式上拉开距离。

台湾地区乡村经过多年建设，交通方便快捷，即使是偏远乡村，也有平坦的柏油马路。与旅游相配套的旅馆、商店、加油站、停车场等服务设施，也做得比较到位。

第 6 章　大都市地区镇村发展的路径与模式

城乡一体化是城市与乡村从分割、对立走向融合、一体的过程，是人类社会发展进程中必然经历的阶段。城乡一体化的实现，意味着城乡经济、社会、文化、环保、空间达到充分融合，城乡差距彻底消除，城乡居民平等分享经济社会发展创造的成果，城乡居民拥有相同的生活品质和平等的发展机会。

——李冰《二元经济结构理论与中国城乡一体化发展研究》

6.1　武汉市镇村发展的目标制定

6.1.1　打造联动发展的镇村一体化空间

1. 科学引导乡村人口城镇化

1）武汉市理论上已跨过刘易斯第二拐点，劳动力转移速度变缓，但农村剩余劳动力转移仍持续存在

按照相关理论和国际经验，当城镇化率大于 60%，农业从业人员占全部就业人员的比例低于 20%后，城乡二元经济发展阶段在劳动力转移的层面上便已经告别二元结构，即存量剩余劳动力已经转移完毕（摘自国务院发展研究中心农村经济研究部）。目前我国处于“刘易斯转折区间”。从国际比较来看，我国与日、韩迈过“刘易斯第一拐点”时的情况有较大差异。我国产业结构变动提前，而就业结构、城乡结构和城乡居民收入均衡程度都滞后。英美等国经历了六七十年的时间，日韩经历了不到二十年的时间，我国预计在 2025—2030 年基本完成劳动力转移，到达“刘易斯第二拐点”。

2018年，武汉市第一产业从业人口比例为8.9%，从理论上讲已经跨过了“刘易斯第二拐点”，但是未来农村剩余劳动力的转移仍然会继续存在。2018年六个新城区人口城镇化率仅为56.9%，低于全国60%的平均水平；同期，新城区劳动力非农化占比为64.8%。“十三五”期间仍需转移5万农村剩余劳动力。武汉市人多地少，乡村人口流动性大，流向地多元，劳动力转移较大。武汉市乡村人多地少的矛盾突出，是其劳动力转移的基本动因。武汉市作为特大城市，具有较强的要素集聚引力，且近年来由于“工业倍增”，工业迅速发展，具有更大的劳动力吸纳能力。同时，武汉市作为典型的中部地区城市，也有大量劳动力转移到东部沿海，因此乡村人口的流动性较大。武汉市作为中部地区首位度非常大的特大城市，乡村人口的转移在下一阶段仍然具有较大的困难和障碍。首先，武汉市增量劳动力转移压力大。武汉市作为特大城市，中心城区吸引力很强，除周边乡镇，还包括外地人员。因此虽然存量劳动力在理论上已经完成转移，但是增量劳动力的转移压力也很大。其次，劳动力需求结构与剩余劳动力性质存在矛盾。武汉市产业转型较快，高新产业逐渐增长，需要的专业技术型人才越来越多，且高校人才资源丰富，剩余劳动力一般教育程度较低，因此武汉乡村人口在武汉市就业转移存在一定困难。最后，武汉市正在由传统农业向现代农业过渡，农业现代化过程中仍有大量劳动力释放潜力。土地规模化经营势必会释放大量的剩余劳动力，届时也将会形成一定的劳动人口转移压力。

2）武汉市乡村应做好容纳200万农业人口的准备，以应对不同速度的城镇化进程

按照《武汉市人口专题研究》的预测，综合本地户籍人口的增长以及外来人口的流动，提出高、中、低三种人口增长的方案。按照城镇化率90%预测，规划期末的2030年，武汉市乡村常住人口将分别达到172万、160万、151万。同时，按照武汉市规划期末城镇化率90%的水平和发展阶段来看，未来乡村还要做好都市区逆城市化的发展准备。因此，综合考虑，无论未来武汉市人口增长方案以哪种速度推进，乡村地区均应做好容纳200万人的底线空间。

作为特大城市的武汉市是一个大容量的城乡人口空间载体，不仅人口基数大，人口进一步增长的诉求也很突出。外来人口成为常住人口是城镇人口增长的绝对主流，人口的来源与结构趋于多元、流动性日益加强、生产和生活需求趋向于复杂化。因此，伴生而来的快速扩张会具体反映到空间上。按照《武汉2049》的研究，未来武汉市主城区的空间增长仍然是新一轮武汉市都市发展的空间趋势，但是“存量挖潜”与“增量管控”相结合将是主城区的主要空间拓展原则。因此，未来人口增

长的主要空间地域单元应当以小城镇与新城为主。综合调研中所发现的人口转移实际比例和人口迁移的意愿比例，以及《武汉市人口专题研究》的圈层人口预测比例，综合确定本次乡村人口城镇化的目标为：合理确定乡村人口规模，按照规划期末城镇化率 90%核算，确定未来乡村地区人口约 150 万人。规划期间，将推动 100 万乡村人口城镇化，预计 20 万人进入主城区，50 万人进入都市发展区的新城组团，30 万人就地城镇化进入小城镇。

2. 明确城乡联动发展阶段目标

按照城乡一体化发展要求，确定城市与乡村发展相对应的三个阶段发展目标（见图 6-1）。

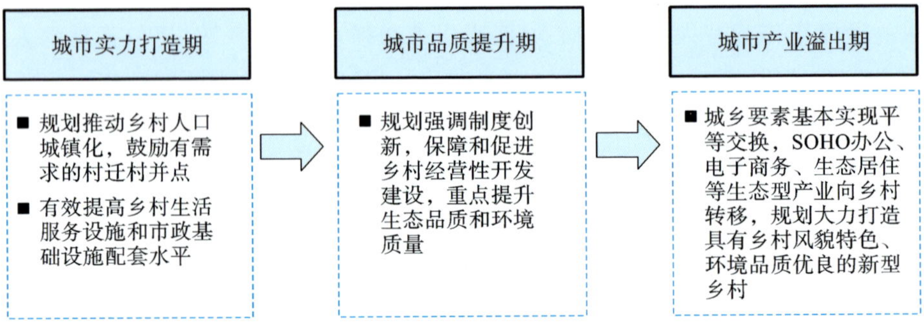

图 6-1　城市与乡村发展三个阶段

（图片来源：作者自绘）

第一阶段（2020—2025 年）：近期对应城市实力打造期，规划重点推动人口城镇化，鼓励有需求的村迁村并点，着重加强服务设施和市政基础设施配套，有效提升乡村服务能力。

针对现状乡村建设粗放、空间环境质量低端、设施配套效率较低等短板，以环境整治与服务设施完善为主，从“普惠制”到“重点建设、重点打造”，加快实施已编制的近 1200 个（占全市行政村数量 67.1%）乡村规划，搭建乡村产业发展的基础平台，完成“家家有产”，夯实武汉市农业传统生产的基础，加快推进农业现代化、信息化的步伐，拓宽农民的致富渠道，缩小城乡差距。

第二阶段（2026—2030 年）：远期对应城市品质提升期，规划重点推动乡村产业发展多元化，着力改善生态环境，打造乡村风貌特色。

以特色产业培育为主，在完善示范村建设的基础上，依照武汉市所编制的美丽乡村导游图、赏花经济带等乡村旅游特色产业的空间格局，以点串轴、以轴带面，提升公共服务设施的使用效能和服务品质，加快推进城乡公共服务均等化，塑造精心雅致、特色彰显的乡村物质空间环境、风貌建设以及文化氛围，实现乡村物理空间变化之后的产业多元化的化学质变。

第三阶段(2031—2049 年)：远景对应城市产业溢出期，城乡要素基本实现自由流动，引进 SOHO 办公、电子商务、生态居住等城市生态型产业，重点打造具有田园之美的乡村优质生活。

以东京、大伦敦都市圈等城乡高度一体化为目标，积极稳妥地推进农村制度改革，促进城乡土地、劳动力、资本等要素平等交流，使乡村地区的功能更加面向城市，弱化严格的城乡边界，在空间、产业、社会等方面实现城乡一体化。

3. 引导乡村空间转型的“精明收缩”

城镇化是资源要素从乡村不断向城镇聚集的过程。因此在城镇化的过程中，乡村数量的减少和人居环境的萎缩是必然的趋势和现象。但未来乡村仍然承担着重要的生产、生活、产业和生态功能，因此乡村的空间发展战略应当采取“保底”和“优化”相结合的“精明收缩”。

在总体目标上，提出农村人居空间发展的精明收缩，这是鉴于全国农村发展的总体趋势而定的。尤其是对于大城市郊区农村而言，人居空间发展要以“精明收缩”为基调。作为人口高输出的都市区周边的乡村，面临着城乡发展“灰色空间”的尴尬境地：既面临主城区人口迁移的竞争和高成本压力，又面临自身追求更高生活水平的推力。因此，乡村人口的流出情况更为复杂。同时，主城区在不断面临向外扩张的需求，周边乡村人口的流出与主城区扩张的需求形成碰撞，就使得武汉市周边乡村空间的转型与优化迫在眉睫。

一方面，乡村的生产和生活服务功能要补充、完善和提升；另一方面，随着城镇化水平的提高，乡村的总体规模会减小，居民点布局会发生新变化。规划中很多功能配置和社会布局既要满足现阶段发展需要，又要考虑未来规模缩减的影响，加上现在人口不完全城镇化带来的迁移的不确定性，因此乡村的空间发展战略应当采取“保底”的思路，以保证乡村在城镇化中的基本功能(见图 6-2)。

6.1.2　构建宜居宜业的村庄体系

1. 形成网络化的乡村居民点体系

逐步推动以镇为核心、以中心村为重点、以特色一般村为补充的乡村居民点体系。根据城镇引力范围、耕作半径，以及最小服务设施布局规模等因素，制定村庄

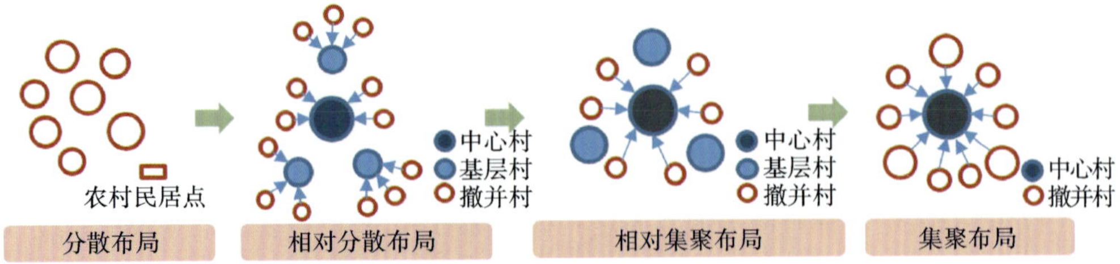

图 6-2 乡村居民点体系形成的一般过程

（图片来源：作者自绘）

发展、保留、迁并的政策和措施。鼓励位于城市集中建设区范围的村纳入城市建设体系；临近新城、镇的村向新城、镇适度集并，不能集并的鼓励设施共享；相对城镇距离较远的地区，鼓励培育中心村，基于城乡未来合理规模和尺度，依托现有中心村或基础条件较好的村通过扩建来培育中心村；保留历史名村，以及民俗、建筑、景观等特色资源村。

虽然随着互联网、电子商务等新兴产业的出现，传统的城镇村层级体系趋于网络化和交互化，但是乡村居民点体系仍然有较为重要的存在意义。尤其是对于公共服务设施的配置仍然有层级性的需求，因此要在传统的层级体系的基础上，注重共享和关联所产生的网络化城镇村关系（见图 6-3），科学合理、稳步推进迁村并点的进程。中心村仍然在一定的地域空间范围内承担生产服务中心、生活服务节点的作用。

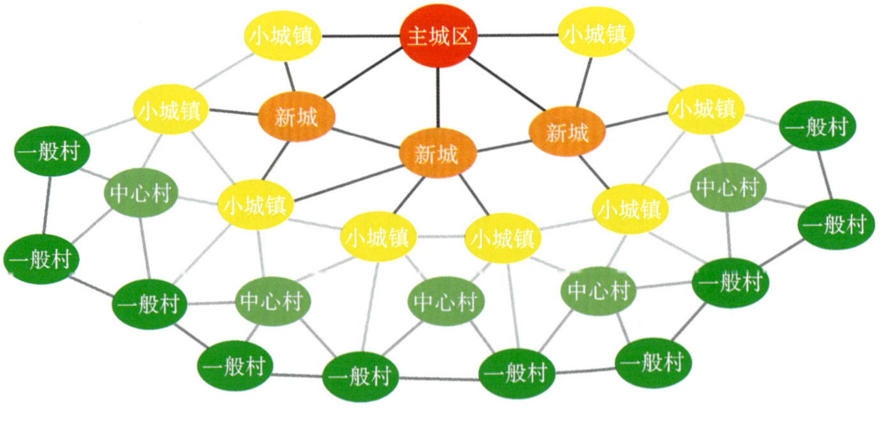

图 6-3 区域网络化的城镇村体系结构

（资料来源：作者自绘）

2. 积极推动乡村产业转型

对应未来近期和远期武汉市发展诉求，提出武汉乡村产业转型的三个阶段目标。

1）第一阶段：产业保质提量期

对应城市的实力打造期，在推动乡村人口稳步向城市转移的同时，明确乡村地区以都市农业为主导产业的发展格局，加快推进农业规模化、特色化和信息化，扩大都市农业、近郊农业的规模效应，形成大都市周边农业现代化发展，有条件的地区培育乡村农业观光体验旅游，通过科学的农业现代化和规模化的进程释放农村劳动力。

2）第二阶段：产业内涵扩容期

对应城市品质提升期，保障和促进乡村经营性开发建设，扩大乡村产业的内涵，在农业现代化发展到一定程度之后，拓展休闲农业、乡村旅游等第三产业，延长农业产业链，以乡村旅游作为农民增收的途径，以都市农业观光和度假休闲为代表的消费产业成为乡村主导产业，推动武汉市美丽乡村游、赏花经济带游、山林氧吧游等乡村旅游特色产业，实现乡村作为武汉市发展的后花园的总体定位目标。

3）第三阶段：产业内涵提升期

对应城市产业溢出期，在城乡要素交换制度改革的推进下，第三阶段城乡要素应当在整体市场经济体制的推动和环境中实现一定程度的平等交换，因此该阶段要将市场调控的力量引入乡村产业的发展中，引进多元开发主体，鼓励乡村发展生态观光、休闲旅游、养老康体、创意设计、电子商务等新业态。特别强调乡村产业发展的开发模式，强调在市场环境下保护农民参与市场行为的利益，增大农民对抗市场竞争的风险力度和韧性。

3. 稳步推进乡村社区和服务设施建设

乡村社区的人口规模以及相同人口规模社区的辐射范围不宜采用市域统一的标准，而是应该依照地形条件、服务半径、产业规模等因素因地制宜。乡村社区配套服务体系应通过划分不同等级的以农民使用行为为依据的生活圈，提升乡村配套服务的使用效率。同时，应特别针对老龄化、留守儿童等社会问题和需求进行福利设施、教育设施的深入研究，提出对策和建设标准。

随着轨道交通等交通网络的完善和成熟，城镇乡的时空距离被缩短，因此传统的行政区划层级体系已经不能作为乡村空间体系的依据和框架。但是乡村的体系依然有存在的必要性，其重要意义在于提升设施配置的效率。因此未来的城乡关系和镇村关系，应当以居民的设施使用行为作为乡村空间体系建构的依据，以“生活圈”作为城镇乡的联系纽带，形成网络化的时空关系和社会共享关系。

6.1.3 建设富有人文气息的美丽乡村

1. 大力保护历史文化名村

保护武汉市内建筑型、遗址型、革命型、景观型等多种类型的历史名村，修缮、修复具有重大历史文化价值的历史遗存，扩大保护历史名村的整体风貌和影响环境。历史文化名村是具有国家意义和历史记忆的文化地域承载空间，应当在快速城镇化中乡村空间面临收缩的必然趋势中，将历史文化名村作为乡村保留的底线之一，避免乡村的历史文化成为城镇化的牺牲品。

除此之外，乡村传统的熟人社会、农耕文化、宗族关系、逐水而居、前塘后林等属性，如木兰干砌、荆楚派建筑、宗祠文化等形成的特色村也应该加强调研并纳入保护范畴。在调研的过程中发现，乡村的邻里关系和交往习惯、生活习惯都是村民不愿意进行迁居的主要原因。乡村几千年来形成的传统的熟人社会仍然是乡村社会空间的主要纽带，也将是乡村区别于城市的文化标签。因此，应当谨慎处理和放缓城镇化对乡村空间的侵占，保护乡村文化和乡村居民生活的底线空间。

2. 促进特色风貌村的保护性再开发

引进与历史风貌保护不矛盾的生态型产业，提升村庄的活力和动力。引进申报评定制度，确定风貌村的评定标准和评定要素，各村各例，在风貌保护的基础上准许一定的开发经营用地，并鼓励民宿建设和经营，以保护带动开发，以开发促进保护。特色风貌村和历史名村必须编制保护规划，并严格按照规划实施管理。

保护应当作为乡村空间转型引导的手段之一，同时低冲击的开发和建设也应当成为乡村转型的科学手段。乡村仍然要在未来的城镇化过程中承担重要的生产、生活、生态、文化等功能，因此乡村动力的挖掘和乡村文化的复兴都将成为下一轮乡村转型发展的核心战略和内容。保护只能是底线的控制，保护乡村空间免受不合理外力的冲击，保护性的再开发才应当是下一轮乡村转型过程中响应“精明收缩”的手段，实现乡村成为武汉市后花园的转型目标。

6.2　武汉市镇村发展的路径引导

目前武汉市乡村发展模式呈现出“大分散、小集中”的乡村空间布局模式、“小镇区、大乡村”的镇村模式、“产村半分离”的生产模式以及“个体理性、总体无序”的乡村社会模式。但结合未来乡村发展的趋势及乡村自身发展诉求来看，目前乡村发展模式需要作出调整，以应对未来城乡一体化、公共服务均等化、农业产业现代化、乡村风貌特色化的转型发展要求。因此，武汉市乡村发展需要一种新的发展模式。

首先，应当从“大分散、小集中”的空间布局模式向更加具有区域集群效应和集聚效应的空间布局模式转变，以便合理引导人口在区域内的转移，形成乡村发展的整体力量，改变目前以点到点的空间集聚模式。因此，本书提出未来乡村的空间布局模式应当是串点成线、连线成片，让乡村的发展也能够在小分散中实现规模效应。

其次，目前“小镇区、大乡村”的离散型镇村发展模式既割裂了镇村的发展关系，同时也造成了镇的发展低效和乡村整体发展的塌陷。因此，本书基于镇村在现实的公共服务共享联系和已经出现的网络化连接趋势，提出“镇村一体化”的聚散型镇村发展模式，希望能够在武汉市域内形成镇村一体的发展态势，凸显小城镇对乡村的服务职能，实现镇、村发展的互促和共荣。

再次，武汉市乡村目前呈现出典型的“以代际分工的半工半耕”影响下的“产村半分离”的乡村生产模式，而产业作为乡村发展的根本动力，其要素外流的趋势若得不到缓解，乡村的衰败和萎缩将成为城镇化进程中巨大的负担。城镇化虽然是农业要素非农化的过程，但城镇化的质量不仅要体现在非农化的过程和结果中，也要体现在农业要素高效的集聚和有序的释放中。因此，“产村融合”的乡村生产模式应当是未来武汉市城镇化的稳定器和蓄水池。

最后，由于城乡差距大、乡村居民以家庭为单位呈现出个体理性的迁居选择。但总体上来看，乡村居民的宏观迁移是无序的，是追逐着经济要素的集聚方向而变化的。同时，武汉市都市区周边乡村居民的迁居意愿整体并不强烈。因此，要引导乡村居民的有序迁移要从源头上解决城乡差距的问题，通过区域联动、镇村一体、产村融合实现乡村地区自身经济增长极的打造，能够科学引导居民实现就近、就地城镇化，既符合乡村居民自身迁居的意愿，也从空间上引导科学集聚的态势，形成个体理性、总体有序的稳定的乡村社会模式。

因此，基于武汉市乡村现状的发展模式，结合未来武汉市乡村发展的趋势要求，本书提出产村复合单元的乡村发展模式，从乡村人口集聚的动力——产业出发，结合武汉市都市区周边以家庭为单位的迁居意愿不强烈、小城镇带动效应弱、镇村公共服务共享的现实情况，将镇、村作为联动发展的空间单元，以产村融合和镇村一体化的发展理念整合产业互动、服务共享、交通串联、文化共荣、风貌共建的配套系统，形成适用于武汉市都市区周边城乡差距大、镇村关系弱的乡村发展模式（见图 6-4）。

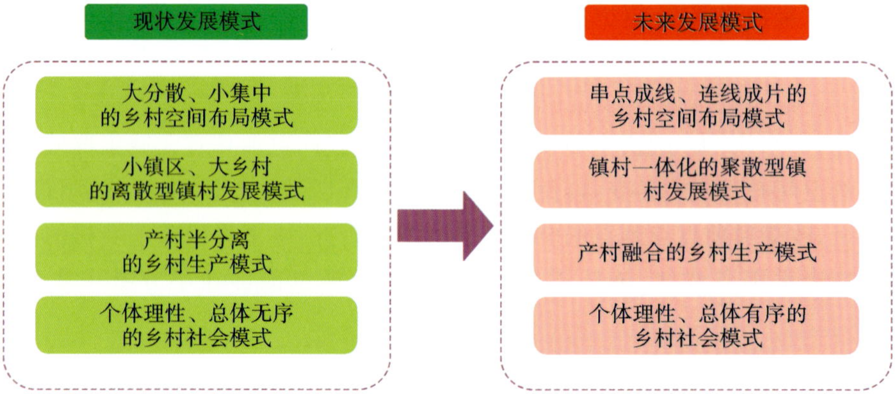

图 6-4　乡村发展模式

（图片来源：作者自绘）

6.2.1　如何重构更有序的空间格局

武汉市未来仍需接纳 100 万～150 万乡村人口，且按照城镇化发展的一般规律，武汉市远景很有可能出现逆城市化。因此，面对乡村需要保底的要求和衰落的现状所产生的矛盾，激进统一的迁村并点并非最合理的空间发展方式，一方面可能违背农民已有的生产习惯，另一方面在大拆大建中破坏了乡村地域空间。同时，武汉市的小城镇发展动力不足，普遍发展态势不强，但是小城镇在城镇化当中仍然承担着广大乡村腹地的服务中心的功能，同时还承担着下一阶段吸纳武汉市剩余劳动力的空间载体职能，因此都市区周边容易陷入灰色空间的镇、村，应当作为集合体捆绑考虑，构建有序的镇村空间发展格局，引导乡村人口的转移。当然，合理的镇村发展模式要因地制宜，视镇村关系、小城镇的发展水平以及公共服务的共享关系而定。

因此，应当在对空间少改造、环境少作为、风貌低冲击的原则下，形成服务定规模、点群式布局、传统式聚落、生态化建设的武汉市乡村空间发展格局。

6.2.2　如何更合理地组织乡村生产

乡村的首要职能是农业生产职能，未来的乡村生产应当是更加规模化、精细化和现代化。劳动力和土地作为农业生产最重要的生产要素，应当具有高效适宜的匹配模式以应对乡村生产的不断发展。因此，需要通过更加合理的空间引导方式和产业布局模式，引导人口及劳动力转移，缓解目前紧张的人地关系，保证劳均耕地面积在 0.8 hm^2 以上，使更多的劳动力有序转移，提高生产效率。

6.2.3　如何更紧密地契合乡村生活

乡村老龄化、空心化归根结底是城乡差距大，乡村要素单向向城市流动所导致的，普遍性的、持续性的老龄化和空心化必将导致乡村的消亡。个别的、局部的乡村活力消失和消亡是城镇化的必然规律，但是武汉市仍将要避免乡村活力不足、社会不稳的问题。因此，在武汉市主城区将进一步扩张的情况下，推进城乡规划编制统筹、城乡产业互融、城乡服务共联、城乡设施共建、城乡资源共享，为乡村社会和生活注入持续的活力。

针对乡村萎缩的现象，应当从空间重构、产业重塑、组织重建三方面对环境、经济、社会进行响应，尤其是空间重构和产业重塑，是寻找乡村发展内在活力的重要维度。城镇化的发展目的并不是使乡村完全消亡，而是要维持合理、科学、稳定、健康的城乡关系。

6.3　武汉市镇村发展的模式探索

6.3.1　镇村发展的新模式——产村复合单元

1. 基本内涵：产村基本单元＋产村复合单元

1）产村基本单元

产村基本单元以生产型服务作为基本配置，以农业产业化为核心，打破以行政村为单位组织生产生活，转变成依托规模化的产业基地引导迁村并点，形成“产业中心＋乡村聚居点”的产村基本单元。产村基本单元的意义是要结合产业特点，不受制于行政村的界限要求，合理确定生产半径，协调组织生产活动。产村基本单元以产业中心的最小规模为下限，以村民步行的最大出行距离为上限。产村基本单元应当按照产业特色进行特色化的建设引导。

产村基本单元并不违背原有“中心聚居点＋一般聚居点”的居民点体系，而是在居民点体系的基础上，引导一定地域空间内在产业上具有组织关联、内涵关联的聚居点，形成以生产动力作为集聚内核的产村融合的空间发展模式。传统的中心村和一般村（或中心聚居点、一般聚居点）的划分标准，大多单纯地以人口规模进行划定，并以人口规模的多少和村落空心程度进行迁村并点的操作。然而在具体进行迁村并点时，存在很大的难度。居民的迁居意愿更倾向于就近转移，并且如果本村具有良好的产业发展动力以及较好的就业岗位，村民就地城镇化的意愿将进一步强化。因此可以发现，在新型城镇化的背景下，以及都市区极核效应极强、主城区转移竞争较大的条件约束下，乡村人口的空间转移，即人口从乡村到城市的转移，不应当成为乡村人口转移和城镇化刻意追求的目标，应当从乡村发展的内生动力——产业出发，提出产村融合的可持续发展模式，重视“以人为本”的城镇化方式，合理引导人口的就地城镇化和就近城镇化。

产村基本单元在形式上可以包括“1 个中心村＋N 个一般村”，并且由于中心聚居点的生产规模或聚居规模的不同，可以只包含 1 个中心村。按照产村基本单元的不同产业类型进行划分，产村基本单元可以划分为农业型、旅游型和综合服务型三种（见表 6-1）。不同产业类型具有不同的产村基本单元空间组织特点和生产配套的特点。其中农业型按照种植规模的不同分为规模化农业型与精细化农业型，主要指农业产业基础较好的区域，能够通过土地流转和依托农田设施建设，或精细化种植的大棚园区建设，实现农业生产的产业化、规模化（精细化）和现代化。旅游型产村基本单元兼顾农业与休闲旅游的发展，充分依托和挖掘当地的自然与文化资源，作为农业产业内涵扩充的最主要形式，由一产向一三产融合过渡的主要地域单元。综合服务型产村基本单元的产业类型较为综合，可以依托大的乡镇企业、产业园区、镇区或新城区，承担有综合性的服务职能，自身具有一定基础，也具有良好的发展环境和潜力。

表 6-1 产村基本单元的三种类型

类型	主要特征	规模	资源支持
农业型	规模化农业型：以大规模的农业生产为主，多位于平原地区或规模化条件较好的国营农场地区	150～400户	水利工程、机械加工点、种植技术支持
	精细化农业型：以精细化的农业生产为主，如蔬菜种植等，六区均有分布，如新洲区凤凰镇刘集片区、黄陂区东部和西北部、江夏区法泗街道、蔡甸区318国道等地	200～500户	蔬菜大棚、生产园区、种植技术支持
旅游型	以景点观光或农业观光为主，拥有良好的自然资源和生产风貌	250～500户	道路、驿站旅游服务配套
综合服务型	靠镇区或新城区较近，服务设施较好，拥有少量加工业	300～600户	电子商务、信息化设施

2）产村复合单元

遵循目前镇村、村村之间公共服务设施共享的网络化趋势，以网络化的服务设施使用特征作为空间引导的原则，打破以镇为行政单位组织公共服务设施配置的传统层级模式，转变成依托规模化或精细化的产业基地作为农村聚居单元，依托设施共享的生活圈作为镇村发展模式。产村复合单元是依托生活服务划定的空间概念，因此由于关联和共享的关系不同，可能会包含一个或若干个产村基本单元，甚至可能包括镇区，可能存在镇村共享、村村共享以及镇镇村共享等模式。

小城镇是武汉市发展的软肋，都市区周边的镇村关系也由于主城区强大的极核效应而呈现出镇村关系脱节、弱化或小城镇低效失能的情况。武汉地区的小城镇并不能像东部沿海地区由于乡镇企业的崛起而异军突起，也不具有快速向小城市转变的发展基础和辐射能力，其更多的是承担广大乡村腹地公共服务中心的职能。只有部分具有雄厚的二产基础和较为重要的区域战略地位的小城镇，才具有成为次区域内增长极的能力。因此，产村复合单元的原则是要在盘活乡村产业发展动力的基础上，针对镇村关系弱化的现实情况，以“公共服务关联和共享”的镇村主要关系内核作为基础，将镇村作为联合发展体，依据公共服务使用的生活圈合理划定镇村联动发展的空间范围。

产村复合单元实质上是一种建立在镇村关系基础上的镇村空间发展模式，与镇、中心村的概念并不冲突和矛盾；是一种在空间上实现公共服务效率最大化的发展模式，按照居民生活圈的使用行为习惯和特征进行设施配置的调整和优化（见图6-5）；其强调在一定的次区域范围内，镇、中心村的公共服务贡献能力以及镇村之间、村村之间的共享关联，弥补小城镇在主城区、新城、乡村的发展中面临的“灯下黑”及职能不明确的尴尬境地，尊重镇村之间的内在关联，是一种科学引导镇村空间的发展模式。

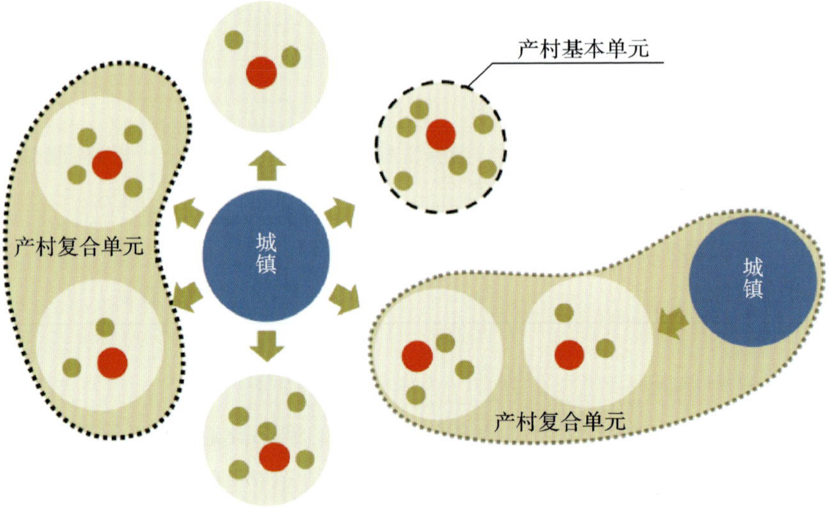

图 6-5　产村基本单元与产村复合单元的结构示意图

（图片来源：作者自绘）

2. 具体内涵

1）服务定规模

产村基本单元以产业中心的最小规模为下限，以村民步行的最大出行距离为上限；以产村基本单元作为组织乡村生产功能的基本细胞。按照基本的生产服务保障设施和生活服务设施，分不同规模的产村基本单元进行配置（见表6-2、表6-3）。

表 6-2　产村基本单元公共服务设施配置参考

类　别	具体设施	生产聚居点	普通聚居点
行政管理	居（村）民委员会	●	○

续表

类　别	具体设施	生产聚居点	普通聚居点
教育机构	初级中学	—	—
	小学	○	—
	幼儿园、托儿所	●	○
文体科技	村级组织工作及村民活动室	●	○
	村多用途场(站)	●	○
医疗设施	卫生计生服务室	●	○
商业设施	百货店	○	○
	食品店	○	—
	银行、信用社、保险机构	○	—
	饭店、餐饮店、小吃店	○	○
	理发店、浴室、洗染店	○	—
	综合修理、加工、收购店	○	—
集贸设施	蔬菜、副食市场	○	—

注:表中“●”表示必须配置,“○”表示可酌情配置,“—”表示无需配置,或可酌情共享配置。

表 6-3　产村基本单元生产服务保障设施配置参考

类　别	具体设施	生产聚居点	普通聚居点
服务保障	庄稼医院	○	—
	综合服务站	○	—
	农产品质量监测站	○	—
商贸集散	物流基地	○	—
	物流分拨站	○	—
	农产品市场	●	—
	电商服务网点	○	—
	农贸放心店	●	—
生产保障	大型农用机械停放点	○	—
	动物防疫站	○	—
	小型农机租用点	○	—
	农业技术培训点	○	—

注:表中“●”表示必须配置,“○”表示可酌情配置,“—”表示无需配置,或可酌情共享配置。

产村复合单元以一级生活圈范围为下限(以小学生徒步 1 h 作为界限,低学年学生徒步 4 km),以三级生活圈范围为上限(机动车行驶 30 min),以产村复合单元作为配置乡村公共服务的组织架构。设施配置应当具有一定的弹性,既满足现阶段的发展需要,又考虑到未来由于乡村城镇化而产生的乡村收缩导致的影响(见表 6-4)。

表 6-4　产村复合单元生活服务设施配置参考表

服务圈层	基本生活圈	一级生活圈	二级生活圈	三级生活圈
空间界限	最大半径 1 km,最佳半径 500 m	最大半径 4 km,最佳半径2 km	最大半径 8 km,最佳半径4 km	15～30 km
界定依据	幼儿、老人的徒步 15～30 min 界限	小学生的徒步 1 h 界限(低学年学生 4 km)	中学生以上的徒步 1.5 h,骑自行车 30 min	机动车行驶 30 min
服务人口满足基本公共服务设施配置门槛	500～1500 人	2000～5000 人	10000 人以上	30000 人以上
服务重点	针对老人、幼儿的福利设施; 基本公共服务设施和环卫设施	面向更广泛人群的公益性服务设施	较高等级的综合性服务设施	更高等级的广域综合服务设施

2) 点群式布局

一般来说,产村基本单元由一个或多个聚居点组成,其中有一个具有相当产业规模的成为中心聚居点,以"1+N"(1 个中心聚居点+N 个一般聚居点)的形式构建产村基本单元,由"1 或 N"个产村基本单元构成产村复合单元,形成"以点带群"的组团式布局结构。产村复合单元可能会跨越一个或多个镇域,且由于不同特征下的镇村关系,某个镇区会作为产村复合单元的综合服务中心。因此,产村复合单元是一种基于镇村统筹、村村统筹理念下的协同发展模式。

3) 传统式聚落

产村基本单元是在尊重村民生产和生活特征的基础上建立的空间组织方式,其发展模式尽可能地保留传统的逐水而居、依山就势、灵活布置的聚落形态,保护乡村聚落的邻里关系、宗族范围、村规民约的聚落关系,避免城市化的大拆大建改造和无意义的迁并集中建设。即使进行迁村并点后新农村社区的建设，也应当因地制宜，合理确定规模，不宜过大，以 100～300 户为宜。避免城市化社区的中高层建筑，逼农民上楼，应当顺应原型村落的空间肌理，既满足生产需要，同时也在原来分散无序的基础上进行一定程度的集中，实现以传统型聚居为原则的乡村空间聚落的精明收缩。

4）生态化建设

武汉市江河密布，丘陵起伏，拥有众多历史文化名村。作为保障市域生态安全、提升生态环境质量、展现文化魅力和建设新型城乡形态的基本地域空间，乡村的规划建设应当坚持生态化建设、保护性发展的原则，实现武汉市乡村的可持续发展和特色乡村文化的永续传承。

除此之外，低冲击开发的生态化建设应当以乡村田园风光的总体风貌形式不冲突为原则，打造景观生态化、生态田园化的乡村生态空间和乡村特色风貌。

6.3.2　产村复合单元的空间类型和分布

1. 产村基本单元的类型

产村基本单元按照生产聚居点和普通聚居点的组合方式不同分为不同类型，包括集中型、中心带动型、带状集中型三种（见图 6-6）。不同类型的产村基本单元会由于产业类型的不同而影响中心聚居点和一般聚居点的空间布局形式。

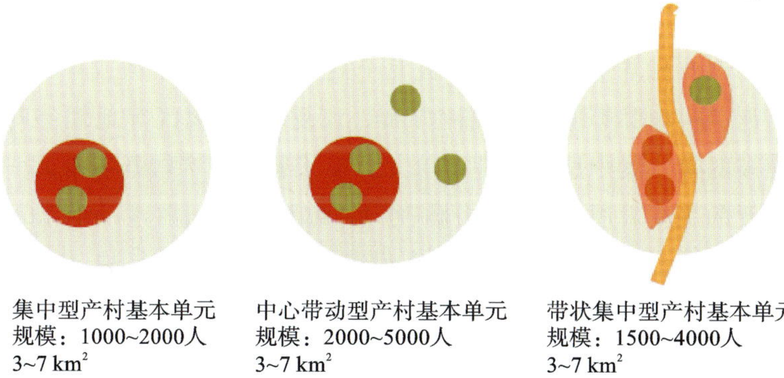

图 6-6　产村基本单元的类型

（图片来源：作者自绘）

集中型产村基本单元为一个较大规模的生产聚居点自成产村基本单元。该生产聚居点在一定的生产半径内承担生产职能和生活服务职能，一般依托具有产业基础的较大规模的农村居民点或新型社区，如东西湖区、汉南区的部分村庄。集中型产村基本单元一般适用于规模化生产已经较为成熟的地区，或者土地流转较为成熟，农业企业发展较为顺利，具有规模化、机械化农业生产条件的地区。因此，集中型产村基本单元的产业单元范围较大，如粮油生产，综合上海市（每人 0.028 km^2）、成都市（每人 0.014 km^2）生产力水平确定武汉市规模化经营水平为每人 0.013 km^2，结合劳动力带眷系数，确定集中型产村基本单元的规模为人口 1000～2000 人，面积 3～7 km^2。

中心带动型产村基本单元由一个较大规模的生产聚居点带动一定生产半径内的普通聚居点，“1＋N”在基本单元范围内解决基本的公共服务需求，如日常生活购物、卫生所、文化娱乐室等。中心带动型产村基本单元主要分布在新洲区、黄陂区、蔡甸区等村庄分布较为紧密、产业跨村现象较为显著的地区。中心带动型产村基本单元适用于一定区域内以合作社形式引导土地流转和规模化农业生产的产业发展形式，还适用于以蔬菜种植等为主的精细化作业程度较高的产业发展形式。由于精耕细作的产业发展要求，中心带动型产村基本单元对聚居点集聚的密度要高于集中型产村基本单元。单元内部的一般聚居点如无特殊的搬迁必要，在规划期内不作强制性搬迁要求。建议在中心聚居点内部划定农民自建区，在空间上引导农民新建住房，同时发挥中心聚居点的产业集聚效应，稳步推进一般居民点的集聚。同样结合上海市（每人 0.007 km^2）和成都市（每人 0.004 km^2）的蔬菜经营生产标准，确定武汉市的精细化经营水平为每人0.0067 km^2，中心带动型产村基本单元规模为人口 2000～5000 人，面积3～7 km^2。

带状集中型产村基本单元是一个或几个规模较小的集中型或中心带动型产村基本单元沿河、路、山脉等空间呈线性分布。江夏区、黄陂区等地理空间元素较多的区域有较多的带状集中型产村基本单元。带状集中型产村基本单元一般以乡村旅游作为产业的主要发展形式，沿山脉、水系、道路等空间要素形成“带状＋组团”的空间布局形式。以休闲农业为主的乡村旅游是服务业的一种，因此以家庭、公司、“公司＋农户”经营的方式较多，所需劳动力数量应当多于规模化生产的劳动力数量，因此带状集中型产村基本单元规模一般为人口 1500～4000 人，面积3～7 km^2。带状集中型产村基本单元主要是处理好居民点之间的产业协作关系。

产村复合单元根据内部产村基本单元的构成形式分为单中心产村复合单元（见图 6-7）与多中心产村复合单元，其中多中心产村复合单元由于镇村共享关系的不同分为镇村一体型产村复合单元与村村联动型产村复合单元（见图 6-8）。

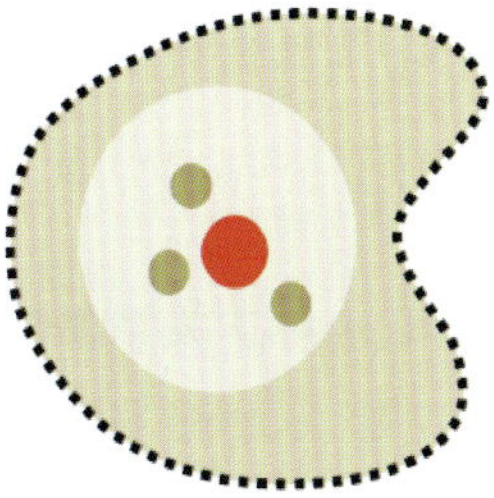

图 6-7　单中心产村复合单元

（图片来源：作者自绘）

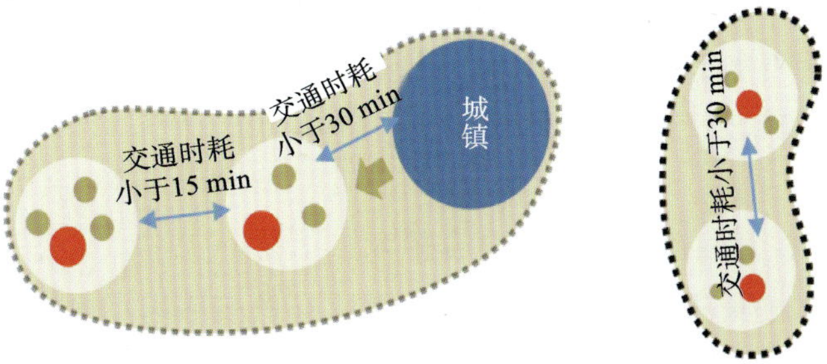

镇村一体型产村复合单元　　村村联动型产村复合单元

图 6-8　多中心产村复合单元

（图片来源：作者自绘）

1）单中心产村复合单元

单中心产村复合单元即由一个产村基本单元构成的产村复合单元。单中心产村复合单元的形成是由于构成该类单元的产村基本单元的规模较大，其生产服务和生活服务能够在一定的区域内形成统一，成为具有独立生活和生产功能的组团。或者由于该产村组团的自然地理位置较为偏远，与最近的产村基本单元的交通时耗在 20 min 以上，较难与周边产村组团形成生活服务共享，因此自上而下形成单中心产村复合单元。

2）多中心产村复合单元

（1）镇村一体型产村复合单元

镇村一体型产村复合单元主要是建立在镇村共享公共服务的镇村关系上的复合型单元。一方面，对于武汉都市区周边地区来说，虽然公共服务的网络化是发展的趋势，但其“主城区—新城区—小城镇—乡村”的层级特性也不能失去。因为公共服务不仅包含等级、规模，也包含服务类别。调研中发现，乡镇居民对医疗和教育资源的使用主要取决于服务能力和等级，都市区集中了最高服务水平的医疗和教育，在涉及医疗和教育方面的关键性问题，乡村居民会将时空距离因素略过，选择新城区或主城区。因此，基于公共服务能力、等级和类别的差异性，城—镇—村的共享关联仍然存在，以基本和日常公共服务共享关系为纽带的镇村关系依然紧密，因此镇村一体的产村复合单元是加固镇村关系的有效发展模式。另一方面，当城镇集聚能力较弱，乡村人口向镇区集聚的意愿并不强烈时，该类镇区并不能承担一定区域内区域增长极的职能，应当转变区域职能，定位为乡村腹地的公共服务中心，与周边乡村或社区共享服务设施，为周边乡村的生产、生活提供中转或集聚的场地空间。在公共服务设施的配置方面，其服务等级、辐射半径等与大型农村社区保持相当水平即可，设施的配置要同周边产村基本单元的产业类型、经营特色相结合，承担起生产、生活的配套服务功能。武汉都市区外围的小城镇普遍呈现出上述特点。

(2) 村村联动型产村复合单元

村村联动型产村复合单元是建立在乡村居民点与居民点之间的共享关系基础上的空间组织形式。该类产村复合单元中，一种情况是村村公共服务设施的互补形成了一定区域内公共服务的自给和满足，如以乡村旅游为产业组织形式，更易依托每个乡村旅游的主导产业方向形成区域内公共服务的配套联动，如休闲农业观光与农产品电子商务、农家乐休闲等产业及配套的联动。另一种情况是该类型产村复合单元内具有一个或几个公共服务配套较为完善的中心聚居点，能够承担组织生产、生活服务的区域职能。

2. 产村复合单元的分布

产村复合单元根据武汉市地形地貌特征分为丘陵型、平原型、滨水型（见图6-9）。不同地形条件是可以影响产村复合单元的规模和分布密度的。并且武汉市

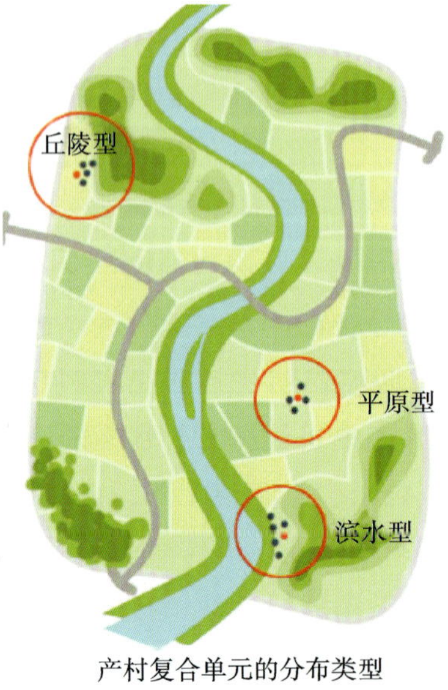

产村复合单元的分布类型

武汉市产村复合单元单元发展片区划分

图 6-9　产村复合单元分布类型

（图片来源：作者自绘）

域内，在非均衡自然条件影响下，呈现出较为明显的非均衡的乡村及乡村人口分布的特征，因此对武汉市产村复合单元分布的类型维度采取以地理决定论为主导的分布划定。

1）丘陵型

丘陵型的产村复合单元受到地形地貌的影响，结合地形特点进行组团化布置。丘陵片区的农民生产作业距离较大，以摩托车出行 10 min（时速 30～50 km/h）作为出行距离的半径，丘陵型的产村复合单元的范围控制在 80 km^2 以内。

2）平原型

平原型的产村复合单元应当利用地形的优势，采用便于规模化作业的集中布局方式。平原型乡村居民点分布较密，因此农民生产作业距离较小，按照“步行＋非机动车”的最大出行时间 20 min（时速 4～10 km/h）作为出行距离的半径，平原型的产村复合单元的范围控制在 30 km^2 以内。

3）滨水型

滨水型产村复合单元结合地形特点沿水进行组团化的带状布置。滨水区除水的因素限制之外，地形较为平坦，农民生产作业距离与平原型基本一致，因此按照“步行＋非机动车”的最大出行时间 20 min（时速 4～10 km/h）作为出行距离的半径，将滨水型的产村复合单元的范围控制在 30 km^2 以内。武汉市以滨水型产村复合单元居多。

6.3.3　产村复合单元的空间发展和布局

1. 武汉市产村复合单元的空间发展趋势

1）初期：点状聚合的乡村聚居点培育

武汉市乡村的分布受到地形地貌的影响，呈现出不同的规模、空间、产业发展等。未来的武汉市乡村发展应当首先在市域范围内，经过城镇化的优胜劣汰、自上而下地迁村集并，在目前分散布局的乡村居民点的基础上，形成不同规模、等级、层级的以农村社区形式存在的乡村聚居点。在市域内形成“中心聚居点——一般聚居点”的乡村居民点等级体系，构建以综合服务型、旅游型、农业型为产业类型的乡村职能体系。乡村聚居点的培育不应以强制性的迁村并点进行，而应对居民点进行综合性评价，尽可能全面预判未来发展的趋势，结合乡村居民的迁居意愿、产业发展的前景、与周边互动的程度，确定居民点的空间发展趋势（见图 6-10）。

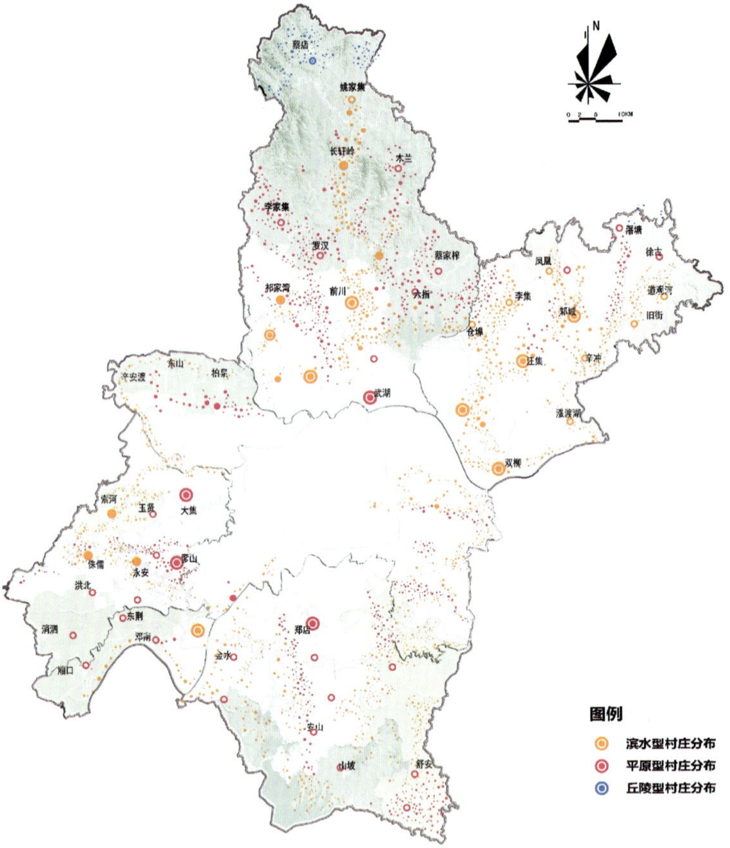

图 6-10　初期：点状聚合的乡村聚居点培育

（图片来源：作者自绘）

2）中期：以点串线的产村复合单元延展

武汉市都市区的极核效应、圈层放射状的交通网络、生态体系的轴楔环廊是武汉市域典型的空间特色。因此乡村的发展不应当脱离武汉市域宏观的空间格局，在散点布局的基础上，寻找线性元素依托，如交通干线，以水为轴、依山而建的生态廊道，整合发展轴线上乡村的资源、产业、文化风貌等元素，按照资源相近、产业相关、风貌相似的原则，打造每条线路的特色品质，形成市域内以点串线的乡村空间发展格局。目前武汉市已经结合赏花经济带、美丽乡村旅游带进行了全域内线性乡村旅游资源的整合，应当进一步拓展市域内线性乡村发展的轴线，增强村村、镇村和城镇村的资源要素流动的强度，增加城乡沟通的渠道（见图 6-11）。

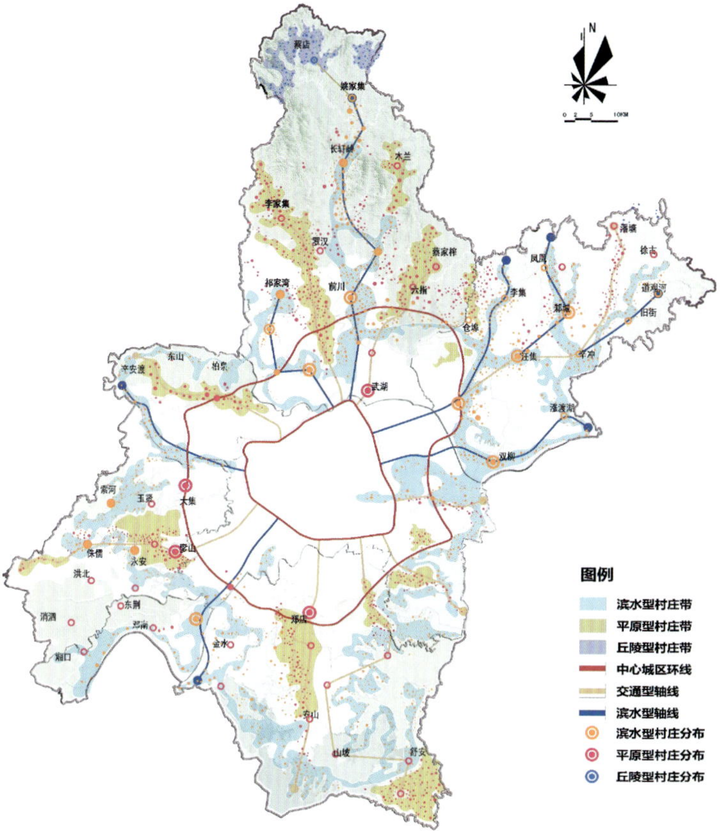

图 6-11　中期:以点串线的产村复合单元延展

（图片来源:作者自绘）

3）后期:依水成脉的乡村空间再组织

水网密布、江湖纵横是武汉市域独特的地理资源条件,并且新一轮总体规划将武汉市打造成全国独特的滨水文化名城。因此,武汉市乡村的发展应紧紧抓住滨水的脉络,在连线发展的基础上,在整个市域内形成依水成脉的特色化空间布局。武汉市经过点状的培育工作,包括“家园建设行动计划”、新农村建设、美丽乡村示范等一系列乡村建设活动,以及居民点体系的普惠制建设和重点打造之后,镇村体系完成了底层的夯实,但是点状发展和各自为政的空间格局并不是乡村发展最具动力和规模效应的方式。为解决现状居民点“小、散、乱”的问题,以及镇村体系中相对独立的村村关系和镇村关系,武汉市乡村应当结合特有的自然地理特征,以产业发展为连片发展的内核,形成依水成脉的空间格局,承载成为武汉市后花园的生产、生态、生活职能(见图 6-12)。

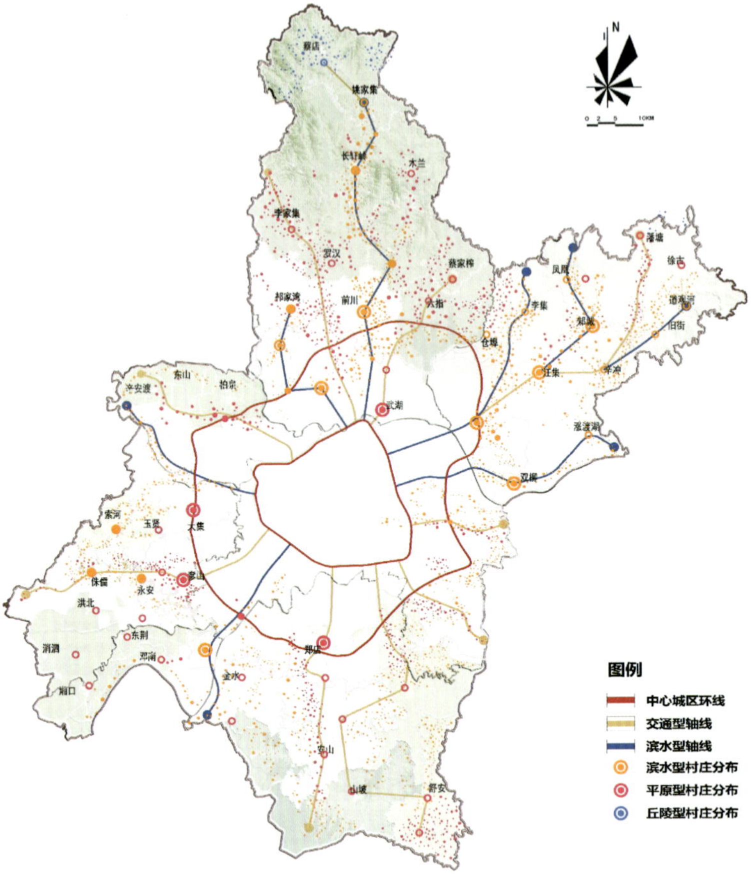

图 6-12　后期：依水成脉、沿路成带、傍山成片的乡村空间再组织

（图片来源：作者自绘）

2. 武汉市产村复合单元的产业布局——集中连片

首先要保证武汉市乡村地区农业生产不动摇。重点推进农业现代化、特色化和信息化；培育以都市农业观光和度假休闲为代表的消费型产业；积极承接城市外溢的生态型产业，鼓励乡村发展农业生态观光、城郊休闲旅游、田园养老康体、创新创意设计、新型电子商务等新业态。随着武汉市农业产业化的发展，通过依水成脉的空间格局，实现产业和资源的整合，避免产业的同质化竞争，形成具有主题的农业产业精品发展带和展示带，串联成武汉市域的山水文化、历史文化、休闲农业产业、规模化农业产业五大集中连片的市域农业产业布局（见图 6-13）。

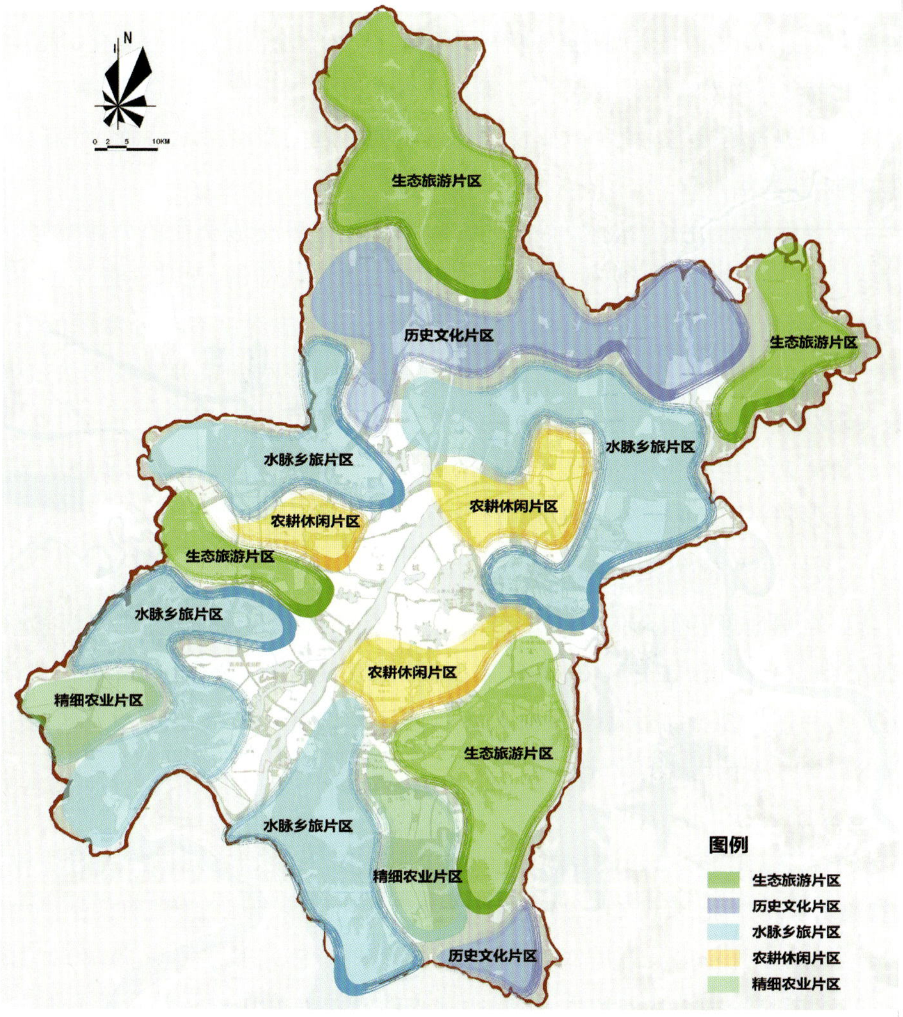

图 6-13　集中连片的农业产业布局

（图片来源：作者自绘）

3. 武汉市产村复合单元的聚落风貌

武汉市的水资源在宏观上为依水成脉的空间格局奠定了基础，同时也形成了武汉市颇具特色的“前塘后林”乡村聚落空间。因此，要维持武汉市乡村的传统田园风貌，应保护聚落空间内部的水塘、林木；新增的绿化植物宜采用乡土作物，在展现乡野田园风貌的同时，充分展现大地景观；充分利用乡村民居的庭院内部空间打造乡土景观，因地、因时种植，打造房前屋后、瓜果花香的田园风光；不提倡模仿城市居住的高层住宅小区、人工景观。除了在村落内部注重保护乡村田园风貌外，还要在片区内形成大体上协调统一的整体风貌，结合产业特征、历史文化、地形地貌的差异化特征，从建筑色彩、材质、细部上体现个体的差异化和特色化，并且分区段对片区的风貌进行定位，结合产业特征确定不同主题的景观展示界面，营造具有观赏性、趣味性的景观序列。

除需要保护的历史文化名村外，还需保存传统邻里交流交往的公共空间，如祠堂、古树、天井等物质空间载体，保留传统的节庆与民俗活动，尤其注重保护非物质文化遗产，彰显武汉市美丽乡村的民俗特色文化。目前武汉市部分乡村的宗族关系虽然已经由于城镇化的进程被打破了，但是大部分乡村的宗族关系依然很强烈，祠堂等公共交往的空间是保护宗族关系和家庭聚落关系的重要媒介。因此，对于实体的历史文化空间来说，应当采取相对刚性的保护措施，结合对于非物质文化遗产的弹性保护，实现乡村文化的可持续传承。

4. 武汉市产村复合单元的分区分布

依照自然地理特征和武汉市城市发展架构，将武汉市划分为农区（黄陂区中、南部，新洲区）、湖区（江夏区）、场区（东西湖区、汉南区）以及山区（黄陂区北部）四个不同的片区。结合自然地理特征和各行政区划的乡村发展水平及模式，在不同的片区内引导不同类型的产村复合单元。

1）农区

位于农区（见图 6-14）的乡村以传统农业为主，其生产方式以传统农业种植为主，农业发展水平受制于农业生产基础是否良好。以新洲区为例，其农业用地质量不均等，虽然具有较为良好的农业耕作条件，但是总体发展水平较低，农业生产设施较差，农民收入水平普遍较低，由此所导致的农民外流现象非常显著。但是由于村庄环境的整治得到了较好的落实，因此村庄整体的基础设施水平较为均等，但是利用率并不高，小城镇发展较为乏力，因此乡村居民进入小城镇的意愿并不强烈，更愿意在乡村居住、生产、生活。

新洲区属于传统农区，加之阳逻经济开发区与邾城街道的双心带动结果，形成两个明显的城镇核心发展区。新洲区周边镇村的发展趋势应当是向阳逻经济开发区、邾城街道、双流街道以及汪集街道进行聚集，因此以镇村一体型的产村复合单元作为引导，适度降低李集街道、涨渡湖街道等的区域辐射范围，以街道或乡镇周边 30～70 km^2 范围内形成的镇村一体型产村复合单元作为空间组织形式。仓埠街道、三店街道、凤凰镇、辛冲街道和徐古街道都在主要城镇发展带上，且具有较强

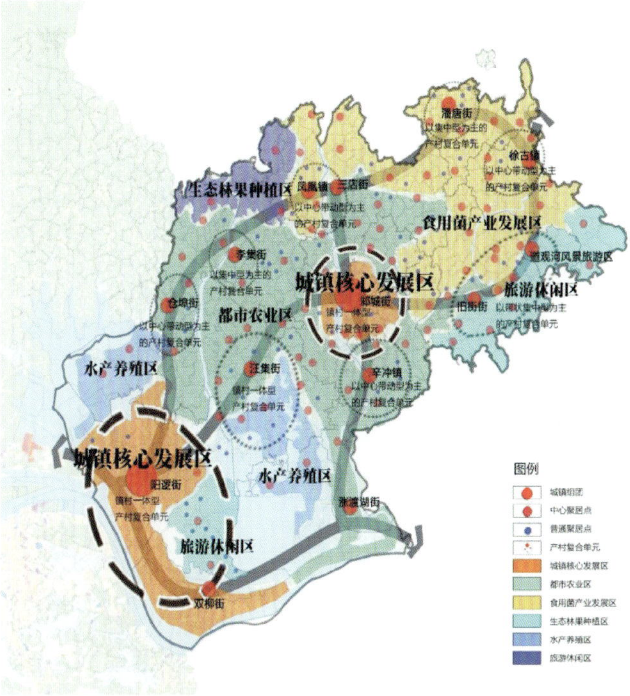

图 6-14　农区产村复合单元空间引导

（图片来源：作者自绘）

的经济实力和人口集聚能力，适合发展中心带动型产村复合单元。而潘塘街道、李集街道的城镇发展水平较低，带动作用较弱，应该发展集中型产村复合单元，适当迁并村庄，提高乡村活力。东北部的道观河风景旅游区和南部的涨渡湖街道具有良好的旅游资源，且生态敏感度高，村庄规模应该适度缩减，重点发展带状集中型产村复合单元，形成旅游产业在村村之间的互动和连接。

2）湖区

湖区（见图 6-15）主要集中于江夏区。位于湖区的乡村发展特征是生态基础普遍优越，农业生产基础较好。同时由于政策引领的效果较为显现，土地流转的现象比较普遍，因此企业、合作社等流转形式都促进了当地的农业产业化发展，但同时也会出现由于企业运作不到位而导致农地的二次抛荒，进而引发其他社会问题。

江夏区河湖遍布，因此规模化发展的农业生产并不适用于江夏区整体的产村复合单元空间引导。其中，江夏新城与纸坊城区已经形成较为明显的城镇核心发展区，周边镇村的发展趋势应当是向主城区以及新城区聚集的态势更加明显，因此以镇村一体型的产村复合单元作为引导，适度降低郑店街道、乌龙泉街道等的区域

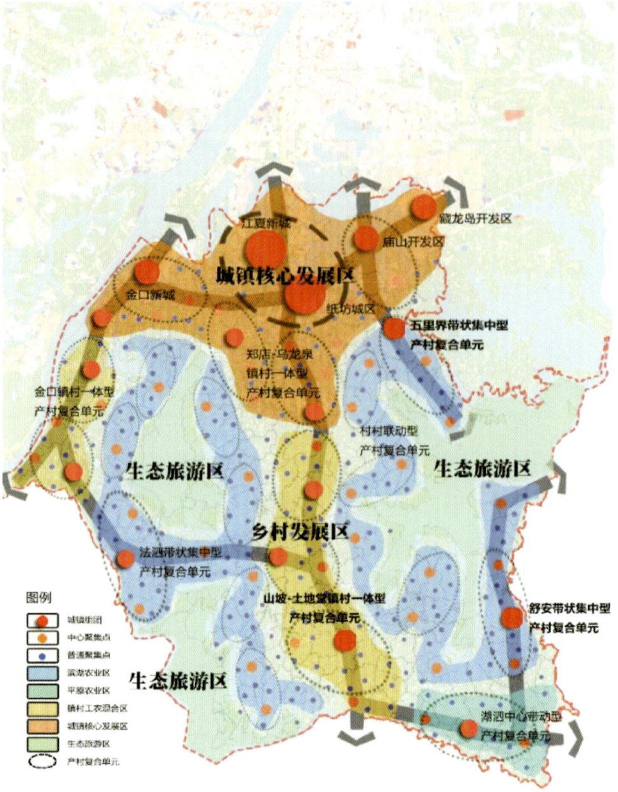

图 6-15　湖区产村复合单元空间引导

（图片来源：作者自绘）

辐射范围，以周边乡镇 30～70 km^2 范围内形成的镇村一体型的产村复合单元作为空间组织形式。大部分产村复合单元位于城镇核心发展区内，因此镇区的公共服务配置按照自然地理特征，依湖就势，在梁子湖、鲁湖、斧头湖周边形成带状集中型产村基本单元，作为乡村基本肌理的组织，沿梁子湖、鲁湖周边形成以带状集中型产村基本单元为主的依水成脉的产村复合单元，在沿湖发展带中确定统一的生态保护方针和原则，以保护作为发展的前提，适度开发。在产业协作方面，应当融入次区域层面的"梁子湖生态旅游度假区""后湖海都市休闲农业体验区"等具有产业中观指导意义的项目规划，形成旅游产业在村村之间的互动和连接。由带状集中型产村基本单元组成的产村复合单元可灵活控制，按照滨湖带内的乡村旅游产业协作程度以及公共服务辐射范围的大小因地制宜。湖面之间的农业发展区应当以中心带动型产村基本单元为主，构成镇村一体型的产村复合单元，实现镇村公共服务设施的共享。产村基本单元的选择依据乡村土地流转的程度进行确定。同时，江夏区已经拟建近百个农村淘宝服务站，远期淘宝服务站可能会广泛覆盖江夏区，届时，产村复合单元的镇村一体和村村联动形式将在江夏区具有良好的信息化网络化优势。因此，江夏区总体形成依水就势、农旅联动的“空间—产业”互动格局：沿湖滨水按照旅游型产村基本单元进行带状引导，形成滨水带动的乡村复合集群；中部以农业的规模化和精细化生产结合为主要方式，由企业牵头发展规模化“生产＋农户”的精细化生产；村企共建，政策引领。规划和政策的引领作用较为明显，但企业的经营水平直接关联到规模化生产的效率，提升企业的经营水平和社会责任心。

3）场区

场区（见图 6-16）主要指以国营农场为主的汉南区和东西湖区。这两个区的共同特点是农业机械化、规模化基础比较好，乡村的空心化程度比较低，乡村居民以农场工人的身份从事农业生产，因此实现就地城镇化的可能性最高。其中东西湖区的发展情况较好，除部分边缘地带的乡村物质环境还有待提升之外，其余地区实现乡村就地城镇化的可能性很大。汉南区由于小镇大村的镇村发展模式，小城镇带动能力稍弱，部分地区乡村的就地城镇化还需进一步拉动。

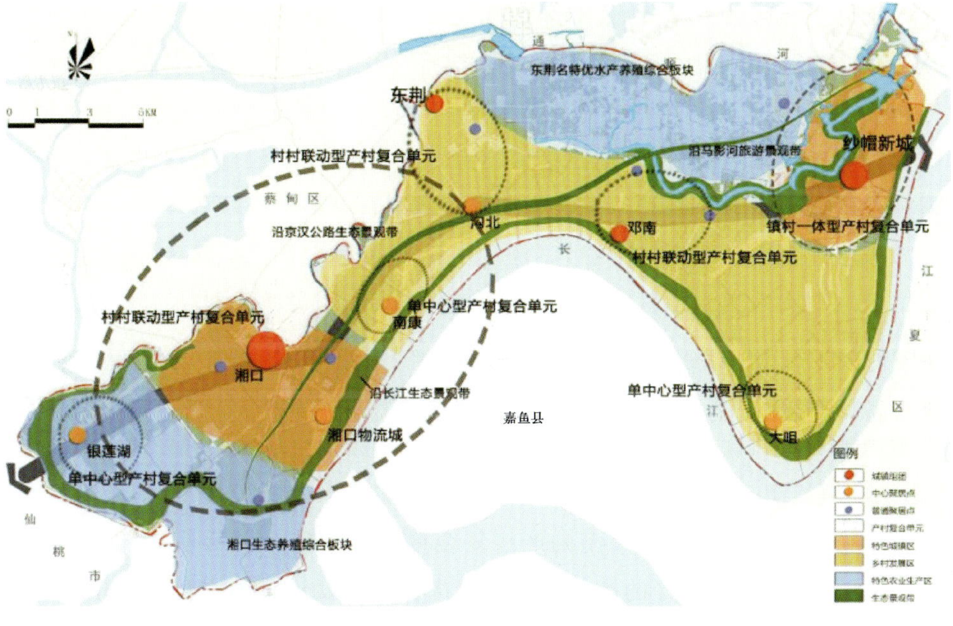

图 6-16　场区产村复合单元空间引导

（图片来源：作者自绘）

汉南区作为国营农场模式，具有明显的规模化农业生产的基础和条件，也具有较大的就地城镇化可能性。因此其产村基本单元的构建大多以集中型产村基本单元进行引导，以各个较大生产规模的中心聚居点组成，如以水产养殖作为主导产业的银莲湖中心聚居点，形成单中心型产村复合单元。湘口街道作为集聚能力较强的城镇，应当在较大的区域范围内承担起区域增长极的功能，因此，其辐射范围内的产村复合单元以单中心型产村复合单元为主要形式，以农业产业化、规模化的劳动力需求水平确定其规模约为 3000 人。按照中心村的公共服务设施配置标准进行配置，要在聚居点范围内满足社区人口的公共服务使用要求，改善社区建设环境，提升社区生活质量。东荆街道和邓南街道作为集聚能力较弱的街道，主要承担组织区域内农业现代生产中心的职能，以镇村一体型产村复合单元的形式发挥农场生产优势，提高生产效率。其产村复合单元的景观风貌应当在沿江生态景观带、沿马影河旅游景观带内进行乡村风貌的协调和统一。东西湖区总体以规模农业和集聚高效的发展路径，推进农业规模化、机械化和现代化；稳步促进乡村人口就地就近城镇化，对于外围乡村进行村庄环境整治，提升设施配置水平。汉南区则以规模农业和成带成片的空间格局进行，进一步推进农业规模化、机械化和现代化；建立城乡统筹实验区，以社区方式推进乡村人口就地城镇化。

4）山区

山区（见图 6-17）主要集中在黄陂区北部。其主要特征是居民点布局分散，交通可达性较差，因此虽然旅游资源禀赋较为优厚，但是基础设施和公共服务设施的配置较差限制了乡村旅游和休闲农业的发展水平。

黄陂区北部山区以乡村旅游为主，一方面，依托木兰山风景区和长轩岭街道在较大的区域空间内组织镇村一体型的产村复合单元，引导景中村协调发展；另一方面，沿道路形成蔡店村、姚家集村的带状村村联动型产村复合单元，打造乡村旅游产业的精品打造，避免乡村旅游项目和开发的同质化竞争，在空间可达性较好的带状区域内形成村村联动的设施共享，带动产业发展的协作共赢。以木兰湖滨湖空间、沿山区域组织带状集中型产村基本单元为主的带状产村复合单元，处理好聚居点内部的协作关系。带状集中型的产村复合单元规模较为灵活，一般以交通时距在 30 min 以内（非机动车）的产村基本单元进行村村联动型的产村复合单元引导。泡桐店村及长堰村由于空间位置较为偏远，不易在空间线性区域内与其他产村基本单元共同形成复合单元，因此作为单中心型产村复合单元进行公共服务设施的升级配套，满足自身的公共服务需求。单中心型产村复合单元的规模同样控制在

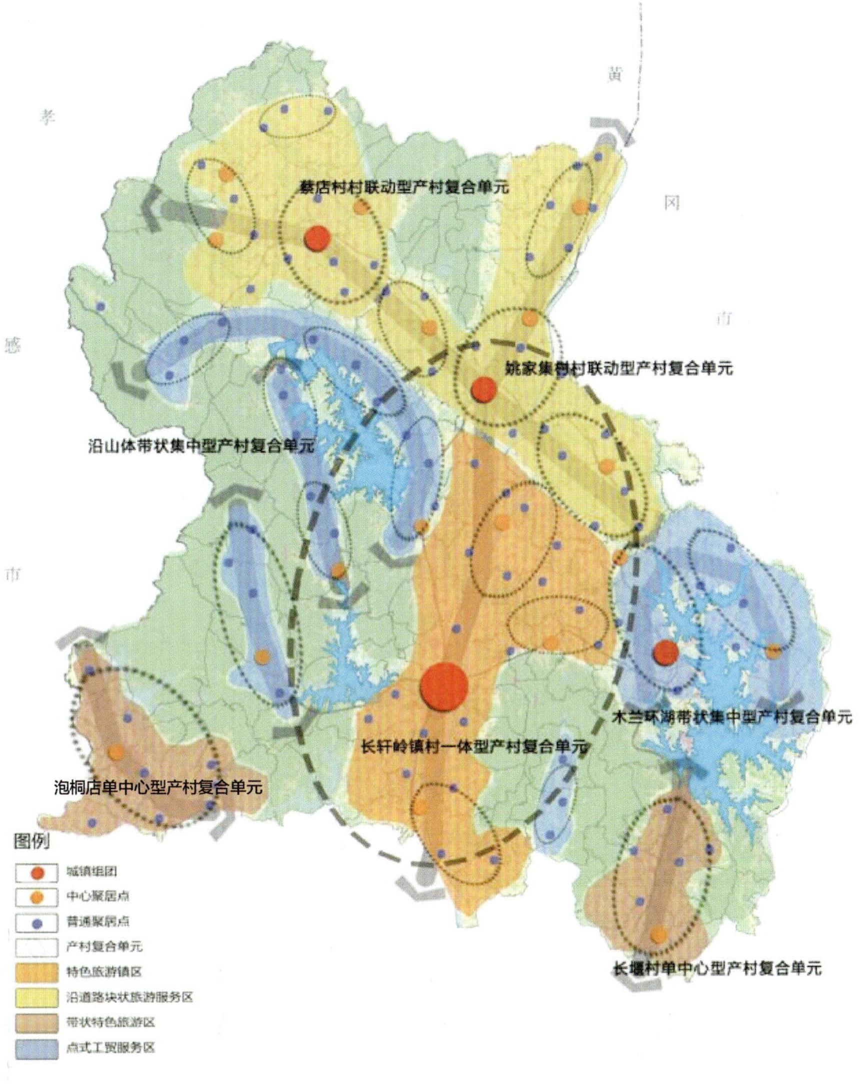

图 6-17　山区产村复合单元空间引导

（图片来源：作者自绘）

3000 人左右，公共服务设施按照一级生活圈（小学）的标准进行配置，可依照具体情况调高公共服务设施配置标准。黄陂区北部总体上以带状协作的空间格局，推进农旅协同和融合；沿山就势呈带状发展，以休闲农业作为产业动力；推动设施升级，服务优化；补齐山地丘陵型乡村发展的基础设施短板，加强对外联通通道。

6.3.4 产村复合单元空间再组织的网级体系

1. 区域特色化、经营现代化的农业产业体系

产村复合单元在宏观上是一种以农业产业为基础，实现集群化、特色化、区域化的空间再组织模式。武汉市乡村农业产业的区域化特色已经形成，下一步的发展重点应当是整合地缘相近的资源和协同业缘相似的产业，使产业形成以点带面、串点成线、一线一品、连线成片的网级空间发展体系。

在区域协同发展的前提下，提倡区域内产业的特色化，明确产业发展主题，避免同质化竞争，并引导产业规模化与集群化发展，形成产村基本单元作为细胞、产村复合单元作为生产和生活协同发展的片区，引导基本单元的产业之间的互补或协同，壮大产村复合单元的产业发展集聚力，为未来形成连线成片的乡村网级空间发展体系奠定基础和准备。

2. 层级网络化、城乡联动化的镇村公共服务体系

目前乡村公共服务的配置是扁平化体系、统一化类别的“村村标准化五合一”配置方法，与武汉市城乡公共服务均等化的进程并不匹配。因此，过度追求“公平”反而损失“效率”。武汉市作为典型的大都市区，“主城区—新城区—小城镇—乡村”的公共服务网络化使用行为已经形成，因此乡村的公共服务应当在保证效率的基础上实现公平。产村复合单元是在城乡联动、城乡共享的基础上构建的乡村公共服务网级空间体系，合理引导人口的梯度转移。按照镇村“牵引式”的理想发展状况来看，镇区应当是区域中心，从产业、服务等多方面带动乡村，从多极离散式引导乡村达到整合空间要素的目的。但是目前武汉市有大部分小城镇自身集聚效应过弱，导致失能和低效，未能在区域发展中承担小城镇承上启下的作用，镇村发展呈现出相互“独立”的发展现状，仅在公共服务这一层面具有共享关联。因此，在公共服务方面的城乡联动和层级网络构建，产村复合单元主要是突出这一部分塌陷的小城镇如何发挥作为乡村公共服务中心的功能，更好地实现“启下”的功能，将弱化的镇村关系重新捋顺，基于镇村共享和关联关系的差异化，引导乡村地区的空间再组织。

3. 圈轴联通化、城乡无障碍的乡村交通体系

武汉市乡村在都市区极核效应及圈层放射状的交通组织架构的影响下，呈现圈层、廊道、轴向性的空间结构。产村复合单元作为点群组团式布局的空间结构，

应当构建连点成线、连线成网、轴环相契的交通体系，串联产业、生态、文化等多元资源要素，融入武汉都市区圈层交通网络，实现城乡无障碍、时空零距离的交通体系。产村复合单元是未来武汉市乡村成片连线、依水成脉发展的初始准备，因此，产村复合单元之间应当建设不少于一条的主要通道，串联产村复合单元，并以此为轴，形成网状的道路系统。在成片连线的区域内，应当实现片与片、线与线之间的连接。同时，在以乡村旅游为主的产村复合单元内部，应当结合武汉市域的绿道建设，串联旅游产业资源，在市域内形成有交通依托的乡村旅游产业布局。在产村基本单元内部，应当打通村庄道路，实现村镇、村村道路通畅无阻。

4. 城乡交互化、乡村再活力的乡村社会生活

作为都市区郊野的乡村地区，武汉市乡村具有天然的城乡要素交流的地理、经济优势。产村复合单元是建立在“共享、关联”关系上的空间结构体系，旨在加强城乡生活交互、城乡产业相助、城乡资源共享、城乡设施共建、城乡社会共荣，缩小城乡差距，减缓乡村要素单向流出的局面，增强镇村联系，以此自下而上地进一步增加城乡交互，缩小城乡差距，为实现城乡资源要素平等交换奠定基础，重构有活力、有魅力的乡村社会。同时，重视还原乡村传统社区的邻里关系，不因新农村建设和迁村并点等城镇化的建设行为打破传统的邻里关系，划定农民自建区，不以城市高层社区型住宅建筑框定乡村民居的建设形势，实现乡村社会的活力重现。

5. 风貌协调化、历史底蕴深的乡村文化特色

全面梳理市域的乡村文化及历史资源要素，结合产村复合单元的分布，形成集中型的展示片区。分类对单元片区内部的历史资源进行梳理，包括历史文化名镇、名村，文保单位，历史建筑等经过认定的历史文化遗产，还包括承载历史记忆的非文保单位的历史遗存及非物质文化遗产。在资源梳理的基础上，采取分类措施传承保护历史文化资源，将文化传承与城乡建设发展有机结合，宜采用保护、改造、新建等多种方式进行特色文化的塑造和彰显，结合《武汉市历史文化名镇名村保护规划编制技术导则（试行）》（武土资规发〔2016〕18号），构建乡愁记忆与现代信息文化相融的历史文化特色展示体系，实现历史文化资源保护的良性循环。

6.3.5　产村复合单元的实施机制

1. 空间：稳妥有序，引导村庄“迁、并、留”

产村复合单元是在尽量尊重原有村落空间分布的基础上，强化城乡交互关系、

产业融合而形成的组团集群式的空间组织模式，因此原有的城乡居民点层级体系并不会被打破，也并不会与产村复合单元的发展模式冲突。未来武汉市依然要构建以镇为中心、以中心村为骨干、以特色资源村为补充的网络化乡村居民点体系，稳妥有序地引导村庄的“迁、并、留”，但不宜操之过急、大规模建设。适度推进在近期实现武汉市乡村在全域的点状整合，以形成远期的依水成脉、集中连片、以产村复合单元为空间组织模式的乡村发展目标。在引导村庄“迁、并、留”时，不以单纯的人口数量和空心化的比例作为迁并标准，应当综合考虑以下因素。

1）乡村家庭的生命周期

乡村人口是城镇化进程中的主要微观主体，而家庭是社会最基本的构成单元，家庭整体的综合理性是乡村人口进行迁居决策的主要基础。调研中发现（见表6-5），武汉市周边乡村家庭的迁居意愿总体较低，多数家庭通过代际间或夫妻间分工、劳动力近距离流动来维持城乡二元兼业模式，家庭成员的行为选择相互补偿，共同追求家庭发展的均衡稳定，半城镇化模式是乡村人口长期理性选择下的均衡模式。城镇化政策的制定要打破这一均衡，必须立足于家庭整体理性，顺应家庭聚合发展的总体趋势。

表 6-5　家庭类型划分及其迁居意愿

总体分类	发展阶段	代际数量	代际关系特征	数量比重/（%）	迁居意愿/（%）
年轻家庭	形成期	1	仅年轻夫妇（含单身）	4	27
	扩展期	2	父母＋未成年子女	13	13
主体家庭	再扩展	2	父母＋成年子女/年轻夫妇	30	24
	成熟期	3	祖父母＋父母＋未成年子女	38	16
	稳定期	3/4	祖父母＋父母＋成年子女	6	10
空巢家庭	衰退期	1	仅老人	9	10

乡村居民对于长期生活空间的习惯不仅来源于对空间的熟悉和邻里关系、生产关系的习惯，更来自长期形成的较为稳定的家庭分工，较少的家庭能够具有足够的成本来打破目前的结构分工举家迁居。因此，城镇化政策的制定要从家庭决策的角度自下而上地审度，渐进而非突变地引导家庭单元在新的载体内重构并开始新一轮的周期循环。

2）乡村产业的发展动力

乡村发展的根本动力是人，决定人的根本因素是经济因素，因此决定乡村发展潜力最重要的因素应当是乡村的发展动力——产业。无论是承担基本的生产功能还是通过依靠自身资源禀赋完成产业的升级转型，只要乡村产业的发展能够提升劳动力就业的水平，增强家庭单元永久性落脚城镇的经济实力，乡村就具有存在和保留的必要，并且具有发展的潜力。

3）镇村关系的联动机制

镇村关系应当是乡村在区域中职能和地位体现的主要研究维度，也是乡村能否实现成片连线发展的重要参考方面。目前，小城镇对于乡村的主要功能在于提供日常、中级的生活服务（对于高级的就医、就学服务，乡村居民会跨过小城镇直接进入新城区或主城区），因此位于镇区周边的乡村可以根据自身与镇区的共享关系决定是否迁并入镇区。

4）乡村的生态功能和特征

乡村地区往往承担着重要的生态功能甚至生态安全的维育功能。因此在对乡村实行空间引导时，应当全面考察乡村的生态区位。位于生态敏感区内的乡村应当尽量实现搬迁，否则难以协调保护和发展的关系。具有一定生态保护意义的乡村应当控制建设用地的规模和新增设施用地的建设，减少对环境的冲击。

根据以上 4 个维度的判断，本书提出稳妥有序、合理科学地引导村庄的“迁、并、留”。

迁：鼓励位于城市集中建设区、临近新城区和镇的村纳入城市建设体系；其中，在镇区极化影响下已经呈现明显人口集聚趋势的村庄鼓励搬迁进入镇区；尽量实现生态高敏感区内的乡村搬迁。

并：在距离城镇较远的地区培育中心村。中心村依托原有人口规模和建设环境较好、交通便捷、用地条件满足的村庄，预留充足的发展空间供改扩建。原则上人口少于 500 人和人口在 500～1000 人但综合条件评估较差的村向中心村集并。

综合条件评估较差的村包括衰落期村庄和家庭构成以年轻形成期家庭为主、产业特色不鲜明、不具有农业规模化或精细化发展潜力等的村庄。可以在这些村庄划定农民自建区，定向引导有迁并意愿的农民合理迁并，避免乱打乱建。

留：建议保留与镇的公共服务关系较为紧密的、但镇区的产业带动和集聚效应不明显的村庄，加强镇村交通联系，保持镇村共享关系；保留具有独特资源的历史名村和其他具有民俗、建筑、植被、特产等资源的特色村。对家庭周期大部分属于扩展期、成熟期和稳定期的乡村，应当根据自身产业的发展潜力，渐进引导其发展，暂且保留，不应当实行强制而突变的搬迁和集并，在一定时间内保证乡村家庭单元、社会结构的稳定，给乡村发展和城镇化足够的缓冲期和稳定期。

2. 产业:因地制宜,"规模化"+"精细化"+"现代化"

规模化经营应保证在 3.3 hm^2 以上,规模化经营的土地比例要在规划期末达到 70%,精细化耕作的规模保证在劳均耕地面积 0.4~1 hm^2 的范围内,以保证土地产出效率。因此,汉南区、东西湖区、江夏区等地具有规模化生产条件的区域,可以将农业生产向规模化、现代化、专业化过渡,黄陂区等具有特色化产业发展的地区,以及新洲区等人口密度较大、劳均耕地面积较小的地区,可以将产业发展向多元化、精细化、商品化引导,形成规模化与精细化相得益彰、三次产业联动的市域范围内的宏观乡村产业发展格局。

从产村复合单元的中观角度来讲,应当根据片区的产业主题进行产业培育,形成片区间产业内涵、产业类型、产业风貌均不同的产业布局,片区内部形成分工合作、协同共生的产业规模化布局,分区合理、联动适宜、农旅相融、季相结合,防止产业发展破碎化,共享规模效益,在产村复合单元的集中连片区域内形成"农业产业项目—农业产业基地—农业产业发展片区"的农业产业体系。

案例:美国家庭农场的运作模式

美国农业人口占人口总数的比例不到 2%,但却养活了 3 亿多美国人,粮食多得吃不了,干脆出口,就成了全球谷物出口大国。美国农产品生产主要依赖家庭农场,两三个人一年就可以生产出上千吨的小麦或是玉米。科技的进步引发了美国农业生产的革命,也极大地提升了农业生产的效率。

(1) 规模

美国 220 多万个农场中有 350 多万的农业劳动力,其余的是小孩和老人等,每个农场主平均经营 400 英亩(1 英亩≈0.4 公顷)的土地,大约 160 hm^2。每个农场的劳动力平均为 1.6 个。研究表明,295~400 hm^2 是效率最高的农场规模。

(2) 科技

伴随着农业科技水平的提高,今天的美国一个农民生产的粮食可以养活 155 人,而在 1960 年一个农民生产的粮食只能够养活 26 人。科技的发展为提高农业生产效率提供了机遇。

(3) 精准农业

在播种时,播种机通过计算机联网,可以了解到上一年哪一寸深度的土地种出的粮食收获最多,而依据这些数据,播种机会决定在哪儿进行深度播种和施肥料。

总体特征：家庭经营＋专业务农＋商品化生产＝美国家庭农场

对于武汉市这样的大都市地区来说，农业的规模化、现代化转型趋势是必然的，但是规模化生产的空间范围要根据乡村的综合条件合理制定（见图 6-18）。根据土地流转之后经营方式和流转接盘主体的不同，规模化生产的最高效率曲线也不同。若以公司和企业或合作社作为土地流转的接盘手，收益随着种植规模的升高而增加，但随着收益的增加和规模的不断扩大，每亩需要的年人工量也不断增加。经营主体若为个人，则存在经营规模的峰值，并非随着规模的扩大而呈现收益递增的趋势。可见，人地关系的束缚仍然是规模化生产的最大阻力，“规模化生产＋精细化耕作”才是产业发展的合理模式。

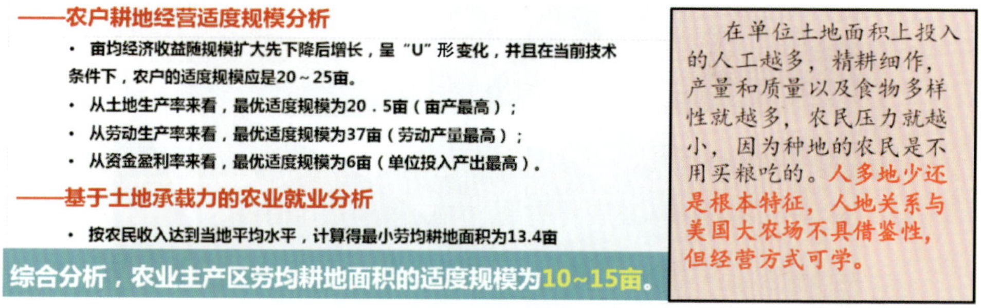

图 6-18　规模化生产的适度规模

（图片来源：作者自绘）

精细化的发展方式不仅适用于精细农产品加工，更重要的是将精细化发展的理念运用于一、三产业的融合发展。随着互联网和电子商务的不断发展，现代化和网络化的生活和生产方式已经融入了乡村。尤其是农村淘宝的进驻，更加直接地推动了乡村青年创业、乡村基本服务普及和城乡要素交流。目前，淘宝村已经开始在中国乡村呈规模化发展的态势。推进农贸淘宝项目是农产品流通、农村消费和农村青年创业的新型业态，也是解决统筹南北协调发展、产业扶贫脱贫的有效途径。要落实保障项目启动资金，确保农村淘宝项目顺利推进；要积极推进资源整合，加强农村淘宝与区“农云网”“邮乐网”“农网”等网络资源有机对接，充分发挥各方资源的“叠加效应”。

3. 风貌：底线控制，重点保护敏感生态空间

对武汉市乡村的生态敏感性及生态保护价值分级分类，进行科学划定；严格重点保护国家历史文化名村；对于位于生态高敏感度地区的村落施行异地迁并，对于

有一定生态保护意义的乡村应当因规模而定，500人以下施行异地迁并，500人以上确需保留的应当适度发展，控制建设用地规模的新增及社会用地的建设；保护“前塘后林”的村落空间聚落形态，顺应和沿用传统聚落关系，避免大拆大建，将乡村城市化、社区化、机械化；梳理带状空间内的风貌资源，结合武汉市乡村依水成脉的乡村空间格局，实现整体协调、分段定位的乡村田园风貌；结合武汉市乡村的点状布局，设置景观节点，将乡村设施景观化、风貌化（见图6-19）。

图6-19　武汉市乡村风貌

（图片来源：作者自摄）

4. 文化：梳理资源，传承美丽乡村的特色文化

严格保护武汉市内各类历史文化名村，结合《武汉市历史镇村保护名录规划》，对具有重大历史文化价值和保护意义的村落严格保护：保护具有传统特色的民居建筑、古树名木、宗祠戏台、木兰干砌等物质文化遗产，对于景观不佳的空间可以适

当修正，恢复原貌；保护具有武汉市民俗特色的非物质文化遗产、宗族聚落文化，适当增加传统交往空间中的休息设施，尤其增加老龄设施和幼龄设施，营造非物质文化的物质空间载体。

整合带状空间的文化资源，依托连绵的山水空间打造文化特色集中、资源集中、展示集中的乡村文化连绵带，形成富有武汉地域特色的乡村田园传统文化展示区。同时，将文化的展示与旅游、城镇建设相结合，深化保护中的利用，传承发扬地方特色。

5. 政策：积极稳妥，推进改善乡村发展的保障机制

1）建立新型城镇化综合制度体系

完善有利于推进人口城镇化的保障制度，在推进乡村人口城镇化过程中，必须建立相应的城镇化人口户籍及相关社会保障制度。进一步推动将农民土地承包权的社会基础保障功能剥离，转变为城乡均等一体的社会保障体系。推进层级匹配的财税与金融体制，建立财政转移支付与人口市民化挂钩体系。推进以土地为要素的城乡建设用地规模挂钩制度，探索实行城镇建设用地增加规模与吸纳农村人口进入城镇定居规模相挂钩的制度，调整建设用地指标分配体系，促进人口城镇化与土地城镇化同步优化。

2）建立适应乡村多元发展的土地管控制度

（1）推动乡村建设用地权利分置

在乡村建设用地产权确权前提下，推动集体建设用地所有权和经营权分离，探索建立集体建设用地交易市场，积极稳妥地推进乡村建设用地集约利用和镇村迁并。强化“一户一宅”原则，建立闲置宅基地退出机制。

（2）推进乡村集体经营用地土地利用活化

拓宽土地利用用途，简化建设用地开发程序，拓展乡村集体建设用地进行产业开发的渠道和范畴，引导乡村产业向多元化产业结构转变。

3）建立有利于乡村生活品质提升的体制机制

（1）形成事权与财权相匹配的投资机制

按照事权与支出责任相适应的原则，确定市、区、街道（镇）在教育、医疗、社会保障等公共服务方面的事权，建立村镇基本公共服务支出分担机制。

（2）建立具有引导性的专项资金使用制度

设立发改、建设、农业、教育等相关部门专项资金，结合武汉市乡村发展的阶段、特征和需求，优先投资学前教育、义务教育和养老设施，提高资金使用效率，最

大限度地提高乡村品质。

4）加强乡村地区规划引领

（1）建立城乡统一的规划编制管理体系

推动城市和乡村建设用地类型对接、建设规模统筹、人口和服务设施相对平等的标准体系和规划布局，推进乡村建设“一书两证”和管理制度。

（2）构建城乡规划“一张图”平台

推进全市域城乡统筹规划“一张图”建设，加强农业生态区高精度测绘工作，逐步完成全市乡村居民点边界划定、村庄建设规划，并纳入“一张图”平台统一管理。

（3）完善全域乡村规划和乡村发展

在宏观层面，强调全域统筹的布局安排；在次区域层面，强调全系统的协同规划；在村庄规划层面，强调面向实施的空间形态设计。因此，要加强自上而下的乡村规划编制体系的构建，以便能够更有效地指导乡村的发展与建设。

第7章 大都市地区周边镇村发展模式应用

坚持把解决好“三农”问题作为全党工作重中之重，走中国特色社会主义乡村振兴道路，全面实施乡村振兴战略，强化以工补农、以城带乡，推动形成工农互促、城乡互补、协调发展、共同繁荣的新型工农城乡关系，加快农业农村现代化。

——中华人民共和国国民经济和社会发展第十四个五年规划纲要

产村复合单元在本质上不仅是对乡村发展与振兴的产业模式探索，同时也是从镇村关系的角度出发，对镇村一体化发展的路径尝试。尤其是大都市地区，镇村作为个体参与分工的机会较大，倘若没有适宜的分工协作模式，镇村极其容易在市场自由与行政治理的双重作用下陷入个体塌陷的路径依赖中，失去自我发展的动力。因此，本书将产村复合单元应用于大都市地区镇村发展引导中，自下而上对乡村发展的类型进行辨析，提出具有针对性、适应性的镇村发展模式与路径，希望能为当前城乡融合与乡村振兴战略提供在基层落实的实践依据。

7.1 大都市地区周边镇村一体化发展案例

7.1.1 汪集街道——“小”镇“大”村，精明收缩

1. 汪集街道基本情况

汪集街道位于武汉市新洲区中部，东临邾城街道，西接倒水河与阳逻经济开发区，南与涨渡湖街道和双柳街道接壤，北与李集街道、仓埠街道相连，并通过汉施公路串联起阳逻经济开发区和邾城街道，成为两地人口、资本、商品等要素流通的必经之路，形成“一肩挑两头”的区位格局。阳逻经济开发区作为武汉市东部重要的

港口工业新城，拥有武汉市新港核心港——阳逻港、阳逻机场等重要对外交通设施，是新洲区的经济中心；邾城街道则是新洲区的政治、文化和商贸中心，承担重要职能。

2018年汪集街道生产总值112亿元，位列新洲区第五位。2011—2018年，汪集街道经济整体增长态势较好，但波动较大，其中，2013年由于高龙集团、玉如意集团等企业的入驻，经济增速超30%，2018年经济增速低于3%，其余年份增速稳定在7%～20%（见图7-1）。

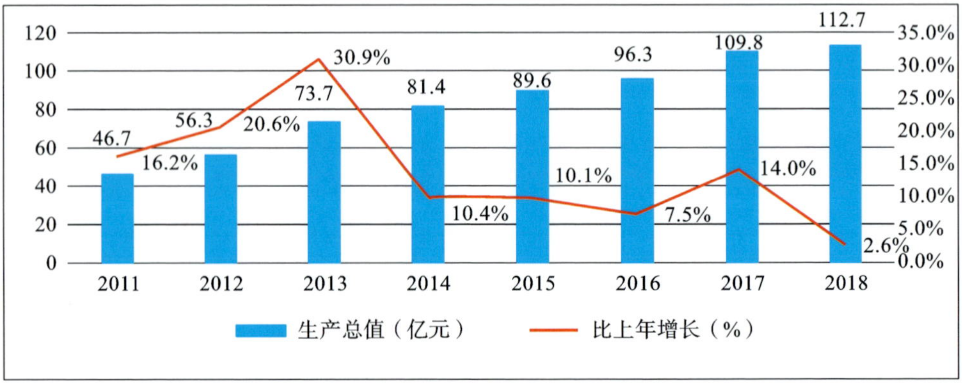

图7-1　汪集街道2011—2018年生产总值变化情况

（数据来源：2012—2019年的《新洲年鉴》）

2．汪集街道镇村发展问题解读

1999年，按照武汉市乡镇合并和撤镇设街总体安排，汪集的行政级别由建制镇提升为市辖街道办事处，由正科级单位提升为正处级单位，由自主发展建设向市统筹城乡建设转变，本质是行政管理体制的提升和精简。纵观汪集街道近十余年来的发展和建设，其在产业发展、人口集聚和城镇建设等方面，仍呈现出传统小城镇“镇—村”二元结构特征，仍保持着镇村相互独立、空间分离的发展模式。行政管理体制上的提升并未改变汪集街道小城镇的本质特征。

近年来，汪集街道人口外流，常住人口持续低于户籍人口；建设用地规模扩展缓慢，八年来仅增加建设用地28 hm^2；乡村大量收缩，土地流转推进缓慢，农用地荒置。当前镇村发展面临着多项挑战，亟须转型。

1）大都市区的“回波效应”掠夺镇村发展资源

撤镇设街的行政层级转变、优势区位及交通条件的支撑并没有提升汪集街道的发展速度。相反，武汉都市发展区的繁荣不断吸引汪集街道劳动力外流，呈现出资源从乡镇向街道流动的“城乡二元效应”。根据赫希曼的增长极理论，都市区集聚度的增加，扩大其外溢回波效应，不断从周边地区吸引净人口、资本流入和贸易活动，在加快自身发展的同时，会不断降低其外围城镇的发展速度，致使空间萎缩。

当前，武汉都市发展区正处于大城市转向特大城市发展阶段，其要素集聚过程表现为正效应最大化。空前的城市繁荣与跨越式经济发展推动资本、人才和其他要素资源不断向都市区集聚；高速、城铁、地铁等交通网络完善，便捷的对外交通系统缩短流动人口的出行距离；完善的医疗、教育等公共服务设施与配套基础设施建设为外来务工人口提供了良好的生活保障。在定居成本可承受范围内，选择在武汉市内定居的人群越来越多，导致流动人口不返乡，创新企业不下沉，从而出现“农村凋敝”与“故乡沦陷”现象。汪集街道大量镇村资源流入都市区，传统资源互补、生态共存的镇村共融异变为城市依托行政力量对农村进行单向剥夺和榨取的“掠夺性”城镇化，进一步加剧城乡二元差异，镇村发展更加困难。

2）内源式发展动力萎缩削弱镇村发展竞争力

内源式发展是指以地区内部资源作为发展动力，以自身产业创新发展推动内部产出，促进全域社会经济发展和经济效益最大化的模式。其强调应充分挖掘与发挥“乡土资源”，而不是以外部企业带动内部发展。

目前汪集街道就是采取内源式发展模式，其自身农业、生态、特色文化等优势资源明显。2015年汪集街道粮食产量5.3万吨，水产品产量2.5万吨，禽蛋产量1.3万吨，产量位居新洲区首位。但随着外部经济体（武汉都市发展区与阳逻经济开发区）对汪集街道资源的掠夺，劳动力流失、生产技术落后、特色文化湮没等问题导致其内生发展动力出现萎缩。

3）粗放型迁村并点模式导致镇村关系失衡

在城镇化快速发展下，乡村不断收缩成为必然趋势。在工业化驱动下，城镇以利益为导向，忽视村庄自然生长机制，粗放地开展迁村并点工作，乡村出现异化。

在实际迁村并点过程中，人口留存与领导意愿成为衡量村庄是否迁并的重要标准。村庄依据人口数量划分为扩展型、保留型、迁弃型，并基于领导建设意愿，忽略村庄交通不便、土地资源少、建设规模小等不利因素，推动领导挂点的村庄建设，完善基础设施配套，在政策强制与财政诱导的双向作用下，实现人口转移与村庄集并。这种粗放型迁村并点模式往往大幅增加建设成本，导致传统的基于村庄生命周期自然生长下的镇村关系逐渐失衡。

4）生态资源的低级消费破坏镇村空间格局

汪集街道全域呈现南塘北田的用地格局，北部主要以农作物与林木种植的旱田为主；南部水域面积达 5975 hm^2，占总用地的 39.1%，水生生物种类丰富。现状 524 个自然村湾，居民点规模小，空间布局“散、脏、乱”，农村人均用地指标过高，土地资源严重浪费。

由于缺乏统筹规划和开发秩序的约束，乡镇的生产空间和生活空间开发侵占了生态空间，落后的农业种养技术与无序的镇村建设严重破坏全域生态环境，粗放式的畜禽散养、鱼塘养殖与湖泊灌溉是对良好的自然生态资源的低级消费。2000—2010 年，汪集街道坑塘水域面积减少 118 hm^2，农田面积减少 36 hm^2；林地园地大量减少，仅余 335 hm^2，自然林木覆盖率较低，整体生态环境受损严重。这种生态资源的低级消费严重破坏生态平衡，造成农地生产效率低下，水质异化，农产品品质变差等问题。同时，生态空间的破裂导致自然灾害发生率增长。2016 年 7 月，汪集街道遭遇严重洪涝灾害，受灾面积达 6950 hm^2，占全域面积的 45.4%。

十八大报告指出，城镇建设应坚持节约资源和保护环境的基本国策，把生态文明建设放在突出的战略位置。生产、生活、生态空间相互作用、息息相存，应采用集约高效的生态资源保护与利用手段，以缓解镇村“三生”空间相互割裂的现状，构建和谐的镇村“三生”空间格局。

3. 汪集街道镇村发展路径指引

1）镇村特色化

激活城镇发展活力，首先要引导城镇特色发展，发掘汪集街道特色风貌、产业、文化，打造具有区域竞争力、吸引力、品牌力的特色城镇。

（1）特色风貌，避“千镇一面”

深入挖掘汪集街道地域特色与民俗文化，提取传统风貌元素，形成独特的汪集建筑风貌，对镇村建筑进行风貌改造，避免“千镇一面”式砖房外墙贴满瓷砖的镇村风貌（见图 7-2）。

图 7-2　镇村风貌整治

（资料来源：作者自摄、自绘）

（2）特色汤食，创“鸡汤效应”

汪集鸡汤是武汉市知名度很高的品牌美食，因此要突出汤食特色，形成汪集“鸡汤效应”，结合汪集汤食文化特色，拓展汤食文化产业链，通过家禽养殖、汤品制作、美食品尝、线上推广等方式加强特色品牌塑造，规范经营与管理，形成强品牌、高评价、好效益的特色产业。

（3）特色农业，造“城郊乐园”

大力发展都市农业，统筹区域发展格局，与仓埠街道赏花都市农业区、涨渡湖街道生态保护区、道观河风景区统筹发展，差异化选择绿色养殖农业、生态种植农业、休闲旅游农业等特色都市农业，吸引武汉城区市民前往汪集街道开展农园体验活动（见图 7-3）。

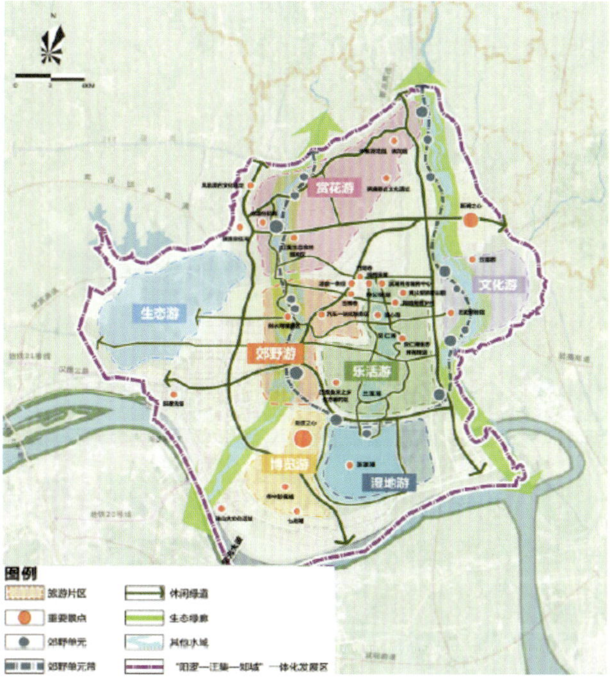

图 7-3　新洲区港产城一体化旅游体系规划图

（资料来源：作者自绘）

2）村庄社区化

根据中共中央办公厅、国务院办公厅印发的《关于深入推进农村社区建设试点工作的指导意见》，农村社区建设应建立村民自治与多元主体参与有机结合的共建共享机制，健全村民自我服务与政府公共服务、社会公益服务有效衔接的综合服务管理平台，构建生态功能与生产、生活功能协调发展的人居环境。

因此，结合上位政策与汪集街道现状，规划整合现有村庄居民点，实现农村居民点科学迁并，打破传统行政村概念，综合考虑汪集街道现状村庄家庭、宗族、邻里等多元社会关系，建设农村社区，以破解城乡二元结构，推动街道基础设施向农村倾斜、公共服务向农村覆盖、生产要素向农村流动，逐步实现城乡一体化。依据居民规模、交通条件、服务设施配置水平，将社区划分为中心社区与一般社区。

3）产村单元化

以生产型服务作为基本配置，以农业产业化为核心，主动引导镇级产业下沉，打破以传统行政村为单位组织生产、生活，转变成依托规模化的产业基地引导迁村并点，形成“产业中心＋乡村聚居点”的产村基本单元，保证社区居民耕作距离不超过 2 km，实现产住一体。根据主导产业、功能及规模不同，将产村单元划分为农业型、旅游型、综合型三类（见图 7-4）。

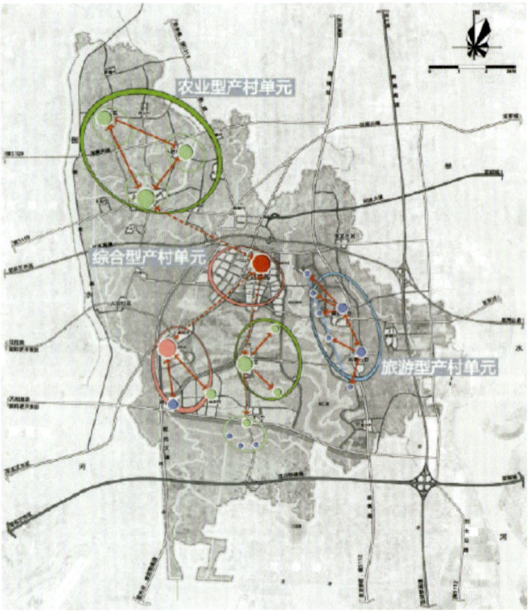

图 7-4　汪集街道产村单元分布模式图

（资料来源：作者自绘）

（1）农业型产村单元

在土地资源集中的北部和南部地区，升级种植养殖技术，夯实农业产业基础，提高土地产出率，实现农业生产规模化、产业化、现代化。从事农业劳动的居民就近居住，并基于农业获得主要收入来源。

(2) 旅游型产村单元

兼顾农业与休闲旅游业发展,充分挖掘生态资源,发展特色休闲旅游业,如农园观光、采摘体验、滨湖垂钓等农家活动,以及特色鱼文化、汤食文化感受体验。如"陶咀—洪寨"产村单元,依托两湖生态旅游,沿湖建设多个微型产村单元,分别赋予不同产业职能,统筹构建全域旅游格局。

(3) 综合型产村单元

依托汉施公路、阳光大道等交通优势,承接镇级综合服务产业,培育具有区域竞争力的产业,如"湖西—大泊"临港配套服务单元,承接物流、住宿等临港配套服务,建设"临港工人之家";实现社区居民高端就业、就地城镇化;镇区综合服务单元提供面向全镇的高等级公共服务与商业设施。

4) 生态景观化

综合考虑汪集街道环境污染、生态景观匮乏、内部洪涝威胁等问题,充分利用生态资源,结合社区产业,发挥生态空间的景观作用,为镇村生产、生活空间提供优质的生态景观,实现生态景观产业化、旅游化、效益化。根据汪集街道生态资源分布现状,重点打造三大生态景观区(见图7-5)。

(1) 东西部都市农业种植片区

在农村迁并进入社区之后,整合现状细碎化农业种植空间,选取环境适应强、经济效益好、观赏价值高的特色农作物,实现都市农业规模化、景观化。

(2) 中部两湖湿地景观公园

依据武汉市湖泊"三线一路"保护规划,整合兑公咀湖、安仁湖自然生态资源,净化水体,美化滨湖绿地,严控周边社区人为活动对水体的影响,保护水体环境景观的共享性与异质性。同时,结合滨湖微型产村单元,发展两湖生态旅游产业,推动滨湖社区产业向旅游服务业转型。

(3) 南部绿色生态养殖基地

整合南部小面积水域,以农村合作社形式承包进行渔业养殖,采用莲鱼共养技术,增加经济收益;并在堤岸种植垂柳,形成夏赏荷、秋垂钓的良好生态景观。

7.1.2　马涧镇——紧凑集约,生态优先

1. 马涧镇的基本情况

马涧镇位于浙江省中西部,是浙江省金华市兰溪市下辖建制镇,是金华市中心

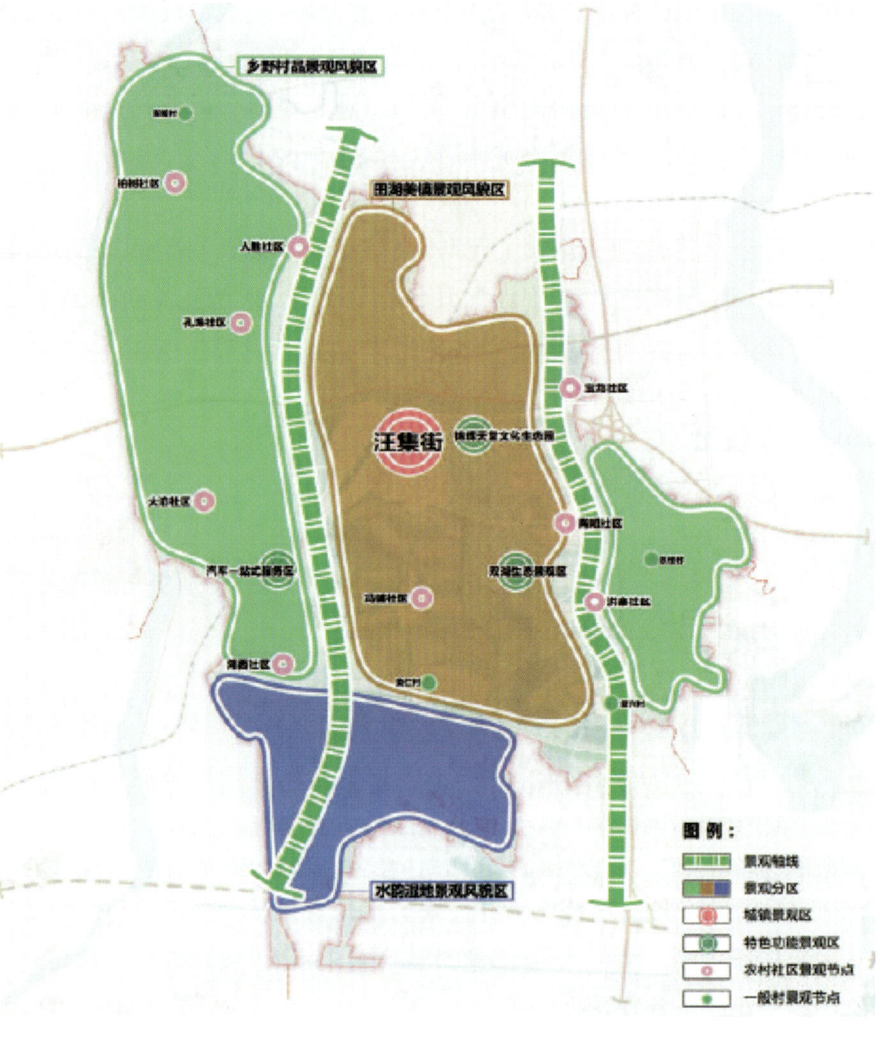

图 7-5　汪集街道全域生态景观格局规划图

（资料来源：作者自绘）

镇、兰溪市北部重点镇、中国杨梅之乡。马涧镇，东邻梅江镇，南接金华市婺城区，西邻香溪镇，北接建德市（见图 7-6）。距兰溪市市区 16 km，距浦江县 18 km。

马涧镇通过 351 国道、马墩线以及正在建设的临金高速公路对外联系，其中，351 国道从镇区南侧经过，西至兰溪市区，东至浦江县、义乌市，是兰溪市北部重要的区域性公路；马墩线西接 351 国道，东至梅江镇，是马涧镇与梅江镇联系的第二通道，近期将升级为 319 省道；在建的临金高速公路，北接杭新景高速，南接沪昆高

图 7-6　马涧镇与周边功能区空间关系示意

（资料来源：作者自绘）

速（杭金衢高速），在马涧镇设有大丘田、下盘山两个出入口，是兰溪市对外联系的重要通道，也是未来马涧镇与金华市区联系的快捷通道（见图 7-7）。

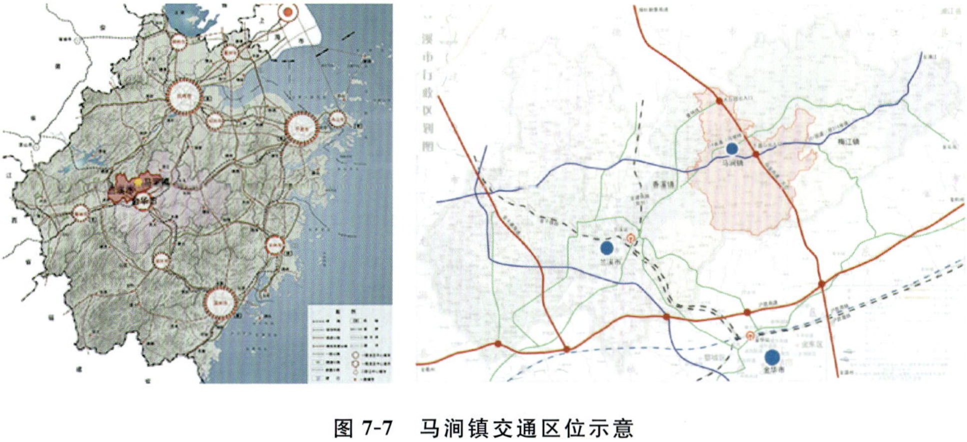

图 7-7　马涧镇交通区位示意

（资料来源：作者自绘）

2. 马涧镇的发展变化

1）人口规模呈现稳定增长的态势

随着马涧镇城镇交通条件的改善，马涧镇在兰溪市北部的发展基础日趋增强，2004 年横木乡、石渠乡并入马涧镇的行政区划调整使马涧镇成为兰溪市人口大镇，从 2004 年总人口约 4.8 万人增长到 2018 年总人口约 5.1 万人。

2）镇村体系格局逐步清晰

马涧镇 2004 年辖行政村 66 个，层级较混乱，村庄规模差别大；2016 年，兰溪市行政村规模调整，马涧镇下辖村庄合并为 33 个，调整结果与 2010 版城镇总体规划制定的镇村体系较为相符，至此，马涧镇镇村体系基本形成“镇区—中心村——一般村”的三级体系。

3）西部村庄发展较好、山区务工现象普遍

马涧镇 33 个行政村中，人口增长率大于 8‰的村庄大多位于西部，西部地形相对平坦，适合种植业的发展。另外，西部村庄距离工业园区近，便于村庄居民就近就业兼业。镇域北部和南部均为山区，村庄密度小，农业发展受限，村庄居民外出较多。

4）镇村公共服务设施配套齐全

随着兰溪市一系列相关民生政策的实施，马涧镇标准化的村庄公共服务设施逐步配套完善，村民生活环境和生活条件有了进一步的提高。

5）产业结构有待优化，工强农稳旅游慢增长

近年来，随着兰溪市“工业强市”战略的实施，各乡镇均新建工业园区，大力发展工业经济，马涧镇已引进工业企业 300 余家，工业经济占比保持在 50% 以上，已经形成化工、机械制造和纺织为主导的工业产业体系。相对工业的强势增长，农业和服务业则分别呈现出稳定和缓慢增长的态势。

6）以杨梅种植为特色的农业产业体系形成

随着“五十里杨梅长廊”及“中国杨梅之乡”等知名度的不断攀升、杨梅节的连续举办、各级政府的持续重视，马涧镇杨梅产业已经成为城镇产业的重要品牌。2015 年马涧镇种植业产值和水果产量均位居兰溪市首位，但杨梅及其他水果目前产业链条和营利方式较为单一，仅以杨梅节带动和小规模出售为主。

7）镇区建设严格落实总规，空间拓展以新增工业用地为主

由于马涧镇政府严格落实 2010 年版总体规划，将镇区建设控制在 351 国道和马墩线之间，有效遏制了城镇建设无序蔓延现象的发生。从近年的城镇建设比较

来看，镇区建设空间的增长主要是工业用地的增长、马三村旧村改造及少量安置小区的建设，镇区组团式的空间格局并未形成。

8）镇区对外交通便捷、内部交通系统性不强

随着 351 国道的改线升级、马墩线的建成，马涧镇对外联系能力大幅提高，351 国道镇区段经改造亮化已成为镇区的东西向主干道。由于缺乏南北向快捷联系马墩线和 351 国道的道路，以及支路少等原因，镇区部分区块交通拥堵现象频发。

3. 马涧镇发展路径指引

1）发展困境

（1）产业发展：产业结构不合理，产业亟待转型升级

马涧镇农业和工业发展基础较好，但第三产业发展仍处于较低水平，产业结构亟待提升（见图 7-8）。马涧镇工业产值持续占兰溪市工业产值的 9%左左，且增长趋稳，已经形成以纺织、化工和机械制造为主导的产业结构，而化工产业已呈现下滑态势。马涧镇纺织产业为兰溪市传统产业，“浙兰纺织”的品牌效应日趋显现，纺织业亟须技术升级。马涧镇农业种植规模与产量趋于稳定，已经是兰溪市实至名

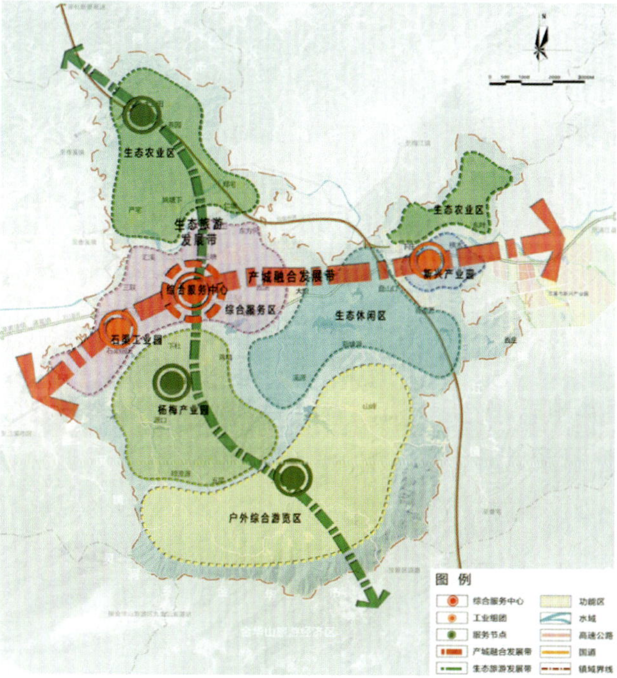

图 7-8　镇域产业空间布局规划

（资料来源：作者自绘）

归的水果之乡，农业在种植技术、销售方式等方面还有一定的空间。目前马涧镇第三产业产值占比为 26.9%，主要业态是商贸业，全镇的旅游业目前没有明显的突破。

(2) 人口集聚：就业岗位有限，城镇设施缺乏，人口集聚能力不强

马涧镇目前三个工业区初具规模，主要企业提供就业岗位 2500 个左右，加上城镇良好的生态环境，对周边的城镇居民形成一定的就业吸引，但受制于企业规模和效益，对产业人口的集聚能力也有限。

镇区各项基础设施建设尚不完善，宾馆、餐饮、娱乐、休闲等服务设施较为缺乏，对外来人口的吸引力不够强。

2) 发展动力及路径

升级村庄产业模式，满足农民兼业创收需求，以产留人。发挥杨梅产业优势，强化上下游产业链的构建，积极发展现代化的、生态型的，集绿色有机食品供给、观光休闲、采摘参与、深度体验以及保持区域环境质量等多重功能于一体的新型都市农业。

培育“新农人”，推动杨梅种植现代化。注重产业链上游及中游的培育生产环节，以“互联网+”为催化剂，培养一批具有专业知识的种植户，对接生产企业与农户，推动杨梅种植的规模化与标准化生产。

推动镇区和新型综合产业园的产业升级，通过发展食品加工业以及先进制造业，安置进入城镇的农民，并为周边农民提供兼业岗位。

划定“大镇区”，以镇区带动社区，以社区带动基层村。升级人口规模大于 1500 人、人口增长率高于 8‰的 9 个中心村为社区，构建“1—5—13”的镇村体系，即 1 个大镇区、5 个农村社区、13 个基层村，以大镇区辐射整个农村社区，以社区带动基层村(见图 7-9)。

选取马涧服务中心和仁塘、马坞、石渠、大塘等 4 个城镇型社区及 10 个基层村作为大镇区，这些村庄地形条件较好，基础设施发展优越，靠近中心镇区，易实现基础设施和公共服务设施的共享。大镇区以设施服务为导向，以放射状路网为依托，形成一体化的发展框架，远期(2030 年)预计人口规模达到 4 万人，成为全镇人口的主要集中区域。

大镇区内临近工业园区、产业基础好的村庄，直接升级成城镇型社区；保留一定数量的基层村，依托便捷的交通，形成城乡一体化发展格局，农民与城镇居民同享城镇服务、同谋二三产岗位，但尊重农民意愿、保留农村的田园风貌。大镇区外部，则升级发展潜力较好的村庄为农村型社区，完善设施配套，辐射周边基层村，为

农民的生产、生活提供基本保障。

设施配套圈层辐射，从要农民“进城”到“送服务进社区”：设施配套结合镇村体系采用圈层模式，分别以基层村(保留点)、农村社区(中心村)以及镇区(马涧服务中心)为服务单元，划分 1 km、4 km、8 km 的服务半径，配置不同功能、不同层次的服务设施，形成村域基本服务圈、村域一次服务圈和镇域二次服务圈。通过服务设施的圈层配套，最大效率地实现公共资源城乡平等共享，让农民无须“背井离乡”也能提升生活质量。

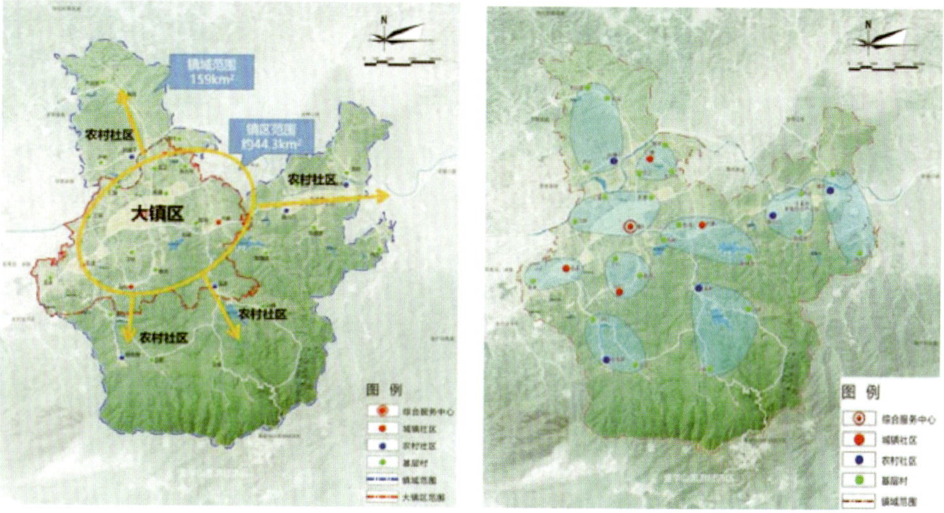

图 7-9　“大镇区”带动基层村模式

(资料来源：作者自绘)

7.2　大都市地区周边乡村发展案例

7.2.1　滨水型——武汉市杨湖村：生态保底，适度开发

1. 村庄基本情况

杨湖村位于武汉市江夏区乌龙泉街道梁子湖畔、半岛之上，与武汉市东湖新技术开发区、江夏区藏龙岛经济开发区和五里界街道“四化同步”产业区相邻，同时属

于江夏生态农业发展区的南部休闲田园板块。杨湖村共有7个村湾，11个小组，行政总面积520 hm^2，耕地总面积246 hm^2。

1）湖光山色，比水而居

村庄紧邻梁子湖，北接梁子湖旅游度假区，南接天子山乡村休闲旅游区，周边旅游资源丰富，文化底蕴深厚。村庄有三分山、三分水、三分田，梁子湖生态系统结构完整，自然性保持良好，是多种野生动物繁殖和越冬的重要场所，在长江湿地中具有典型性和代表性。村民200年前从江西经梁子湖搬迁过来，由滨水逐步向内扩散居住，每个村湾的湾名都来源于祖先的名字。同一个村湾的居民具有相对牢固的血缘纽带。

2）农村劳动力外流，三农矛盾凸显

2019年，杨湖村共328户，1178人，60岁以上的老人共127位，占全村总人口的10.8%。2018年外出务工人数373人，占全村总人口的31.7%。村民收入以打工收入为主。

3）农业主导，企业引领

杨湖村农业较为发达，主要粮食作物有稻谷、玉米、薯类，主要非粮食作物有桂花、橘树。梁子湖水产丰富，有武昌鱼、大闸蟹等特色水产。湖北金林原种畜牧有限公司是集生猪育种、生猪出口、饲料加工、渔业、果木园林于一体的科技环保型现代农业企业，吸纳了部分该村农民就业。

4）土地部分流转，抛荒现象严重

湖北金林原种畜牧有限公司流转了张复兴湾大部分土地，以及王金益湾和王太和湾部分土地；中建三局投资发展公司（以下简称“中建三局”）流转了李谱湾、王把四湾、高刘家湾土地，徐大箭湾土地正在商议中。村庄土地抛荒现象较普遍，现状土地种满了苗木等待流转。

2. 村庄发展路径指引

武汉市素有“百湖之市”的美誉，滨湖滨河的村庄不在少数。滨水型村庄作为特色村庄，应合理规划并予以保留。杨湖村应以梁子湖湿地的生态基底为发展依托，本着保护第一、适度开发、农旅联动、多方共赢的发展原则，打造滨水特色村。

1）发展困境

杨湖村的发展面临着普遍性的困境。青壮年外出务工，留守家眷以务农为主，产业单一且农业发展粗放、落后，耕地属于中低产地，生产效益低下，农用地大量闲置和抛荒。村干部对村庄建设缺乏头绪；同时，村庄整体建设不到位，空有生态王牌，却未能营造出良好的景观风貌。中建三局通过对杨湖村土地流转、开发，对杨湖村进行了一系列的村庄规划，致力于将杨湖村打造为“黄金海岸，生态绿岛”。但是，由于前期工作不到位，对村庄实际情况了解不够，中建三局规划项目的实施受到了一定的阻挠。村民们的不配合，导致项目进展缓慢，近一年几乎停滞不前。

同时，失去了土地的村民并不能被本地公司吸纳就业，失去了收入来源，家庭开销变大，村民的不满情绪日渐增强。

2）发展路径——“农业＋文化＋生态＋旅游”的复合型特色发展模式

（1）生态保护，景观营造

建设应避开梁子湖的生态保护蓝线，控制建设范围，积极展示项目以特色农业为主导的基底，融入休闲时代的新田园生活。

（2）产游互动，文化铸魂

构建“一三产联动发展”“产—加—销—服”一体化的全产业链体。通过多元化的功能植入，构建宜商宜居宜业宜游的多元产业环境。项目区拥有浓郁的楚文化、民俗文化与农耕文化底蕴，规划应充分发掘自身文化资源，以文化为平台塑造品牌。

（3）增减挂钩，置换用地

依据增减挂钩相关政策，通过集中与外迁相结合的方式，在保证基本农田不减少的情况下，通过置换建设用地的方式对村庄内的土地性质进行科学的调整，以满足整体规划建设需要。

（4）科技驱动，创新示范

创造平台，促进农业技术交流与合作；运用现代先进的科学农业种养技术，塑造智慧农业和创新示范农业基地。

7.2.2 休闲农业型——武汉市巴山寨村：农旅共荣，提升品质

1. 村庄基本情况

巴山寨村位于武汉市黄陂区李家集街道北部，祁泡线穿村而过，交通十分便利。村庄包括5个自然村湾，7个村民小组，总面积373.4 hm^2。村庄景观类型丰富，风景优美，东南角紧邻云雾山风景区，区域旅游发展条件较成熟。

1）外出务工比例较大，人口老龄化严重

截至2018年，全村共412户，1763人。劳动力总量为797人，占总人数的45.2%，其中从事农业生产的劳动力有331人，占比41.5%，反映出农业劳动力依然有释放潜力；外出务工人口为536人，占村域总人口的30.4%。

村庄人口老龄化现象严重，呈现明显的衰退型结构。65岁以上人口达13%，已进入老龄化社会；外出人口年龄集中在20～40岁之间，留守人口以老人和儿童为主，占留守人口的64.5%。

2）劳务经济在村民收入中占据主导地位，农民未来从事非农行业意愿较高

2018年，巴山寨村农民人均可支配收入13717元。村民收入主要来源为外出打工，约占45%；而农产品收入仅占30%左右。40岁以上的村民大多只有农产品收入，收入来源单一。村民中83%的人自己进行耕种，外包耕种的人群仅占10%。

由此可见，本地区土地流转较少，以传统家庭小规模经营为主，农业现代化进程较慢。

3）以传统农业为主，特色农业优势不突出

以传统水稻、粮油种植为主要农业种植形式；“木兰天香”茶叶基地初具规模，现有100 hm^2；大红桃也具有一定的知名度；还有少量养殖业。

4）宗族意识强烈，建筑特色鲜明

各村湾空间集聚特征较为明显，宗族关系社会特征意识强烈，在没有强大外力促进和引导的情况下，不愿意迁并混居。

各村湾内木兰干砌特色建筑风貌显著。其中山边王湾仍保存一处公社时期大队公社建筑，保存较好。

2. 村庄发展路径指引

当前武汉地区已经进入大休闲时代，回归生态田园、寻找和乡愁记忆的乡村休闲旅游已成为都市人提升生活品质的主导需求之一。在此背景下，巴山寨村应重点培育休闲农业和旅游服务功能，打造武汉市美丽乡村内生建设发展标杆、黄陂区美丽乡村综合示范点、云雾山大旅游圈重要服务基地。

1）发展困境

目前巴山寨村面临的发展困境有三个。一是小农经济向旅游经济转变的困难。当前巴山寨村以传统农业为主，特色农业优势不突出，发展旅游经济势必需要进一步挖掘潜力。二是人口回流和村民收入提高的压力。旅游业发展能够推动人口回流，但村庄当前的发展不足以接纳全部人口就业。三是人居环境和设施配套

改善的问题。当前的人居环境亟须整治，配套服务设施也需要规划营造。

2）发展优势

巴山寨村位于武汉市与孝感市交界处，出村 18 km 可直接到达黄孝公路，可以吸引武汉市和孝感市人群周末度假。传统农业基础良好，种植类型多样，适合发展多种休闲农业业态。天香茶山、巴山水库、黄孝河风景优美，村庄东南角紧邻雨雾山风景区，旅游发展条件较成熟。

3）发展路径——产业转型，环境整治，公众参与

（1）一三联合、农旅联动，让农业注入活力

在保护现有产业格局的基础上，促进单一传统农业发展模式向现代多元化的发展模式转变；以休闲体验为载体、以农耕活动为基底，盘活乡村资源，优化产业模式，打造“一湾一业”的错位互补发展模式；规划建设“旅游综合体型”和“产业配套服务型”两类村湾，形成以“旅游＋”为主导的渐进式产业发展路径。

（2）空间织补

在延续原有村落空间肌理的基础上，通过环境整治改善及公共空间建设，满足居民生活基本需求。同时植入业态，以旅游服务产业发展为引擎，整体提升村庄发展动力。

（3）风貌展示

加强乡味保护，传承巴山寨村特有的木兰干砌建筑文化遗产，本着修旧如旧的原则进行整治，为公众提供乡愁与乡居的极致化对比体验，实现乡村肌理延续和乡土韵味保护。

（4）共同参与、秩序重建，让村民共同建设

通过在村庄全域的宣传，引导乡村治理态度的转变，重构乡村新秩序，制定章程达成契约，激发农民成为美丽乡村建设的实施主体，共同建设、共同享有民主自治新乡村。

7.2.3 政策保障型——武汉市大路村：产业转型，村企共建

1. 村庄基本情况

大路村位于武汉市江夏区法泗街道中部，总面积约 280 hm^2，当前土地已全部流转。在建的怡山湾新农村规划地址在大路村与法泗街道毗邻的东部地区，沿马

法路两侧建设。

1）土地流转带动新农村建设

2008 年，为改变村内生产和生活条件落后的现象，通过农民自愿、产业支撑、村企共建、生产和生活同步改善的发展方式，开始了怡山湾新农村的建设工作。新农村建设共分四期推进，涉及大路、石岭、珠琳、法泗 4 个行政村和 52 个自然湾的集并工作，共 2002 户 6300 人，版图面积 1888 hm^2。

《江夏区法泗镇城乡建设用地增减挂钩项目区拆旧还建实施方案》于 2010 年上报湖北省国土资源厅（现湖北省自然资源厅）并获得批复。一期项目由武汉银河生态农业有限公司主导实施，涉及 3 个行政村（大路、珠琳、法泗）5 个自然湾共 202 户 600 人，总面积 120 hm^2。总投资 4000 万元，共建设农民新居 202 套。同时配套建设了小区内道路、管网、太阳能、绿化、亮化等基础设施。

当前正在进行二期新农村建设，实施主体是怡山湾生态农业有限公司。二期新农村项目区涉及大路村剩余 7 个自然湾和珠琳村 9 个自然湾，共 600 户 1600 人。建设项目包括农民住房建设，共 600 套，每户平均 132 m^2；公共设施建设，包括怡山湾大街、荷花广场、荷花池、舞台、科技文化中心、室外运动广场、幼儿园、酒店、商场、环卫所等建设项目；商业项目建设，包括农家乐、宾馆、商场等。公共设施和商业项目共占地 9.8 hm^2。

2）土地流转带动企业发展

在新农村建设范围内，以农业种植和农产品深加工为主导，从事种植养殖的企业有怡山湾生态农业有限公司、武汉银河生态农业有限公司、武汉沃田生态科技有限公司、武汉亿旺畜牧有限公司、武汉自然源农业有限公司 5 家，从事农产品加工的企业有武汉市江夏红心蛋品有限公司、武汉市桂子米业有限公司 2 家，7 家企业年产值超过 5 亿元。

3）土地流转促进农民增收

土地流转后农民将有六大收入来源：一是合作种植蔬菜收入，公司把整理后的土地承包给农民种植莲藕等，公司提供种苗、水、肥、技术指导并负责销售，农民只负责投工投劳；二是打工收入，通过公司吸收农民入工；三是分红收入，公司鼓励农民参与分红；四是租金收入，公司流转农民土地租价为每年每亩 600 元，连土地整理后的宅基地也作为租用农民土地支付租金；五是国家补贴收入，公司租赁农民土地后，国家给予的粮食直补、良种补贴等政策性补贴仍由农民领取；六是 60 岁以上老人每年均可获 1200 元国家养老保障金，全村医保参保率达到 100%。村民年均收入由不足 3000 元增加到 15000 元。当前劳动力有 70%回流，在外的多为有技术和特长的劳动力。

2. 村庄发展路径指引

大路村在政策指引下，通过能人和企业带动，一举扭转曾经贫困落后的局面，成为先进示范村。农民从土地中剥离出来，大规模土地流转后的乡村仿佛已经失去了那一份乡土情怀。虽然存在一系列问题和隐患，但土地流转和增减挂钩是缩小城乡差距、实现农村人口向城镇人口转移的重要手段。法泗街道各个村庄村民入住新社区，远期逐步并入镇区，实现就地城镇化，这是村庄发展的必然路径。

1）发展困境

土地流转将农民从土地中解放出来，告别“面朝黄土背朝天”的生活，转出经营权的农民可同时获得流转收益和其他产业收入；土地流转还解决了农民进城后经营土地的后顾之忧，为农村人口向城镇转移创造了条件。

然而土地流转的过程中也埋下了许多隐患。楼房疏远了村民间的距离，原本可以在自家场院里聊天、晒太阳，现在只能在楼下的方寸之地活动；此外，村中的青壮年多出去打工，留在村里的多为 50 岁以上、学历较低的人群，他们失去了土地，并且由于年纪较大、知识水平低，无法找到合适的工作，或者只能在附近从事繁重的体力劳动。劳动了一辈子的农民没有事做，有些会转而进行麻将等赌博活动，进而产生社会问题。同时，土地流转后的村庄被大规模机械化的耕作所统治，失去了自己的乡土特色和活力。

2）发展动力及路径——村企结合，产村融合，政策引领

（1）坚持科学规划，建设农民群众满意的新农村社区

完善新农村的各项配套设施，同时力求做出特色，避免“千村一面”的现象出现。

（2）发展“两型”农业，大力改善农村生态环境

依托畜牧公司，积极发展“猪—沼—电、猪—沼—鱼、菜、莲、藕、林果”的农业产业循环经济，推动农村节能减排。此外，公司通过实施流转土地开发整理，把“靠天收”的低产田、荒坡地改造成“旱能灌、涝能排、路能通、货能出、机能耕、田能肥、产能增”的高产农田，推进农业生产机械化和水利设施标准化，降低农民劳动强度，提高农业投入产出效率，增加农民收入。

（3）构筑现代产业体系，为加快新农村建设提供经济支撑

通过招商引资，培植优势产业，打造工业园、蔬菜园和生猪养殖基地等三大产业基地。同时，结合新农村建设开发农家乐餐饮、住宿，推出新农村考察游、田野农

事体验、采摘、网络开心农场等项目的运营，逐渐形成“生态种养、工业园和休闲农业”三大经济产业支柱。在乡村治理方面，实行农民做主、村企共建，全面构建和谐新农村。

7.2.4 普通型——武汉市大泊村：因地制宜，控制发展

1. 村庄基本情况

大泊村位于武汉市新洲区汪集街道中部，临近汉施公路，全村面积约 566 hm^2，共 13 个村民小组，568 户，2028 人。现有耕地 212 hm^2，尚未进行土地流转。村庄总体缺乏特色和发展动力。

1）打工收入占据农民收入主体，劳动力流失严重

农民年均纯收入约 13000 元，农业收入仅占村民全部收入的约 30%，余下多为打工收入。当前大泊村有 1000 多人外出务工，占了总人口的近半数；打工人群多前往武汉市，也有少数去往南方大城市，造成村庄土地抛荒率约 10%。

2）农业基础较好，缺乏特色产业

农业以种植业为主，主要种植棉花与水稻，特色作物主要为红棉。村庄还发展有少量养殖业。

3）村湾分布零散，建筑缺乏特色

大泊村水域面积较大，但村湾并不依托水体发展，湾落分散。村庄建筑风貌不一，缺乏特色。

4）基础设施条件较好

村庄基础设施条件较好，各类公共服务设施齐备。当地无小学，由校车接送小孩去汪集街道上学。

2. 村庄发展路径指引

大泊村是一个极为平凡、普通的村庄，类似这样的村庄在武汉市非常普遍。大泊村体现了在城镇化过程中各种典型的问题，且为普遍性问题，而非特殊性问题，包括村庄人口老龄化和空心化、产业发展落后、村民增收缓慢，等等。因此，以大泊村为案例研究，可以以点带面，为武汉市普通村庄的整体发展提供经验。

1）发展困境

农村劳动力向城市就业，流失严重，村庄逐步衰败和空心化，留守村民边缘化。

经济发展缓慢，农业生产效率低，附加值低，并且缺乏政府投入。

2）发展优势

近年来，大泊村自行启动美丽家园工程，致力于打造宜居村庄，兴建公厕，拆除原有猪栏、牛栏等，对村庄环境进行整治。同时，与周边的村落进行比较发现，大泊村发展基础相对较好。

3）发展路径——保留整治但控制发展

根据各村的现状比对，可以发现大泊村发展条件相对较好，服务半径合适，适合保留整治；而周边村受到各种因素的干扰，规划建议进行迁村并点。因此，规划将大泊村设置为中心村，将杨泊村并入大泊村。远期可将白洋村等一般村也并入大泊村。大泊村内部也应进行村湾迁并，集中居住。具体从以下几个方面展开建设实施。

（1）完善配套设施

大泊村应完善各类配套设施，达到中心村的设施配置标准，服务于周边一般村。

（2）提高农业生产效率

迁村并点后，农地可进行土地流转，进行大规模机械化生产，提高生产效率。

（3）转变治理模式

从“自上而下”的物质空间规划模式向“农民至上”的乡村治理本原模式转变。

第 8 章　调研情况总结

镇村发展的相关数据很难直接从统计部门获取，且涉及不同类型、不同维度的问题，并非刻板的数字能够反映和诠释的，需要大量的田野调查，以便近距离、持续性地掌握乡村与小城镇的一手资料。本章整理了在对武汉市乡村调研与认知的过程中，对乡村类型的归纳与分析，以此作为镇村发展模式研究工作的回顾与总结。

8.1　武汉市乡村的类型特征

8.1.1　调研村庄的现状类型总结

本次调研囊括了 6 个新城区，共选择了 22 个小城镇的近 100 个乡村进行调研。在约 40 个村庄进行了深入的访谈、问卷、现场勘查调研，发放问卷 500 份，回收约 430 份。在约 60 个村庄进行了田野调查、相关资料的查证，由于资料和时间的限制，未能进行同等程度的深入调查。

将调研的村庄大致分为七大类型，包括农业村、特色村、流转村、社区村、迁并村、工业村、国营农场（见图 8-1）。

农业村（45 个）：目前基本未有土地流转工作，以传统耕作为主，经济较为落后，主要分布在新洲区、江夏区、蔡甸区。

特色村（13 个）：特色旅游（生态、文化旅游）、特色种植等发展具有一定基础。例如黄陂区等地依托木兰景区的景中村、种植太公莲等特色农作物的乡村等。

流转村（11 个）：土地流转工作规模较大，经济发展以农业带动和企业入驻规模化生产。一般位于平原地带，或者能人带动的合作社流转为主的地区。

社区村（10 个）：农民已经集聚到统一的居住点，配套基本完善，环境条件良好。

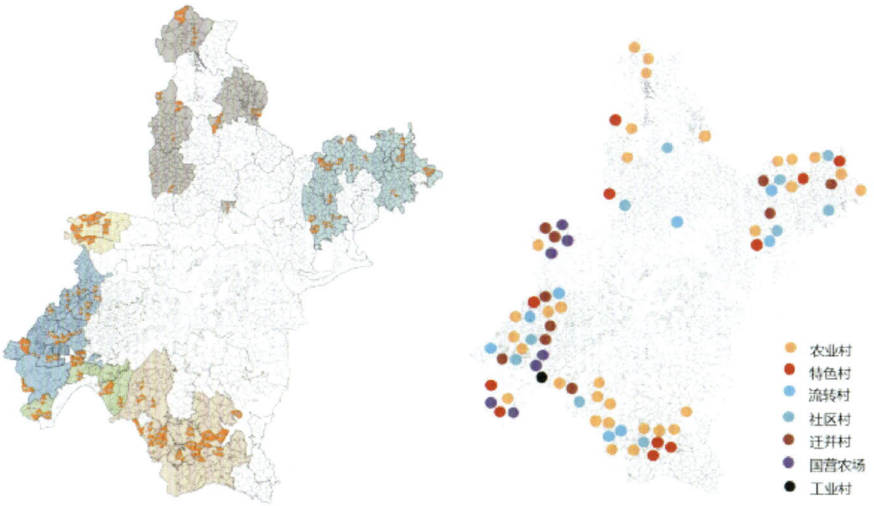

图 8-1　调研村庄类型部分分布

（资料来源：作者自绘）

迁并村（8 个）：村庄土地征收工作正大力推进中，农业流转工作基本停滞，房屋破旧。

工业村（2 个）：村集体工业发展较为良好，对农民就业、收入以及村庄经济带动明显。

国营农场（7 个）：村集体工业发展较为良好，对农民就业、收入以及村庄经济带动明显。

8.1.2　基于乡村自然地理特征的乡村类型

基于自然地理特征对乡村类型进行归类，主要分为滨水型、平原型、丘陵型三种。村落的空间聚落特征由于自然地理特征的不同，呈现出不尽相同的集聚规模、空间形态、耕作习惯等。

1. 滨水型——代表乡村：和尚桥村、后湖村

武汉市号称“百湖之市”，市域范围内水域面积较大，湖泊分布众多，因此受水域面积及分布的影响，乡村居民点的规模也有所不同。滨水型乡村一般生态环境较好，地势较为平坦，自然资源较为丰富，具有鲜明滨水文化城市的乡村特点（见图 8-2、图 8-3）。

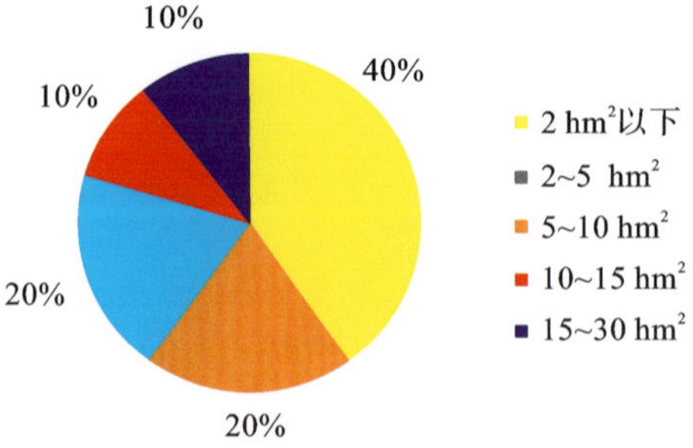

图 8-2　滨水型居民点规模抽样调查

（资料来源：作者自绘）

图 8-3　滨水型居民点现状

（资料来源：作者自摄）

2. 平原型——代表乡村：双泉村、永胜村

平原型村庄主要分布在新洲区、江夏区等地势较为平坦的区域。平原型村庄由于受到地理因素的限制较少，因此村落面积一般较大，耕作半径较小，居民点的布局也较为紧凑。农业生产基础较好，但是具体的规模要受到各村土地流转方式和程度的影响（见图 8-4、图 8-5）。

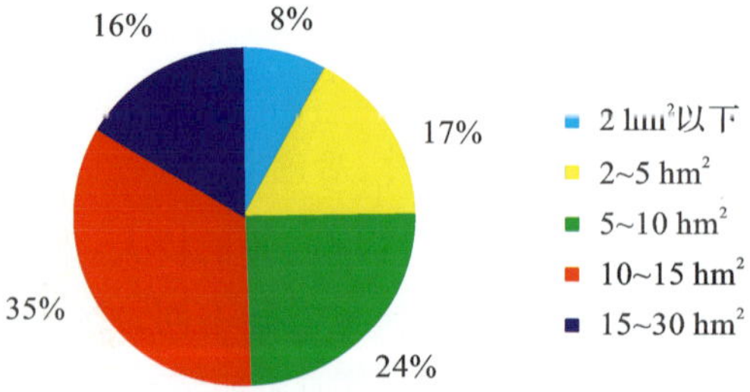

图 8-4　平原型居民点规模抽样调查

（资料来源：作者自摄）

图 8-5　平原型居民点现状

（资料来源：作者自摄）

3．丘陵型——代表乡村：李冲村、李桥村

丘陵型村庄主要分布在黄陂区、新洲区北部等地形呈微丘地带的区域。丘陵型村落受到地形限制，空间布局较为分散，居民点规模彼此相差较大，农民耕作半径也较大，出行方式一般以摩托车为主。但自然资源丰富，依托木兰山风景区发展乡村旅游的机会较大（见图 8-6、图 8-7）。

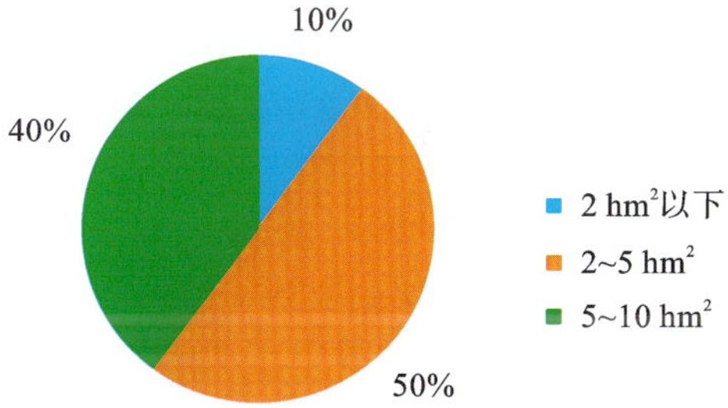

图 8-6　丘陵型居民点规模抽样调查

（资料来源：作者自摄）

图 8-7　丘陵型居民点现状

（资料来源：作者自摄）

8.1.3 基于乡村自身形成机制的武汉市乡村现状类型

1. 基于乡村农耕文化的传统生产型乡村

该类型的乡村在调研中是数量最多、分布最广的。该类型乡村仍然承担着传统乡村最基本的生产职能，以农业生产作为乡村主要的生产方式。但是由于各乡村农业生产水平、土地流转方式的不同而呈现出不同的农业生产规模和水平。

乡村空心化、老龄化等最为典型的乡村问题在这类乡村中得到集中体现。这类乡村由于农业生产水平的不同面临着不同的转型方式，大部分处于土地流转的前期或者中期，甚至观望期。由于农田占有情况、农民年龄结构、农村家庭生命周期等因素的影响，农民对土地流转抱有不同的意愿，因此不同的土地流转情况又影响了农业生产规模和发展阶段。对于年龄较大、农地占有量少、处于衰落期的家庭，因为对土地的依赖和流转之后收入水平并没有显著提升，其流转土地的意愿并不强烈；相反，对于那些年轻而具有对外竞争力的劳动力或者农田占有量多的农民、家庭周期处于成长期的农民来说，他们流转土地的意愿更为强烈。土地流转的程度与乡村产业的发展阶段、人口外流的比例都有直接的关系（见表 8-1）。

表 8-1　土地流转的程度与乡村产业的发展阶段、人口外流的比例

村名	人口/就业	经济产业	土地流转	迁村并点	村庄建设/设施
江夏区乌龙泉街道杨湖村	共 7 个村湾，总面积 520 hm^2，耕地面积 246 hm^2	以第一产业为主，主要粮食作物为稻谷、玉米、薯类	流转和半流转状态，抛荒现象严重	—	村内无学校，村里小学生一般前往杨桐小学上学，中学生一般去纸坊中学上学
江夏区安山街道英雄村	全村共 1328 人，常住人口 580 人，外出劳动力 470 人	主导产业为苗木业，当前准备大力发展养殖业	—	不愿迁并，对土地的依赖性强烈	卫生室、村委会、小商店、小学

续表

村名	人口/就业	经济产业	土地流转	迁村并点	村庄建设/设施
新洲区李集街道春光村	共 540 多户，2000 多人，其中 920 个劳动力中有 700 多人外出打工	土地贫瘠	土地贫瘠，无法流转出去	村民集中意愿强烈，希望有较好的配套	灌溉水奇缺，甚至需要用自来水灌溉

2. 特殊时代背景下的国营农场型乡村

汉南区、东西湖区原来是农场体制，农业的基础设施和道路建设有一定的基础，为城乡一体化基础设施的建设提供了良好的条件，也为农业机械化的发展奠定了一定的基础。其农业现代化和机械化的水平在武汉市处于领先水平，农业集约化发展极具潜力。

国营农场的农业机械化水平、现代化水平以及规模化水平相较于其他类型的乡村来说，都处于较为优势的地位（见图 8-8）。因此，乡村空心化和人口外流没有呈现出比例极高的现象，土地流转已经形成了具有可操作性的流转模式，即以“合作社”“公司”“农户＋公司”等模式为主，带动乡村农业生产。农民的迁居意愿普遍不强烈，希望能够在合理的耕作半径内延续农业生产，普遍希望能够进一步提升村庄的建设水平和基础设施配套。

图 8-8　国营农场现状调研照片

（资料来源：作者自摄）

汉南区、东西湖区，尤其是汉南区的民营经济发展势头良好，因此当地小城镇的发展能够在一定程度上集聚乡村人口，实现乡村人口的本地城镇化，实现乡村产业和经济建设与小城镇建设相互补充和协调发展（见表 8-2）。

表 8-2　国营农场型村庄特色

村　　名	人口/就业	经 济 产 业
东西湖区 新沟镇街道 三大队	全村现有 1460 人，有 100 多人在外打工，武汉市为主要打工地点	水产养殖；村民每年人均收入 1 万多元，户均拥有 0.67～1.33 hm^2 农地
东西湖区 东山镇 五一大队	现有 215 户，864 人，户均 4 人，劳动力总人口为 483 人	农业机械化；主要农作物为棉花、西瓜、甜瓜、莲藕等
汉南区 银莲湖农场	镇区现有人口 3162 人，总户数 905 户，搬迁村组的总户数为 270 户	主导产业为农业，优势作物为优质水稻、甜玉米、西瓜、甜瓜等，以及莲藕、螃蟹等名特水产品

3．特殊资源禀赋支撑的特色产业型乡村

特殊资源禀赋支撑的特色产业型乡村，主要是指由于突出的自然山水资源、生态环境优势、农业观光条件、历史文化资源、田园人文资源等的聚集，乡村能够寻找到除传统农业生产之外的产业发展形式，主要表现为以乡村旅游、休闲农业观光、旅游服务等为主的第三产业或“一点五产业”。特殊资源禀赋支撑的特色产业型乡村主要分布在黄陂区、江夏区等地。

以休闲农业、乡村旅游等特殊资源和产业为主的乡村，其农民的人均可支配收入会略高于以传统农业为主要生产方式的乡村。该类村庄的居民也会更加愿意从事以乡村旅游为主的乡村产业经营。如表 8-3 所示，黄陂区李家集街道巴山寨村旅游产业发展具有一定基础，木兰乡双泉村以双泉寺为核心进行旅游开发，祁家湾街道汪畈村以蔬菜种植为主，巴山寨村的人均收入略高于其他两种类型的乡村。说明第一产业与第三产业融合的发展方式对于乡村的可持续发展具有较明显的优势。且巴山寨村居民均认可乡村旅游的发展模式，这使得农业生产和自然资源的利用率能够在保护的前提下最大化实现。

表 8-3 特色产业型乡村

村名	人口/就业	经济产业	土地流转	迁村并点	村庄建设
黄陂区李家集街道巴山寨村	村域有 5 个自然村，共 402 户，1702 人，劳动力总量充足，外出务工家庭比例较大	良好的城郊区位和生态资源禀赋条件，乡村旅游依赖性村庄	合作社或者度假公司，土地抛荒较严重	无产业的集中居住意愿较高，有产业的认为不适宜离产业地远居	村域内现状服务设施仅有村委会 1 座，无小学、卫生室、文化和体育设施等
黄陂区木兰乡双泉村	常住人口 2565 人，其中劳动力 1200 人，外出打工人数占 80%	目前万通置业公司已着手对双泉村的双泉寺进行旅游开发	大部分流转，进行旅游项目开发	意愿不高	现存的主要交通问题为道路建设情况较差
黄陂区祁家湾街道汪畈村	常住人口 1623 人，461 户，其中劳动力 1027 人，外出务工人员为 245 人	蔬菜基地	村里成立了合作社，主要为村民提供信息、销售渠道和种植引导等	—	建筑风貌优良，基础配套较完善

8.1.4 基于乡村外部政策推动下的武汉市乡村现状类型

1. 政策推动下的示范型乡村

对于武汉市来说，政策推动主要有“家园建设行动计划”的示范村庄、新农村建设的示范村庄、美丽乡村典范、增减挂钩试点以及其他示范乡村（如科普示范村）等（见图 8-9）。具有政策推动力量的村庄首先具有的优势是足够的财政力量支持，以及较为完善的基础设施建设和村庄环境建设。这些政策推动的共性是重点集中于对物质空间环境的改造，对于政策后续的乡村人口流动、产业发展、乡村社会等问题又各不相同。

图 8-9　武汉市示范型乡村

（资料来源：作者自摄）

近年来，武汉市稳步推进新农村建设，形成了一批各具特色的成功模式。黄陂区蔡店街道姚家山模式，以弘扬"红色革命"文化为主；姚家集街道杜堂村葛家湾模式，以返乡能人带动型为主等。武汉市规划建设美丽乡村 74 个，目前已建成 35 个、在建 39 个。以创建国家卫生城市、全国文明城市为契机，武汉市一直坚持农村环境卫生综合整治，不断深化"美丽乡村"行动，农村生活垃圾治理体系不断完善，农村环境卫生面貌持续改善。但作为"家园建设行动计划"示范村的西湖村，却在乡村的物质空间环境得到了极大提升之后，产业发展没有得到持续的动力支撑；乡村的老龄化、空心化现象持续加剧；作为增减挂钩试点的乡村，由于失去了农耕地，农民同时失去了生活的最基本保障和赖以生存的土地，因此幸福感和不稳定感也随之增加。因此，我们应对以政策为导向的乡村应当持续进行追踪关注，以确定政策对于乡村发展的效应如何（见表 8-4）。

表 8-4　政策推动下的示范型村庄

村　　名	政策支持	经济产业	土地流转	迁村并点	村庄建设
蔡甸区大集街道黄虎村	美丽乡村	已有依托绿道的项目建设在规划中，部分农户尝试经营过农家乐	按照每年每亩 500 元的价格流转土地用于企业规模化经营	—	村民日常生活、就医、幼儿园、初中主要在大集街道解决

续表

村　　名	政策支持	经济产业	土地流转	迁村并点	村庄建设
新洲区 汪集街道 西湖村	增减挂钩试点，“家园建设行动计划”示范村	以粮食作物种植为主，在当地招工规模作业，需要的人力较多	380 多亩农用地按照每年每亩 450 元的价格基本已经全部流转给一个老板	统建二层独户，分大、中、小三种户型，按每户人口数分配	污水渠化集中处理
新洲区 三店街道 宋寨村	科普示范村	本地人经营一个饲料厂，吸纳了部分村民就业	村民参与土地流转的积极性较高，当前尝试流转 200 多亩农地发展油桃种植	—	村民对生活环境、基本公共服务满意度较高，日常购物等生活需求依赖就近的集镇

2. 迁村并点后的社区型乡村

迁村并点后的社区型乡村主要是选定发展基础较好、人口集聚程度较高的居民点或者另辟新地进行新型社区居民点的安置。一般采用的建筑形式为城市型住宅小区的多层建筑形式，公共服务设施配置较为齐全，预留了足够的公共活动空间。社区农民大部分在外务工，少部分农民在当地进入农业企业工作，从事农业生产的农民不多。

社区型的乡村是快速城镇化进程中乡村向城市过渡的产物(见表 8-5)。其优点是物质空间环境已经与城市社区相差无几，住宅方式、邻里关系、公服配套、基础设施、道路交通等建设具有良好的基础(见图 8-10)。但是其内在的发展动力由于土地的失去，并没有及时与物质空间环境的城镇化相匹配。农民普遍反映，由于农业生产的剥离，生活成本提

图 8-10　武汉市社区型乡村

(资料来源：作者自摄)

高、收入来源减少，生活方式也发生了改变。尤其是传统聚落形式下形成的邻里关系，也被城市社区化的住宅形式改变。留在社区内的农民无所事事，外出务工的人口流动趋势还是没有得到缓解。乡村居民对于目前生活状态的满意程度主要源于对迁村并点补偿措施的态度。例如，江夏区法泗街道采用的补偿方法：实行“产权调换＋货币补偿”方式，安置房屋面积为 132 m^2，1 个家庭 1 套，考虑分户要求，为 16 周岁以上未婚子女每人预留 1 套房屋。建设原则是“先还建，后拆迁，再复垦”，因此农民搬迁的积极性较大。但是农民搬入社区后普遍反映生活成本增加，希望能够寻找到更多的收入途径和来源。

表 8-5　迁村并点后的社区型村庄

村　名	人口/就业	经济产业	土地流转	迁村并点	村庄建设
新洲区潘塘街道罗杨村	人口 1130 人，劳动力约占 60%，其中 80% 劳动力外出务工，但并不一定常年在外	想通过旅游改善经济	农用地 4000 亩（含 1426 亩基本农田）中 1000 亩左右经过流转主要种植苗木	低拆低安政策引导	公共活动空间较大、环境整治优
新洲区徐古街道周山村	人口 2000 多人，其中劳动力 895 人，600 多人外出，50 岁以上的人主要从事农业生产	粮棉自给，散户种植菌菇	农地无流转承包；农户习惯于独立种植，集资合作的积极性不高	关于集中居住区的建设方式还在讨论阶段	村湾中新房占比较高，现状公共服务配套欠缺
蔡甸区消泗乡汉洪村	全村总人口 2029 人，535 户，5 个村民小组，13 个自然湾	村民收入主要靠农业种植，以小户经营为主	无土地流转	分 3 个集镇集并，但村民意愿不高	配套落后

3. 土地流转型的变革型乡村

土地流转作为目前的土地政策框架下实现土地规模化经营的主要手段和方法，在武汉市乡村具有比较普遍的实践，只是根据流转方式、流转程度的不同，出现了土地流转比例超过 50％的乡村，甚至达到 100％的乡村(见表 8-6)。土地流转的方式有多种，主要由于土地流转对象的不同，而导致土地流转的规模、经营方式、经营效率的不同。

表 8-6　土地流转型村庄

村名	人口/就业	经济产业	土地流转	迁村并点	村庄建设
江夏区法泗街道大路村	总人口 1000 人	大棚种植蔬菜、水果，4100 亩耕地	全部流转	村民集中意愿强烈，但不愿住高层，希望保留原有居住形式	质量较差，大部分拆后还田
蔡甸区索河街道石山堡村	为老公社发展而来，现有 940 户，多为汉川等外来人口，还有一些本村自然湾的村民	有二十多家民营企业集中，主要为劳保产品生产	全部流转	—	本村幼儿园、小学、市场、超市等设施齐全，且交通便利
汉南区纱帽街道大咀村	村庄现有人口 4256 人，总户数 1217 户	发展优质农业，农业机械化生产逐步普及	全部流转	—	住宅排列呈现明显的自发性和随意性，村容村貌较差

8.2 武汉市乡村差异化的分区特征

8.2.1 东西湖区

1. 整体进入工业化后期，产业基础较好

东西湖区是武汉市生产总值、第二产业生产总值、农村居民人均收入最高的新城区。东西湖区工业化程度达到70%以上，已进入工业化后期。农业现代化发展势头良好，大部分土地已进行流转，集中在相对边缘的乡村，发展瓜果、蔬菜、苗木的规模种植和设施农业(见图8-11)。

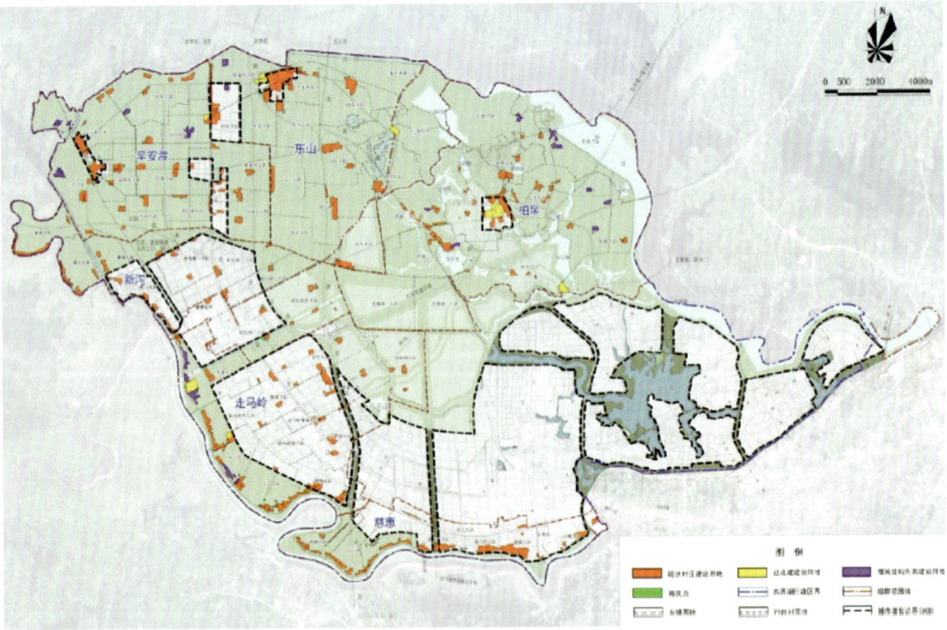

图8-11 东西湖区土地利用

(图片来源:东西湖区土地利用规划)

2. 乡村空心化不严重，人口流动意愿以就近城镇化为主

由于东西湖区采取国营农场制度，因此农业产业化和现代化基础较好，且当地

企业数量较其他新城区略多，因此部分劳动力就业可以就地或就近解决，乡村空心化的现象并没有非常严重。调研显示，东西湖区的乡村居民外出打工一般选择就近的吴家山，较少选择武汉市区。由于吴家山有轨道交通设施、相对较低的房价、较为完善的教育和医疗设施以及较多的就业机会，因此部分有条件的乡村人口会选择在吴家山购置房屋。另一些没有条件在吴家山安居乐业的村民也会出于对教育资源的需求而就近向城镇集中。

3. 乡村面貌整体较好，设施基本到位

除部分偏远农村外，东西湖区农村整体上面貌不错：村容相对整洁、有基本的公共服务设施（医疗点）和供水、供电设施等。文化娱乐、活动场地缺乏是乡村的普遍性问题。处于生态控制区内的乡村面貌建设和居民建房需求的处理是面临的实际问题。大部分集中的居民还建点面貌不错，有基本的公共服务和基础设施，总体上村民比较满意。

4. 调研案例代表

东西湖区的调研案例以新沟镇街道三大队、东山街道莲湖大队、东山街道五一大队作为代表，具体情况如图 8-12 所示。

新沟镇街道三大队	东山街道莲湖大队	东山街道五一大队
全村人口1500人左右，有100多人在外打工，大部分人在本地工作，从事水产养殖等特色农业，农业种植已实现现代化。但本地企业对劳动力的吸纳能力并不是很强。	全村基本没有空巢户，有100多户在镇区买房，但仍然在村庄从事农业生产。以前村庄有企业，后来倒闭了。	全村有200多户将近1500人，劳动力基本占到一半。五一大队早在2007年就实现了无耕牛村，农业机械化水平较高。村庄自然环境较好，生活环境一般。

图 8-12　东西湖区调研案例代表

（图片来源：作者自绘）

8.2.2　汉南区

1. 大村小镇，农工城乡

汉南区城乡体系表现为“大村小镇”（见图 8-13）。汉南区城乡体系中最为基层的行政村无论从数量还是整体的人口规模，都远大于城镇。一方面，纱帽街道作为全区增长极，因产业发展水平总体不高，没有发挥带动作用。另一方面，外围乡镇产业发展滞后，普遍缺乏具有较强产业带动作用的龙头企业及具有较强服务和辐射功能的中心镇作为增长极。原汉南区为典型的农业生产区，由汉南农场、银莲湖农场、乌金农场和东城垸农场构成，农业生产基础条件好，尤其是汉洪高速公路以北地区地形平坦、土地肥沃，具备机械化农业生产条件，汉洪高速公路以南至长江干堤，粮食、棉花、瓜果、蔬菜等发展明显，逐步形成了全国著名的玉米特色农产品，而在湘口地区已经形成了4万亩的生态健康水产基地，逐步形成了河蟹、黄鳝、甲鱼等主导品种，农业发展特色明显。原经开区和汉南区因历史沿革、自然资源条件、发展政策及发展机遇等条件不同，已经形成了典型的工业区和农业区，且行政体制级别不同，工农发展特征明显。

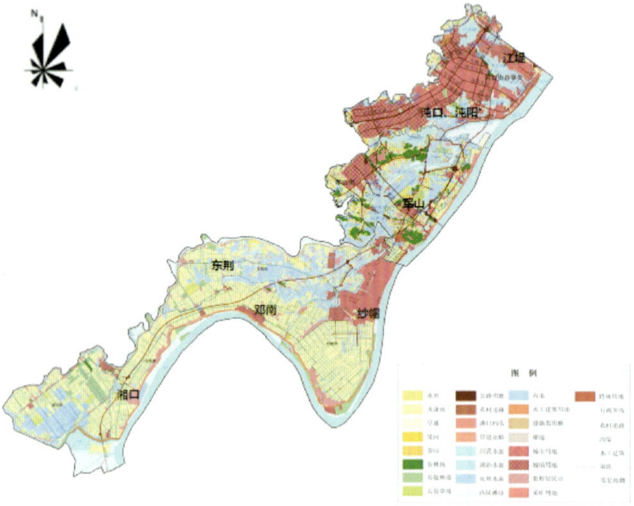

图 8-13　汉南区土地利用

（图片来源：汉南区土地利用规划）

2. 人口流动意愿以就近为主，农村社区建设成效较为显著

汉南区乡村人口的流动基本上集中在纱帽街道，当地外出务工的流动人口也基本集中在纱帽街道的工业园。由于农场建设年代较早，因此居住环境普遍较差，公共服务设施配套也不尽完善。作为城乡一体化改革试验区，结合城乡建设用地增减挂钩政策，新农村社区建设的成效较为显著，新建社区配置了幼儿园、超市、医务室、老年活动室等，农村社区建设配套齐全，农户可享受与城镇居民同等的社区服务。

3. 调研案例代表

汉南区的调研案例以东荆街道东荆大队、湘口街道五湖村、纱帽街道大咀村作为代表，具体情况如图 8-14 所示。

东荆街道东荆大队	湘口街道五湖村	纱帽街道大咀村
东荆大队辖有8个小队，总人口1391人，总户数458户，总劳动力598人。东荆大队现状建筑总体布局主要为沿通顺河呈扇形发展，建筑排列成行列式，整齐有序，形成自然的肌理，但有些建筑年代久远，建筑质量、风貌较差。农业发达，农场体制优势突出，农业人均收入显著高于别的街镇。紧邻纱帽街道，农产品易于产生经济效益。	五湖村为湘口街道下辖的一个大队，总人口约500人，总户数159户，总劳动力335人。现状建筑总体布局主要为沿321省道呈带状发展，整齐有序，但有些建筑年代久远，建筑质量、风貌较差。水产养殖业发达，农场体制优势突出，农业人均收入显著高于别的农村。村东南部的五湖为五湖村提供了良好的经济产业基础和发展潜力。	大咀村现有人口4256人，总户数1217户。搬迁村组的总户数为150户。配套不足，尤其是污水处理设施缺乏。发展优质农业，农业机械化生产逐步普及。大咀村现状建筑总体布局主要为沿长江呈扇形发展，三五成行，形成自然的肌理，但建筑稀疏，住宅排列呈现明显的自发性和随意性，村容村貌较差。

图 8-14　汉南区调研案例代表

（图片来源：作者自绘）

8.2.3　蔡甸区

1. 第二产业主导，一、三产业薄弱

蔡甸区东临发展较为成熟的国家级经济技术开发区——武汉经济技术开发区，其强大的经济辐射能力推动了蔡甸区的工业发展。但蔡甸区农业与旅游业发展基础较为薄弱，三次产业之间关联度不强。在农业发展方面，已形成较具规模的莲藕、西瓜、甜瓜、藜蒿种植，但发展较为分散，多为农户家庭种植，未形成相应的农产品加工产业链，农产品附加值不高。此外，蔡甸区旅游业发展仅停留在低档次旅游开发上，未能充分利用九真山、后官湖、金龙湖、沉湖等良好的生态旅游资源，打造特色旅游和品牌旅游。

2. 外出打工为主要收入来源，土地抛荒较严重

蔡甸区受地形限制，农业发展薄弱，村集体缺乏财力，部分平整规模土地已流转。村民对土地的依赖程度不高，基本家中留少量土地生产口粮，主要依靠外出打工获取经济收入。村民倾向于在武汉经济技术开发区等周边的工业园区打工，或到城关打工，土地抛荒较严重（见图 8-15）。村民集中居住意愿较强烈。

图 8-15　蔡甸区土地利用

（图片来源：蔡甸区土地利用规划）

3. 公共服务设施滞后，乡村旅游潜力待挖掘

多数村庄基础设施条件较差，交通不便，医院、学校等公共服务设施主要依赖镇区解决。村庄环境风貌整体较好，部分村庄正在进行都市农业和乡村旅游业的建设。

4. 调研案例代表

蔡甸区调研案例以大集街道黄虎村、张湾街道上独山村、玉贤镇纪庄村为代表，具体情况如图 8-16 所示。

8.2.4　江夏区

1. 农业发展基础好，景观生态环境佳

江夏区是武汉市重要的农产品生产基地，农用地以耕地为主，耕地占全区农用地面积的 65.29%。但现有农用地中普遍存在地块零碎、田坎过多、道路沟渠不整、农田水利基础设施差、机械化程度低的现象，不利于开展规模化经营。农业生

大集街道黄虎村	张湾街道上独山村	玉贤镇纪庄村
黄虎村有村湾14个，土地面积427 hm²，人口1700多人。该村位于生态绿楔范围内，是典型的"绿中村"。其最大的优势是有着优质的生态资源。村内青年外出务工主要在武汉市区、蔡甸区内，基本可以兼顾家庭；中老年外出务工人员主要从事绿化维护工作，或者到工厂打零工，去工地做建筑工人等，工资约每天200元。村民对土地的依赖程度不高，家中留少量土地生产口粮，主要依靠外出打工获取经济收入。	上独山村共有266.7 hm²耕地，总人口2000人，13个洲、11个自然湾，农民不是很喜种地，土地基本都已流转给度假公司，青壮年基本都到城关打工，但仍然住在村里，早出晚归，主要从事装潢、装修等工作，每天收入为150～250元。当前所需工业用地已通过集体土地转国有土地储备，有项目再通过招拍挂的形式进行出让，现在只有部分工业储备用地还在种植。	纪庄村靠近城关，经济发达，城镇化建设进程快。靠老学校、老村办企业的存量土地出租，引进企业，有的土地直接出让。由于村集体没有经济实力，也没有销售渠道，所以没有办法发展村办企业。70%的村民到城关打工，主要从事泥瓦匠、木工等工种，人均每天收入100多元，大工（技术工）日收入可达300元。

图 8-16　蔡甸区调研案例代表

（图片来源：作者自绘）

产仍以传统的种植业为主，主要种植类型为水稻、油料作物，高效农业、都市型农业发展不足。江夏区各类水资源十分丰富，滨水村庄较多，然而受城镇建设和养殖活动影响，湖泊水质呈下降趋势，有待综合保护。

2．村庄空心化情况较严重，土地流转情况较好

多数村庄年轻劳动力均外出打工，主要分布在武汉市及周边，人口回流较少，村庄老龄化现象严重。

江夏区南部村庄由于地形平坦，耕地成片，多进行土地流转和村庄迁并工作；北部多丘陵，耕地零碎，土地流转较少(见图 8-17)。

3．农村社区建设成效较为显著

法泗街道等地进行了土地流转的村庄，通过城乡建设用地增减挂钩政策，新农村社区建设的成效较为显著，新建社区配置了幼儿园、超市、医务室、老年活动室、活动广场等基础设施，同时配建的工业园区极大地吸纳了农村人口就业；但在一些尚未进行土地流转的村庄，基础设施和公服设施仅能保证基本需求。土地流转是江夏区乡村就地城镇化的重要手段。

4．调研案例代表

江夏区调研案例以安山街道英雄村、金口街道后湖村、法泗街道大路村为代表，具体情况如图 8-18 所示。

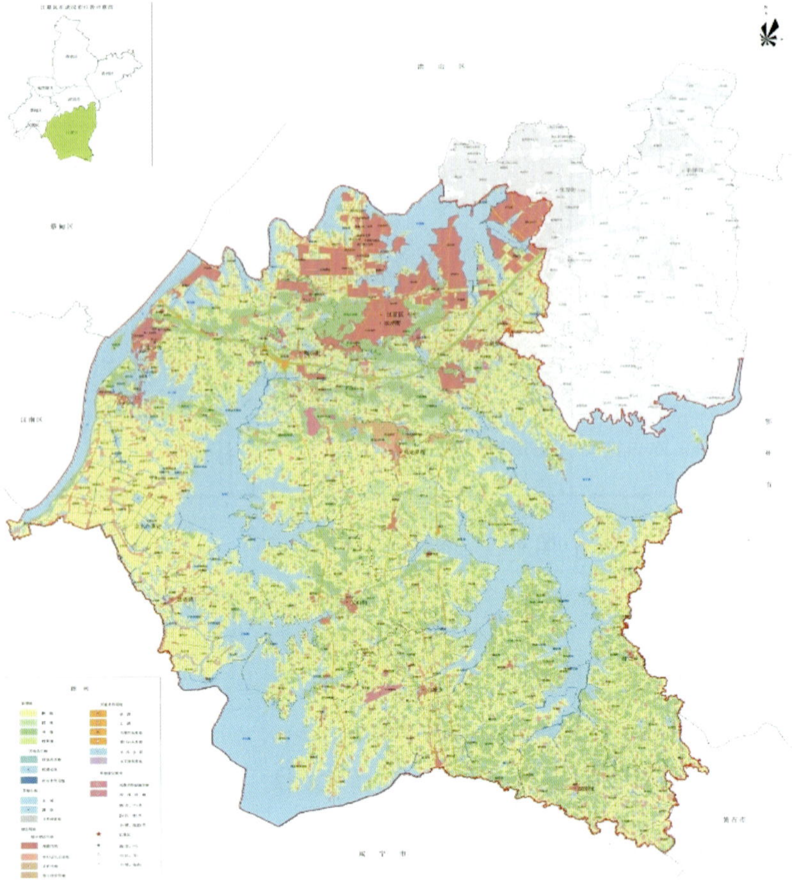

图 8-17　江夏区土地利用

（图片来源：江夏区土地利用规划）

安山街道英雄村	金口街道后湖村	法泗街道大路村
英雄村共有18个村民小组，全村共1328人，常住人口580人，外出劳动力470人。村湾呈前塘后林的布局模式，主导产业为苗木业，主要栽种桂花树、红叶石楠、香樟树等特色苗木，近来准备大力发展养殖业。英雄村人口的流动以“候鸟式”迁移为主，60%的人外出打工，春节返家，多为青壮年。空心村现象较严重。	后湖村共有11个自然湾，400户，1625人，60%人口外出打工，大部分到武汉市区、金口街道、纸坊街道。农业主要种植水稻，水稻收入过低，基本不用于养家糊口。村里目前没有进行土地流转的项目，一方面是因为农民进行土地流转的意愿不高，另一方面因为土地零散分布于丘陵地区，不利于平整与规模化生产。	大路村现有人口1000人，耕地4100亩，当前土地已全部流转。怡山湾新农村位于大路村西侧，共分四期推进，涉及大路、石岭、珠琳、法泗4个行政村。当前正在进行二期工程建设，除农民住房和各类公共设施建设外，还规划了多个产业园区建设。土地流转后的居民主要前往武汉市内打工，或者承包流转土地，收入大大提高。

图 8-18　江夏区调研案例代表

（图片来源：作者自绘）

8.2.5 黄陂区

1. 都市农业和旅游业发展优势凸显

黄陂区大力发展都市农业，培育了黄陂芦笋、大棚西瓜、江城薯尖、梁港贡米、超甜玉米等特色品牌，土地规模经营比重达到61%，实施农村生态示范项目 33 个。重点发展三元猪、黄陂黄牛等种畜禽。同时黄陂区是首批国家现代农业示范区，拥有国家级龙头企业 2 家，省级龙头企业 8 家，四季美农贸城果蔬市场交易额突破 100 亿元。全区市级以上重点农业产业化龙头企业达到 53 家，有金秋池塘、金果园、牧童蓝莓、谦森岛庄园、武汉农业生态园等全国农业旅游示范点。

同时，黄陂区拥有“盘龙殷商”“木兰传奇”“二程理学”和“首义黎黄陂”四大文化名片，木兰山风景区景色优美，不少村庄依托该景区及文化发展旅游业。

2. 农业收入较为可观，土地流转现象普遍

黄陂区多数村庄开发旅游业和都市农业，提高了村民收入，增加了就业岗位，推动一定人口回流。多数村庄进行了土地流转，通过建设蔬菜基地、发展水产养殖等方式，促进村民增收(见图 8-19)。

3. 公共服务设施建设滞后

村庄服务设施仅供基本需求。村民重视子女教育，投资较多，因为区里实行幼儿园、小学至中学一条龙直升规定，因此父母一般从幼儿园就把孩子送到镇区就读，方便后期升学。

4. 调研案例代表

黄陂区调研案例以木兰乡双泉村、三里桥街道东河村、祁家湾街道汪畈村为代表，具体情况如图 8-20 所示。

8.2.6 新洲区

1. 农业发展基础好，但带动作用有限

新洲区农业发展基础好，是武汉市主要的农业生产区域之一，拥有食用菌、蔬菜、畜禽、水产品等四大优势产业，建立了 13 个畜禽养殖区，蛋鸡养殖规模居全省第一，新增 13 个绿色无公害农产品品牌。但农业总体发展动力不足，带动力有限。

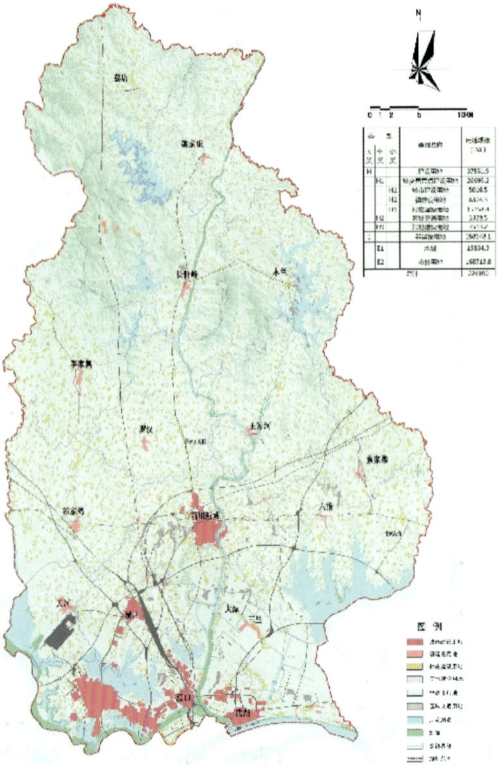

图 8-19　黄陂区土地利用

（图片来源：黄陂区土地利用规划）

木兰乡双泉村

双泉村常住人口2565人，其中劳动力1200人，全村行政面积10 km²。全村外出打工人数占劳动力人数的80%，且主要集中在武汉市区。大余湾景区共流转土地100亩，解决了全村140个左右的劳动力就业。目前万通置业公司已着手对双泉村的双泉寺进行旅游开发，并结合周边的5个村进行大旅游开发。双泉村同时还是武汉市新农村试点村。

三里桥街道东河村

东河村常住人口1030人，其中劳动力700人，60%～70%的劳动力外出打工，以武汉市区居多。村内耕地从2007年开始流转，目前已经流转了70%，流转对象为来自山西、武汉等地的4家企业。目前这4家企业已经为村民创造了200万元的经济收入。企业带动村民增收，转变村民观念，村里原本严重的土地抛荒现象得到有效的改善和解决。

祁家湾街道汪畈村

汪畈村常住人口1623人，461户，外出务工人员为245人，比例较小。全村耕地面积2000亩，其中有1000亩用作蔬菜基地，主要种植空心菜、香芹、大蒜等，空心菜已注册品牌。汪畈村蔬菜基地种植收入为整个黄陂区最高，种植户的户均年收入达十几万元，直接带动村庄经济发展。种植的蔬菜主要销售到武汉市区，一般都有专门的销售对象前来收购。

图 8-20　黄陂区调研案例代表

（图片来源：作者自绘）

阳逻核心港成为华中地区最大、最繁荣的港口，将带动新洲区工业和服务业进一步发展。

2. 农民总体收入较低，劳动力流失现象严重

新洲区农民总体收入较低，全区农村外出比例平均占 40%，留村人口主要为儿童和老人。北部和西部区域人口流出较多，如徐古街道外出人口占总人口的 60%，年龄集中在 20～40 岁，劳动力外流严重；留村人口主要为老人与儿童。同时不少村庄进行了土地流转和村庄迁并工作。

3. 各类设施配套齐全，村庄环境需要整治

多数村庄基础设施配套全，但标准较低；大部分村级公共服务设施利用率低，公共服务用房"门上一把锁"现象普遍存在。村庄小、散、乱，"人少地多"矛盾突出，部分农村居住环境严重衰败，房屋破损，无人修缮，堰塘边房屋、围墙形式杂乱，缺乏公共空间。

4. 调研案例代表

新洲区调研案例以汪集街道冯铺村、徐古街道周山村、旧街街道旧街村为代表，具体情况如图 8-21 所示。

汪集街道冯铺村	徐古街道周山村	旧街街道旧街村
冯铺村共680户，人口3180人。农业收入约占总收入的60%。外出务工比例约30%，务工人群多前往外省，40岁以上人群外出意愿低。第一产业主要经济来源在特色渔业养殖。村民集中居住意愿较高，但水产养殖不适宜离塘远居。65岁以上人群的土地被村集体收购，成立武汉市安康蔬菜种植专业合作社，合同期10年。	周山村共2000多人，其中劳动力895人，600多人外出务工，多往武汉市区和新城区。散户种植菌菇，由浙江老板统一组织收购。菌菇与粮食作物错季培植，在田间搭建多层菌菇棚。农地无流转承包，农户习惯于独立种植，集资合作的积极性不高。14个村湾规划与邻村迁并至两村之间的集镇，集中居住区的建设方式还在讨论阶段，现状公共服务配套欠缺。	旧街村共2470人，300人左右在镇区经商，700多人外出务工。人均耕地仅0.3亩，油菜统一收购，有小规模的养殖业。原先村集体有建筑石材企业4家，现均已因环境问题关闭。2006年开展"家园建设行动计划"，进行公共服务设施与道路、环境整治。农地不具备规模流转的条件。旧厂房、旧学校等部分存量土地均由街镇收归国有后转卖，收购补偿为村集体主要经济来源。

图 8-21　新洲区调研案例代表

（图片来源：作者自绘）

参考文献

[1] 李杰. 建国后山西省城乡关系变迁分析[D]. 太原:山西财经大学,2013.

[2] 吴康,方创琳. 新中国 60 年来小城镇的发展历程与新态势[J]. 经济地理,2009,29(10):1605-1611.

[3] 《我国农村剩余劳动力转移和小城镇建设问题研究》课题组. 我国现阶段农业剩余劳动力转移和小城镇建设问题研究[J]. 农村经济,2002(3):3-6.

[4] 韩小威. 中国农村基本公共服务供给的制度模式探析[M]. 北京:中国社会科学出版社,2012.

[5] 龙花楼,刘彦随,张小林,等. 农业地理与乡村发展研究新近进展[J]. 地理学报,2014,69(8):1145-1158.

[6] 刘彦随. 新时代乡村振兴地理学研究[J]. 地理研究,2019,38(03):461-466.

[7] 刘彦随. 中国乡村振兴规划的基础理论与方法论[J]. 地理学报,2020,75(6):1120-1133.

[8] 赵民,李仁熙. 韩国、日本乡村发展考察——城乡关系、困境和政策应对及其对中国的启示[J]. 小城镇建设,2018(04):62-69.

[9] 罗震东,项婧怡. 移动互联网时代新乡村发展与乡村振兴路径[J]. 城市规划,2019,43(10):29-36.

[10] 耿虹,乔晶,吕宁兴. 大城市周边镇村关系层级解构的特征、风险与应对——以武汉市为例[J]. 城市问题,2018(9):74-82.

[11] 魏小安. 对发展中国环城市旅游度假带的思考[N]. 中国旅游报,2001-09-07(C02).

[12] 范艳琼. 武汉市农业旅游开发研究[D]. 武汉:华中师范大学,2012.

[13] 于刃刚,李玉红. 产业融合对产业组织政策的影响[J]. 财贸经济,2004(10):18-22.

[14] 徐勇. "再识农户"与社会化小农的建构[J]. 中国乡村发现,2008,45(3):2-8.

[15] 邱福林，穆兰. 农业固定资产投资与农业经济增长关系的研究——基于协整和灰色关联度的分析[J]. 四川经济管理学院学报，2010，21(2)：14-17.

[16] 罗震东，何鹤鸣. 全球城市区域中的小城镇发展特征与趋势研究——以长江三角洲为例[J]. 城市规划，2013，37(1)：9-16.

[17] 熊宁. 小城镇在农村区域经济中的成长机制初探——以江苏为例[J]. 经济地理，1997(1)：50-54.

[18] 克劳斯·昆兹曼，尼尔斯·莱伯. 德国中小城镇在国土开发中扮演的重要角色[J]. 刘源，译. 国际城市规划，2013，28(5)：29-35.

[19] 高慧智，张京祥，罗震东. 复兴还是异化？消费文化驱动下的大都市边缘乡村空间转型——对高淳国际慢城大山村的实证观察[J]. 国际城市规划，2014，29(1)：68-73.

[20] 罗震东，张京祥，韦江绿. 城乡统筹的空间路径——基本公共服务设施均等化发展研究[M]. 南京：东南大学出版社，2012.

[21] 张凯. 中部地区小城镇公共服务设施网级空间构建及效率优化研究——以湖北省为例[D]. 武汉：华中科技大学，2015.

[22] 佟圣楠，陈航航. 基于街道尺度的医疗设施可达性评价——以深圳市为例[J]. 卫生经济研究，2017(2)：31-34.

[23] 王磊. 城市产业结构调整与城市空间结构演化——以武汉市为例[J]. 城市规划汇刊，2001(3)：55-58.

[24] 王铄. 中国和英国乡村旅游发展模式比较研究——以英国伦敦东南部乡村和中国武汉木兰山乡村旅游为例[J]. 桂林旅游高等专科学校学报，2007，18(2)：219-222.